世界十大傳奇帝王

探索發現系列・編輯委員會◎編著

大旗出版
BANNER PUBLISHING

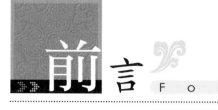

前言 Foreword

翻開卷帙浩繁的中外史冊，往那高處看，不難發現帝王這一至尊人群。

居神壇之上，他們為萬人敬仰；走下神壇，他們也跟普通人一樣，歷盡人間悲歡。在時間長河的潮起潮落間，他們不僅勾勒出歷史興衰起伏的輪廓，也演繹著自己的人生傳奇。

作為古埃及歷史上最負盛名的法老之一，拉美西斯二世十歲起即發號施令，足跡遍佈全國每一寸土地；「十九戰，俘九王」，大流士一世戰功赫赫，《貝希斯敦銘文》記下了他的不朽傳奇；亞歷山大大帝一聲號令，應者如雲，戰馬所至，泱泱帝國連海跨洲；無冕之皇凱撒一生雖未稱帝，卻為他的臣民永遠銘記；文治武功兼備的查理一生，南征北戰，將法蘭克王國推向鼎盛。

少年沙皇遊學西歐，開啟俄國境內改革布新之路；風流女皇凱薩琳大帝，忍辱負重十八載，終於拓疆稱霸，建立了空前絕後的帝國；從科西嘉島走出的拿破崙，似乎就是為戰爭而生，屢屢掀起歐洲戰事狂飆；「歐洲的祖母」維多利亞女王宵旰圖治，長袖善舞，終於開創了大英帝國統御七海、國運昌盛的黃金時代；明治天皇於混沌間洞悉時代潮流，維新改革，挽狂瀾於即倒，引國家於興盛。

然而，在無限風光的背後，卻是政治鬥爭的波譎雲詭、宮闈情仇的愛恨糾結。這些帝王們雖然創造了時代的輝煌，卻仍然難以逃避高處不勝寒的命運，或在孤獨寂寞中鬱鬱而終，或在疾病折磨下痛苦離世，更或在權勢紛爭中離奇死亡……

講不完古今興衰事，道不盡傳奇帝王情。鉤沉這些帝王的人生故事，就彷彿在展示一幅幅波瀾壯闊的歷史畫卷，從中既可以勵志而受啟迪，又可以益智而知進退。

世界十大傳奇帝王 目錄

CONTENTS

No.01

埃及最偉大的**法老**

·拉美西斯二世·

No.02

鐵血大帝

·大流士一世·

No.03

歐亞大陸的**征服者**

·亞歷山大大帝·

No.04

羅馬帝國的**無冕之皇**

·凱撒大帝·

No.05

歐洲之父
·查理大帝·

No.06

俄國帝國之父
·彼得大帝·

No.07

「開明君主」
·凱薩琳大帝·

No.08

是征服者 也是戰神
·拿破崙·

No.09

日不落帝國的象征
·維多利亞女王·

No.10

大和民族的改革家
·明治天皇·

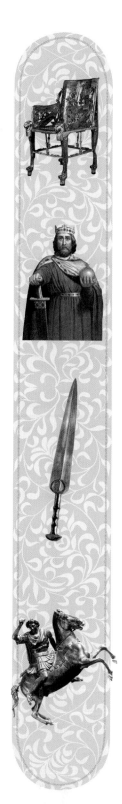

埃及最偉大的法老

——拉美西斯二世（Ramesses II）

在位67年，有8個皇后，嬪妃不計其數；有大約100個兒女，其中12個有合法繼承權的兒子都早他逝世。在當時古埃及人平均壽命僅有40多歲的情況下，他活到90多歲高齡；喜歡將自己的所有經歷誇耀後雕刻在建築物上，時刻不忘將自己神化了的雕像矗立在埃及各地，並且與神並列在一起。卡迭石（Kadesh）之戰成爲臣民心目中百戰百勝的將軍；他施展外交才能與西臺人簽訂的和約，是現存史料中最早的國際軍事和約；作爲古埃及極富盛名的建築家，他爲世人留住時代的輝煌。這些傳奇經歷和鮮明的個性，都集中在一人身上，他便是被歷史學家譽爲古埃及歷史上最著名的法老的拉美西斯二世。

軍人後代

西元前1306年，拉美西斯一世榮登埃及王位，拉開了拉美西斯一脈統治埃及的序幕。之所以這樣說，是因為拉美西斯家族並非出自王族。這還要上溯到新王國時代的第18王朝晚期。

當圖坦卡門（Tutankhamun）無嗣而終之後，埃及王位便落在了軍人手中。並非王族後裔的軍人霍倫赫布（Horemheb），與同樣出身軍人的前任法老一樣，為了樹立自己在埃及上下的威信，便極力恢復埃及古老的宗教傳統，而這傳統正是被阿蒙霍特普四世（Amenhotep IV）所推翻的。阿蒙霍特普四世自登基之後，為了防止阿蒙主神祭司權力的日益膨脹，會給自己的權威造成影響，便廢除埃及傳統的多神信仰體制，轉而推出全能之神——太陽神阿頓，而且把自己的名字也改為有著「效力於阿頓神」意義的阿肯那頓

（Akhenaten），從而創造了一神信仰制。

這引起了埃及人民的極大恐慌。這樣的國家舊事，倒給不具備王族血統的霍倫赫布等人以機會。他們一面將眾神的光輝灑向埃及大地，以恢復傳統信仰而使自己的法老之位合法化；另一方面則出兵教訓那些膽敢投靠西臺帝國的努比亞、迦南等屬地，維護了埃及邊疆的穩定。

一切都佈置妥當了，可是已至暮年的霍倫赫布仍然膝下無子，為了避免身後的王位之爭，他封手下得力大臣、同樣出身軍人的拉美西斯為「全國上下的世襲王子」，即拉美西斯一世。可喜的是，拉美西斯一世有一個兒子，名為塞提。後來，塞提一世（Seti I）按傳統繼承了父親的王位，那一年是西元前1305年，而當時，塞提一世的兒子，即後來成為埃及歷史上最偉大法老的拉美西斯二世，年已9歲。

・拉美西斯二世・

｜姓名｜：拉美西斯
｜生年｜：前1314年
｜卒年｜：前1224年
｜在位｜：前1290年～前1224年
｜父親｜：塞提一世
｜母親｜：圖雅
｜繼位人｜：梅任普塔
｜主要政績｜：建造了眾多的神廟和塑像，締結了已知最早的國際條約。

小拉美西斯出生於尼羅河三角洲的阿瓦利斯（Avaris），這裡東臨埃及的附屬地區黎凡特（Levant），北依地中海，海陸交通便利，往來經商者絡繹不絕。拉美西斯的母親圖雅（Tuya）亦出自將門，她父親統領著雙輪戰車隊，作

・尼羅河是世界第一長河，也是埃及人的母親河。尼羅河不僅為埃及人提供穩定的新鮮水源，而且尼羅河的定期氾濫還會在洪水所經之地留下大量的天然肥料。

戰極其勇猛。就這樣，小拉美西斯生下來便有著豐富的軍事細胞。

塞提一世即位之初，便封小拉美西斯為「年長法老之子」，以此確保王位在拉美西斯家族間承襲。少年拉美西斯已深諳書寫和閱讀要領，對埃及神學、歷史和文學等領域頗有涉獵。同時，他不忘加強鍛鍊身體，在射箭和駕馭戰車上也毫不遜色。10歲的拉美西斯，已官至軍隊統領。15歲時，身為聯合執政王子的他已開始隨父出征。他和埃及軍隊先是到西邊的利比亞平亂；次年又兵發敘利亞，再一次將阿莫爾握入埃及掌中，同時他們還攻下戰略要地 —— 卡迭石。不過，當埃及軍隊班師回國時，阿莫爾和卡迭石重新依附於西臺帝國，這在拉美西斯心裡埋下了日後興兵討伐的種子。

塞提一世懼怕拉美西斯一脈後繼無人，儘管拉美西斯尚未成年，這位父王卻早早命他娶妻生子。於是，年僅15歲的王子娶了兩位正妻，其中一位就是他一生中最為寵愛的芮芙塔莉（Nefertari）。直到拉美西斯25歲繼承王位時，他已有了5個兒子和好幾個女兒。

當拉美西斯22歲時，他率軍南下努比亞鎮壓叛亂。兩軍陣前，他親自駕馭雙輪戰車衝鋒陷陣，所向披靡。他和他父親一樣，早早地將兒子們帶臨戰場，此時，他那兩個4歲和5歲的幼子正仔細聽著戰場上的兵器碰撞聲、廝殺聲和慘叫聲。緊接著，拉美西斯揮師北上，剿滅一直橫行於地中海上的海盜。

在軍事征服方面，拉美西斯已駕輕就熟，而作為一個合格的法老所應具備的另一項技能 —— 建築，他也並未忽略。不打仗時，拉美西斯經常到亞斯文（Aswan）的採石場去，那裡出產的花崗岩是法老們修築神廟和陵墓的上好材

阿蒙神

阿蒙神起初僅是底比斯的地方神，那時底比斯只是尼羅河東岸一個不起眼的小鎮。古埃及第12王朝時，阿蒙的名字被複合進了創建者的名字 —— 阿蒙涅特（Amunet & Amun）中，他隨後的三個繼承人也沒做任何改動。中王國時期的幾位國王也採用了相同的名字，底比斯的第17王朝趕走了喜克索斯人（Hyksos），以阿蒙作為王都的神被重新突出出來。第18王朝的統治者們將他們的勝利軍隊從各個方向穿越邊境的時候，阿蒙開始成為埃及普遍承認的神，甚至走出埃及成為宇宙之神。後來，阿蒙的名字還和太陽神拉的名字結合了起來，成為「眾神之王」。在埃及，天堂的統治權屬於太陽神，而阿蒙就是最高神，因此從邏輯上說，阿蒙就是雷（Ra/Re）。阿蒙被稱做「上下埃及王位的主人」，或者更驕傲地稱作「眾神之王」。國王們把自己的一切勝利都歸功於阿蒙，並在阿蒙的神廟上耗費大量財力和勞力。阿蒙被描繪為人形，頭戴一個頭箍，由頭箍上筆直伸出兩根平行羽飾，這可能象徵著鷹的尾羽。阿蒙有兩種常見的形象：一種是坐在王座中；另一種是站著，手持一根鞭子。後者可能是他的原始形象 —— 創造之神，國王在他面前隆重地耕耘將要播種的土地或收割成熟的穀物。

料。

· 捕獵水鳥的壁畫壁 ·

在已經發現的古埃及壁畫中，這種捕獵水鳥的場面屢見不鮮。在一定程度上反映了尼羅河流域物產的豐饒和古埃及人生活的祥和與歡樂。

西元前1290年，塞提一世與世長辭，25歲的拉美西斯繼承王位，成為埃及第19王朝的第三任法老拉美西斯二世。之後，拉美西斯扶著父王的靈柩來到尼羅河上游西岸的「帝王谷」，將父親下葬。之後，他在阿蒙的聖城底比斯（Thebes），主持了祭拜阿蒙神的歐拜節，這也是他作為法老最重要的宗教職責。人們將卡奈克神廟（karnak）裡的阿蒙神像搬上裝飾華麗的大船，在祭司和大臣們的簇擁下，拉美西斯二世一行在尼羅河逆流而上，最後到達目的地盧克索神廟（Luxor）。在那裡，人們全身心地投入到典禮與慶祝活動中，場面蔚為壯觀，並且一直持續了23天。之後，神像被原路送回。在此期間，拉美西斯二世還完成了一項人事任命。

在埃及，唯一能與法老相比肩的職位就只有阿蒙神大祭司了。當年阿肯那頓之所以採取一神制，就是為了消除阿蒙神大祭司對其權位的威脅。如今，拉美西斯二世卻另有他法。當阿蒙神諭選取大祭司的結果公佈時，原本志在必得的底比斯祭司推薦人選敗下陣來，一位同樣來自底比斯的小人物被神選中。拉美西斯二世面無表情，但那些渴望權勢的底比斯祭司們卻明白了一件事情：他們面前的這位年輕國王絕不是好對付的人，他不會讓旁人插手國家的人事任命。

在埃及，法老不僅僅是國王，他還是眾神與埃及人民之間的中間人，後者甚至會更突出一些。當法老們不斷忙於建造神廟以祈求諸神賜福於埃及時，他們的大部分日常朝政就主要由大臣辦理。一般來說，這樣的大臣有兩個，一個管轄上埃及，駐在底比斯；另一個則在孟斐斯（Memphis），治理下埃及，那裡是普塔神（Ptah）的聖地。大臣們終日為地方上的公共秩序、治安、徵稅、分配土地等事務纏身，他們必須樹立自己的威信，必須保證辦事公平公正、一絲不苟，正如法老在選拔大臣時所言：「你們的差事應該是像苦膽一樣的滋味，因為它絕非易事。」而在精力充沛的拉美西斯二世手下工作，大臣們還時常被叫到法老面前商議國家大事。那麼，這些國家重臣出自哪個階層呢？

在大臣之下，各級官員以金字塔式排列開來。上有高級財政官員、糧倉總督，然後是各省級政務的監督官員，再往下便是各地方官員。他們管理著埃及各地的財產分配情況，以及各地的稅收。當採礦業迅速發展起來時，埃及國內財力大增。此外，還有各附屬國的貢賦。不過，埃及尚沒有貨幣，他們依照一套完備的易貨系統在國內外開展貿易往來。

從以上體系可發現，神廟和軍隊全然不在官員治下，它們直屬法老管轄。

北征西臺帝國

即位第四年夏，拉美西斯二世率軍北上入侵敘利亞。此次，他一心要將敘利亞牢牢控制住，不讓其再有脫離埃及重歸西臺帝國。同時，他也很清楚，一旦埃及軍隊入侵敘利亞，那麼勢必牽動西臺帝國，這也就達到了他與西臺帝國一決雌雄的目的。

・阿拜多斯神廟中的浮雕・
內容為埃及第19王朝第二代法塞提一世和拉美西斯王子，父子二人凝視著牆上的法老王名表。

西臺帝國素以雙輪戰車為其制勝法寶，這種雙輪戰車載三人，一人駕駛，另兩人分別持矛和盾，可攻可防，並且車身寬大結實，衝力十足。相比之下，埃及的雙輪戰車要輕便一些，車上僅有兩人，一人駕駛，一人持標槍拿弓箭，在遠距離攻擊敵人方面要更具優勢。

拉美西斯二世的軍隊一路兵不血刃，順利通過迦南，來到一向態度搖擺的阿莫爾。此時，面對埃及大軍壓境的阿莫爾首領，又一次地屈膝投降。可埃及軍隊剛一離開阿莫爾，他又故伎重演，急忙向老主子西臺國王穆瓦塔利（Muwatalli II）解釋，他歸順埃及實乃形勢所迫，為權宜之計。為表達對西臺的一片忠心，他立即宣佈絕不向埃及進貢。即便如此，拉美西斯二世的初衷還是實現了，穆瓦塔利面對埃及人的公然挑釁，決定出兵迎戰。

穆瓦塔利在整個帝國境內徵兵，集結起3.7萬士兵，2500輛雙輪戰車。而拉美西斯二世也不甘示弱，他手下軍隊再加上被擄來的海盜，共計2萬人，還有200輛戰車。拉美西斯二世把軍隊分為四個部分，以四大主神的名字命名，分別為阿蒙、雷、普塔和塞特。即位第五年，拉美西斯二世率部隊向西臺帝國在敘利亞的軍事重鎮卡迭石進攻。

・豎立在卡奈克神廟前的拉美西斯二世雕像。精力充沛的拉美西斯二世在上下埃及一切可能觸及的地方都豎起了他的雕像。

為取得戰爭完勝，拉斯西斯二世決定對西臺軍隊形成南北夾擊之勢，他率主力部隊從陸路北上；而分出一支部隊從地中海北上然後轉而進攻卡迭石。可是令拉美西斯二世意想不到的是，他居然中了穆瓦塔利的計。

當埃及大軍來到離卡迭石僅有幾英里之遙的奧倫特河谷（Oronte）時，他們抓獲了兩個混入軍隊的貝都因牧民。貝都因牧民老實回答了法老的提問，他們說西臺人不敢與法老軍隊正面交鋒，所以把軍隊隱藏在離此地往北193千公尺的阿拜羅。拉美西斯二世信以為真，即刻率阿蒙隊先行渡過奧倫特河，來到卡迭石城外紮營。恰在此時，埃及士兵抓到了兩個西臺探子，從他們口中，拉美西斯二世得知西臺大軍就在卡迭石的另一邊。這時候，法老才得知上當，原來，那兩個貝都因牧民是穆瓦塔利派來迷惑拉美西斯二世的。本以為取卡迭石城已如探囊取物，哪知卻身陷敵軍包圍。法老急忙命令後續部隊速速跟上來，另一邊，他禁不住怒火中燒，大聲斥責手下將領竟然對中計之事一無所知，並聲稱要治他們的失職之罪。而此時的西臺軍隊已過奧倫特河，他們對正在趕往卡迭石與法老會師的雷隊發動突然襲擊。當他們強勢將雷隊攔腰斬斷後，迅速回師北上衝向拉美西斯二世所在的阿蒙隊。當西臺人的戰車輾過猝不及防的埃及人的營地時，轟隆隆的聲音打斷了法老的軍事會議。很顯然，阿蒙隊已是孤軍一支，且防線已破。

千鈞一髮之時，拉美西斯二世飛身跳上戰車，命貼身侍衛跟隨其後，飛也似的殺入西臺人陣中，幾進幾出，越戰越勇。西臺人本來以為勝負已見分曉，於是紛紛搶奪戰利品，結果被拉美西斯二世的奮力拚殺小挫了一下。但後者畢竟勢單力薄，時間一長難免抵擋不住。就在此時，從地中海襲擊卡迭石尾部的埃及部隊及時趕到，雙方合力將西臺軍隊逼退。當西臺人退至奧倫特河邊

崇拜貓神

貓是埃及人最寵愛的動物，傳說中雷神化成貓，打敗了阻止太陽每天升起的巨蛇阿波菲斯（Apep/Apophis）。這個故事常常被埃及人畫在莎草紙上。貓神（貝斯特神，Bast/Bastet）崇拜的中心在尼羅河三角洲，在這一地帶，貝斯特變成一些家庭中很重要的神像。埃及人敬仰貓，所以飼養大批的貓來滿足需求，可是，這對貓而言不是好消息，一些可憐的貓還未等到自然死亡，就被人勒死製成木乃伊，出售給那些對貓神「虔誠」的信徒們。為了趕製木乃伊，許多貓活不到兩歲就被扭斷脖子，或被人毒死，然後用石膏將頭部定型，將前腿折疊於胸前，後腿折疊於腹部，再飾以五顏六色的彩繪，然後就可以下葬了。

時，又迎面碰上了埃及的拉隊。雷隊見報仇雪恨的機會來了，便狠狠地給了敵軍一擊。時至傍晚，雙方停戰。清點傷亡人數，穆瓦塔利的兩個兄弟，他的大臣以及幾個軍事指揮官，都已戰死。此外，他還被埃及軍隊擄去了許多戰車。但埃及軍隊在士兵傷亡上要更多一些，西臺人的兩次突襲使拉美西斯二世至少喪失了一個支隊的實力。但當夜，埃及主力部隊趕到。

第二天，雙方的主力部隊陣前對峙。經過將近一天的激戰，雙方仍難分勝負。穆瓦塔利首先提出議和，並得到埃及方面的肯定答覆。拉美西斯二世認為西臺人此舉是戰敗的表現，當他率領埃及軍隊凱旋時，穆瓦塔利又重新獨占了卡迭石。

雖然西臺人奪去了拉美西斯二世的勝利果實，但這絲毫不妨礙法老宣揚自己神通無邊完勝西臺帝國的輝煌戰績。他命人將此次卡迭石之戰的全部經過雕刻在埃及各大神廟的牆壁上，於是，從阿布辛貝神廟（Abu Simbel）、卡奈克神廟、盧克索神廟，到阿拜多斯神廟（Abydos）和拉美西斯神廟（Ramesseum），法老用形象的浮雕告訴他的臣民，他獨自一人取得了卡迭石會戰的勝利。他似乎嫌這還不夠深刻，他又命人創作了兩首史詩以頌揚這場勝利。就這樣，在古代世界的戰爭記錄中，再也沒有比拉美西斯二世的卡迭石之戰更完備的歷史記錄了。

不過，穆瓦塔利也沒有高興多長時間，很快西臺帝國的厄運接踵而至。先是東面的亞述帝國開始不斷騷擾西臺帝國，然後，穆瓦塔利去世，但他並沒有指定王位繼承人。當年幼的墨西利三世（Mursili III）登上王位時，他時時感到來自其伯父哈圖西利（Hattusili III）這位軍事領導人的威脅。於是，新任國王不敢離開國土半步，深恐哈圖西利斯趁他不在時發動政變而篡奪王位。這兩個令西臺國王感到礙手礙腳的因素，倒給了拉美西斯二世以最大限度的可乘之機。

拉美西斯二世先是重新征服了黎凡特，而後他又御駕親征卡迭石以北地區。西元前1281年，埃及軍隊直搗敘利亞北部地方。一路行軍打仗，拉美西斯二世的氣勢無人能敵，酣戰之至，在圍攻達波城時，竟還不披掛鎧甲就率隊攻城。雖然拉美西斯二世逢戰必勝，但他所攻下的城池每每在他離開後又歸順西臺帝國，尤其是敘利亞北部地方，甚至連派駐埃及軍隊也無濟於事。拉美西斯二世似乎意識到自己在做無效之功，因為接下來的文獻記載中並沒有提及戰事的延續。

至於西臺帝國那邊，叔侄兩個的矛盾最終在西臺帝國後院燃起戰火，最終，以伯父取勝並謀得王位、侄子流亡在外而結束。但事情並未就此了結，墨西利為奪回王位，萬般無奈來到埃及，請求拉美西斯二世發兵討伐哈圖西利。而那位伯父自然不會坐以待斃，他仔細分析了自己的處境：東面有亞述危機尚未解除；南面的埃及人隨時可能發兵；墨西利在國內仍有不小的號召力，一旦他與埃及人聯合，將陷自己於危境。哈圖西利反復權衡利弊，最終決定與拉美西斯坐到議和的談判桌前。

約西元前1270年冬，在埃及首都皮拉美西斯（Pi-Ramesses），來自埃及和西臺帝國的六名特使共同擬定出兩國的和平協議。埃及不再爭奪阿莫爾和卡迭石的控制權，但獲得地中海東部海岸向北直到猶加利特的所有港口的使用權，這使埃及牢牢控制了敘利亞西部海岸。同時，兩國還簽訂了互不侵犯條約，指出當任何一國受到其他國家的侵略時，另一國要出兵增援。此外，兩國特使還就引渡逃犯問題達成了協定。協議規定，除重要人物外的逃犯歸國後可被赦免。這樣，該條款就把墨西利斯排除在外。

·（左圖）與西臺人的戰爭使得拉美西斯二世一戰成名，他本人跳上黃金戰車的形象也四處都有雕刻。

·（右圖）阿蒙神雕像·

阿蒙神是埃及帝國之神和法老的保護神。除了阿肯那頓法老外，幾乎所有的法老都對阿蒙神推崇備至，卡奈克的阿蒙神廟在拉美西斯二世的統治下，更是修建得輝煌無比。

當雕刻有和平協定條文的銀製書板被送到皮拉美西斯時，法老同樣命人把協定條款全部雕刻在拉美西斯神廟和卡奈克神廟的牆壁上。就這樣，拉美西斯透過外交途徑簽訂了頗具現代感的和平條約。這項和約是現存史料記載中最早的國際軍事和約，它與卡迭石會戰一起，向世人展示了拉美西斯二世非凡的文治武功。

拉美西斯之家

隨著埃及與西臺帝國成為友好鄰邦，兩國經濟文化交流日益頻繁，這時候，埃及新都皮拉美西斯便有越來越多來自亞、非兩洲的人穿梭著，他們目睹這個古老國度的嶄新首都如此宏偉、如此繁華，禁不住將對它的無限讚美帶到他們去的任何地方。而這，對於拉美西斯二世來說，無異於又一次尊崇。

・這六尊雕像雕刻在拉美西斯二世為妻子苪芙塔莉修建的神廟上，其中四尊是拉美西斯二世的雕像，兩尊是苪芙塔莉的雕像。

西元前1286年，拉美西斯二世為首都選址。他很清楚阿蒙神大祭司在職權上對法老造成的理論威脅，於是，他想到把自己的政治範圍遷到北方，這樣便與亞斯文地區的阿蒙神大祭司勢力範圍疏遠開來。當他把目光盯在尼羅河三角洲東部的阿瓦利斯時，故鄉的親切感及父親在阿瓦利斯的夏宮都令他很有歸屬感，於是，他確定在阿瓦利斯建造都城，並給首都起名為「皮拉美西斯」（Pi-Ramesses，埃及文「拉美西斯之家」之意）。

當然，作為一個偉大的法老，他不可能僅思考到這些。作為海陸交通要道，阿瓦利斯已然成為埃及與亞洲國家進行商貿交流的中心地帶，能夠將政治中心與商業中心合而為一，拉美西斯二世何樂而不為。不過，拉美西斯二世還有一個盤算。阿瓦利斯東臨埃及邊境，是外族入侵的必經之地，一旦法老鎮守於此，對膽敢犯邊的侵略者來說，不啻一個極有分量的警告與震懾。拉美西斯二世的魄力可見一斑。

新都建成，尼羅河為其呈上新鮮的魚蝦，還令其周邊沃野莊稼豐收，讓其糧倉內的糧食堆積如山。埃及內外的人們，南面的努比亞人，西北面的敘利亞和巴勒斯坦人，西面的利比亞人，嗅到這裡的奢華氣息，紛紛入住於此，盡情享受著拉美西斯二世賜予他們的幸福生活。

當20世紀的現代人把這座沉睡地下幾千年的埃及首都挖掘出來時，人們發現它毫不遜色於比它歷史悠久的底比斯和孟斐斯兩個古埃及首都。當考古學家們捧著古老埃及留存下來的莎草紙文獻，流連於這座占地30多平方公里的昔日華都，尋找那「令人目眩的鑲嵌著綠松石和天青石的廳堂」，以及那「裝飾華麗的陽台」時，他們耳邊響起古埃及豎琴、笛子和鑼鼓的奏樂聲，眼前那些「穿戴節日盛裝的年輕人，一絲不亂的頭髮上抹著香氣撲鼻的髮油，他們站在門邊，手裡捧著青青草木」。皇宮和四下裡的房屋都籠罩著絢爛的色彩，襯托出城內阿蒙神、太陽神雷、塞特和普塔神廟的威儀。

與這半邊的金碧輝煌相比，城的另一半是規劃嚴整的戰略基地，其內軍事訓練場、兵器坊、馬廄等應有盡有。幾千年後，那些躺在地上或倒在高台上的西臺人的箭矢、長矛和鑄盾的模具，仍默默講述著埃及與西臺帝國交戰與和談的經過。

還有一個發現讓考古學家們大吃了一驚。那是一個15公尺多長的金屬冶煉廠，其規模之大，以及旁邊堆積的金屬殘渣和廢棄物，都向人們展示著古埃及的金屬生產能力規模之巨大，這足以令與其同時代的國度相形見絀。正是具備了這種生產能力，拉美西斯二世這個有著武士血統的埃及法老才不懼任何民族的挑釁，隨時準備讓入侵者嘗嘗他那裝備精良的軍隊的厲害。

如果說皮拉美西斯展現了拉美西斯二世在建築方面的綜合實力，那麼，阿布辛貝等神廟則足以代表拉美西斯二世在神廟建造方面的天才，同時它們也承載了超越其本身的意義。

雕刻不朽的法老

歷屆埃及法老都會在剛一即位就忙著建造自己的陵墓和神廟。當然也為埃及主神建造廟宇，或者在前代法老所建神廟的基礎上加以改造抑或添加，這一點在卡奈克神廟建築群和盧克索神廟的不斷更新上展現得淋漓盡致。

・尼羅河畔這些林立的柱子，當年曾是盧克索神廟的一部分。

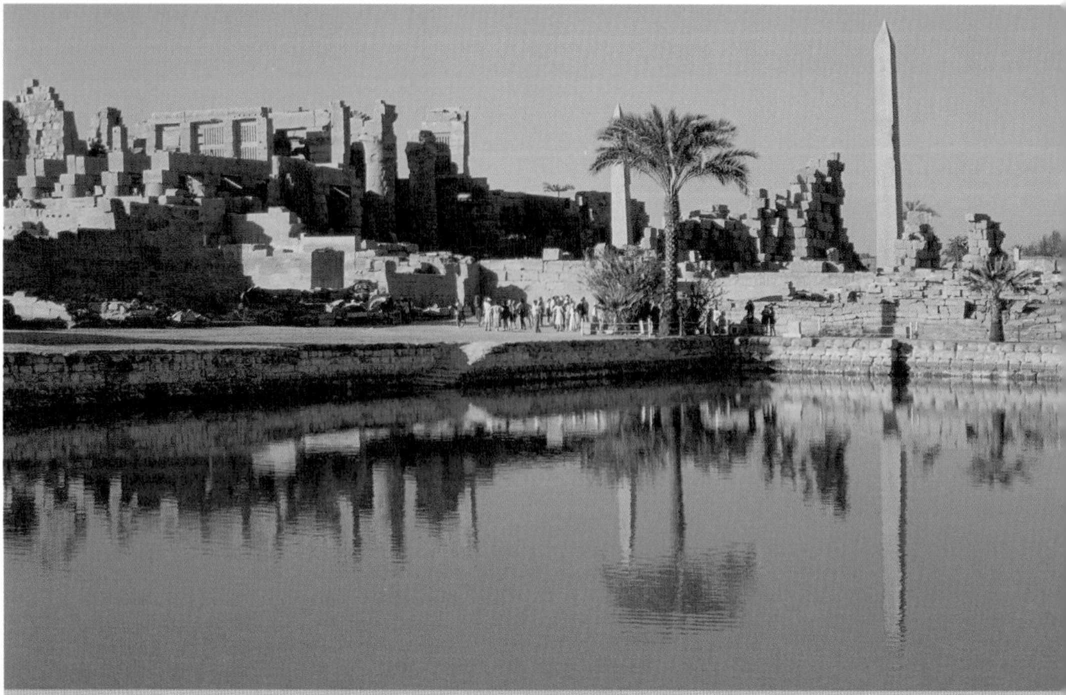

面對這殘破的廢墟和清澈的聖湖水，人們似乎還能感受到卡奈克神廟曾經的輝煌無比。

還是塞提一世在位時，拉美西斯便來到卡奈克神廟群，為父王監督建造那座著名的多柱式大廳。這座大廳位於阿蒙神廟裡，早在阿蒙霍特普二世在位時就開始興建，但正是拉美西斯二世使它最終完成。建成後的多柱式大廳占地5500多平方公尺，廳內支撐有134根巨型石柱，最醒目的要算那兩排重達12噸的石柱，它們撐起大廳中部的整個大廳的最高處。在他即位後，拉美西斯二世把那座大廳改名為「權力執掌者拉美西斯二世」，並且在其內外牆壁上陸續雕刻他的事蹟，諸如他的加冕典禮、卡迭石之戰，以及那份偉大的與西臺帝國的和平協議。

在盧克索神廟，拉美西斯二世在入口內增建了一個有72根石柱的柱廊和一個巨大的拱門。其中，拱門的牆壁上雕刻有卡迭石之戰的場景。

當然，拉美西斯二世絕不會忘記把他的形象烙印在如此重要的神廟裡。他在卡奈克的阿蒙神廟東面開出一個入口，入口兩側立起他的巨型雕像。此舉意在使那些無權進入神廟的百姓將對神的祈求說與他這個中保，他將代為傳達。盧克索神廟的那條他自己建造的柱廊入口處，也不例外地矗立起了他的6座巨大雕像。兩旁還有兩座高聳的方尖碑，其中的一座於19世紀30年代被法國人立在了巴黎的協和廣場，用來紀念拿破崙曾對埃及發動的征服戰爭。

除了以上這些，拉美西斯二世還命令工匠們修建了眾多的石碑、雕像等，並且在建築物上精雕細刻，將自己的名字、銘文以及豐功偉績廣泛刻記，這不僅彰顯了自己的權力和與神看齊的地位，而且傳達了他希冀達於不朽的心願。為追求建築數量，他或者將古老建築物修復後以自己的名字命名，或者將古老建築拆散為材料以節省工時。深諳就地取材之道的拉美西斯二世唯恐後世的法老如法炮製，於是，他改用凹雕手法裝飾他的神廟。不僅如此，他還時常親臨現場指揮工匠的工作，到採石場挑選上好的石材。

如果說拉美西斯二世在卡奈克和盧克索神廟裡的建築，還只是錦上添花之作，那麼，建造阿布辛貝神廟則純屬拉美西斯二世獨家手筆。

正如拉美西斯二世遠離底比斯建都一樣，他為自己一生中最偉大的神廟選址在努比亞地區的阿布辛貝。這裡不再屬於阿蒙神大祭司的勢力範圍，他可以把自己的形象提升到與眾神相比肩的高度，從而樹立一種超越法老職限的權威。而這種權威，還可起到震懾努比亞人的政治作用，使那些時有反叛之心的努比亞臣民不敢輕易造次。

阿布辛貝神廟由山崖開鑿而成，正面首先看到的是四尊山岩雕鑿而成的拉美西斯二世坐像，高約20公尺，其膝邊還圍繞著妻子兒女們的小雕像。巨像身後的塔門長為36公尺，高達32公尺。再進去，便是縱深達60公尺的長方形廳堂。大廳兩側，8尊化身奧里西斯神的拉美西斯二世雕像對稱排列，守護著通往後面的神廟聖壇的道路。聖壇上，太陽神雷、拉美西斯二世、創世之神阿蒙、黑暗之神塞特四尊雕像併排端坐。拉美西斯二世如此將自己的雕像置於主神之列，在埃及可謂首開先河；他口口聲聲說此廟為太陽神雷而建，實則卻是用來標榜他與神平起平坐的地位。與他的大膽之舉相得益彰的是發生在這座神廟的一種奇怪現象。

· 阿布辛貝勒神廟入口處的雕像 ·

四尊大坐像是頭戴王冠的拉美西斯二世，及膝的幾尊站像是王后芮芙塔莉和他們的孩子。

每到2月20日拉美西斯二世的生日和10月20日他的

加冕日時，陽光便透過長長的廳堂，直灑在拉美西斯二世的雕像上。這一奇觀令埃及人立即給他們的法老以「太陽驕子」的敬稱。但令現代人不解的是，當阿布辛貝神廟因亞斯文大壩工程而遷至高位後，陽光照射法老雕像的兩個日子都推遲了一天（21日）。這成為這座神廟及其主人的一個未解之謎。

阿布辛貝神廟在任何方面都可算得上是藝術瑰寶，但它卻命運多舛，先是在建成後不久經歷一場地震，後來漸遭廢棄，以致被沙土所埋。直到19世紀初被重新發掘出來，可好景不長，1960年，又因埃及的亞斯文大壩的修建而面臨滅頂之災。不過，在聯合國教科文組織的倡議下，世界各國專家齊聚埃及，動用了兩千多名工人，將神廟切割成兩千多塊並依次編號，然後按照神廟原來的方位，將神廟在新址重新拼合而成。這一工程自1964年開始，直到1968年才結束。不過令人惋惜和無可奈何的是，原先陽光照耀法老雕像的日期卻延遲了一天。

除了這座偉大的神廟，拉美西斯二世又在努比亞的主要戰略基地建起了數座神廟。當然，它們的聖壇上與眾神並列的依舊是拉美西斯二世。法老如此不知疲倦地向努比亞人，以及所有世人神化他的形象，的確收效甚佳，因為努比亞人於他在位期間再也沒有叛亂過。

・這尊拉美西斯二世的巨像高大威嚴，雙肩還刻有拉美西斯二世的帝王稱號。和所有同類的巨像一樣，其象徵性遠大於寫實性。

縱觀拉美西斯二世建築行為，從埃及北部的尼羅河三角洲到南面的努比亞地區，無論是都城還是神廟，其個人形象頻繁地被那些雕像、壁畫、銘文所神化，他的事蹟一遍遍地刻記在那些建築物上，翻來覆去地呈現給世人。拉美西斯二世已經成功地收穫了埃及人像對待眾神一樣給予他的尊崇。不僅如此，他那被雕刻的形象還將永世長存，達於不朽。

法老的後宮

「當你步履輕盈地走過我身旁，我一下子愛上了你。」這是拉美西斯二世在芮芙塔莉陵墓的石碑上銘刻下的文字，表達了法老對她的熾烈愛情。

拉美西斯二世一生至少有8位王后和難以計數的王妃，她們為他生了大約100個兒女。單看這些數字，就能想像出拉美西斯二世的生活頗具傳奇色彩。在他的後宮中，他最愛芮芙塔莉。這位王后並非出自王族，她在拉美西斯二世還是王子時就被塞提一世選中，成為尚未成年的王子之妻。在埃及，法老們傾向於娶王家公主為后，因為埃及是按照母系來制定家譜的，王后身分高貴則法老之位就愈加合法化、愈加穩固。同樣，在後宮中間，她們

・舞蹈的女子，畫面有一種穩定的對稱美。

也是依照各自出身高貴與否來排列等級的。這些對於芮芙塔莉來說，並沒有產生負面影響。

法老自與芮芙塔莉一見鍾情後，便自始至終給了她後宮中最高的待遇。他不斷授予她各種頭銜，諸如「上下埃及的女主人」、「偉大的王后」，以此來確保她在埃及的政治地位。他還不忘授予她神權，用「神的母親」和「神的妻子」的聖名來向人們展示她半神的身分。於是，當兩人時常形影不離地出現在國事場合和宗教儀式中時，這些頭銜便給漂亮的王后罩上令人矚目的光環；而當兩人一如各種建築物上雕刻的那樣相依相偎時，法老又會情不自禁地說出那些「傾國傾城」、「溫婉甜心」之類的暱稱。

在拉美西斯二世即位前，芮芙塔莉就讓他嘗到了做父親的滋味兒，他們的長子阿穆霍溫墨夫（Amun-her-khepeshef）出生了，只可惜這位長子沒能等到繼承王位便撒手西去了。後來，芮芙塔莉又給拉美西斯生了5個兒女，但這些兒女像他們的兄長一樣，都在父王之前去世了。那個時代埃及人的平均壽命只有40多歲，像拉美西斯二世這樣活到90多歲，著實罕見。

芮芙塔莉在王后的位子上坐了20多年，從未受到過法老的冷落或者臣民的不敬。當拉美西斯二世在上下埃及以及各行省出巡時，時常伴隨他左右的便是芮芙塔莉。當埃及與西臺帝國正式簽訂和平協定時，又是這位王后代表埃及

＊ 芮芙塔莉的去世

大約在西元前1266年，當阿布辛貝神廟和為哈索爾女神（Hathor）和芮芙塔莉而建的小型神廟竣工時，拉美西斯偕芮芙塔莉和他們的女兒梅莉塔門（Meritamen），率領船隊從皮拉美西斯順著尼羅河南下來到努比亞，他們要為這兩座神廟舉辦落成典禮。

不幸的是，芮芙塔莉並沒有親自主持典禮儀式，由於旅途勞累她病倒了。她的女兒梅莉塔門代替母親，與父王共同主持了神廟的落成典禮。不久，拉美西斯二世生命中最重要的女人芮芙塔莉病逝。法老為她舉行了隆重的安葬儀式，為她在王后谷建造了最有氣勢的陵墓，並在其墓碑上刻下了對她的深深思念。在芮芙塔莉之後，拉美西斯二世把女兒梅莉塔門冊封為王后。

後宮與西臺帝國王后互致信函予以問候：「我的姐妹，我已收到你的來信，願太陽神和風暴神帶給你快樂；願太陽神賜予我們兩國以和平，使兩國國王義結金蘭。我將永遠視你——西臺王后——為好姐妹，永遠珍惜我們的情義。」

在拉美西斯二世的後宮裡，還有幾位外族公主，其中最為有名的當屬那位西臺公主馬修芮芙瑞（Maathorneferure）。她是西臺國王哈圖西利的長女，嫁給拉美西斯二世純粹是為了鞏固兩國友好關係。當她初到埃及時，得到了拉美西斯二世的寵愛，她的形象與國王的一起被雕刻在各大神廟上。但沒過多久，她的形象便再也沒有出現在埃及建築物上。

不朽的傳奇

西元前1224年，拉美西斯二世走完了他輝煌的90多年的生命歷程，他在位近67年，使埃及進入發展的黃金時代。而拉美西斯二世本人，也在埃及人民心中樹立了不朽的傳奇，他是人民心目中的偉大國王、百戰百勝的將軍、無往不利的外交家、多產而永不知疲倦的建築家和萬眾敬仰的神。他不遺餘力地四處塑造自己的神聖形象，得到臣民的愛戴，令敵人畏懼。如今，當他的遺體被做成木乃伊，雙手交叉於胸前，躺進黎巴嫩雪松木棺槨中，他將一如這個古老民族的神話所描繪的那樣，到冥界化身為神，繼續統治那裡的世界。

幫助拉美西斯二世完成人神轉化的繼承人，是他的第13個兒子梅任普塔（Merneptah）。此前，他已經有12個具備王位繼承權的兒子去世，梅任普塔雖榮登王位，但已是年過花甲。當梅任普塔護送父親的棺槨前往底比斯以西的國王谷時，一路上埃及百姓無不灑淚，他們沿著尼羅河列隊向法老致敬，目送載著法老靈柩的船隊離去。到達拉美西斯二世的陵墓時，梅任普塔帶領祭司和官員們抬著父王的棺槨以及眾多隨葬珍寶，舉著火把穿過通往墓室的走廊。當一切儀式完成後，他們退出墓室，並將地面所有的腳掌印擦去，然後將墓穴入口封死，好讓拉美西斯二世永享安定。

然而幾十年後，盜墓者卻光顧了他的陵墓，他們偷走了法老的陪葬物品。這引起了祭司們的極大恐慌，他們唯恐盜墓者在法老的木乃伊上搜尋寶物，於是，他們不停地將法老的木乃伊搬來搬去。直到西元前1000年左右，拉美西斯二世的木乃伊才在尹哈比王后（Inhapy）的陵墓中定居下來。這是一處極其隱蔽的場所，位於德爾巴哈里（Deir el-Bahri）南部的一處懸崖底下，陪著法老的還有其他40多具隱藏至此的法老木乃伊。雖然這些木乃伊的確安享了2800多年的太平日子，但最後他們仍被發掘出來並公諸於世。

1871年，一個盜墓者無意間發現了法老沉睡的墓穴。10年後這個秘密被洩露，當考古學家們來到這兒，並打開法老棺槨時，他們看到拉美西斯二世那獨特的淡紅色頭髮，以及他出眾的身高，足有176公分，比他同時代人要高出10公分。當法老這不朽的遺體於1886年6月入駐開羅埃及博物館時，越來越多的現代人從世界各地走來，競相觀瞻法老的聖容。時隔幾千年，拉美西斯二世仍向世人展示著他不朽的傳奇，一次次將人們送往他飽經歲月侵蝕的王宮和神廟群遺址間。人們歌頌著拉美西斯二世的傳奇，歷史學家們則不無權威地尊稱他為拉美西斯大帝，並公認他是古埃及歷史上最富盛名的法老。

· 巨大的人面獅身像 ·

那飽經滄桑的面容和形體，似乎蘊含著一種永遠難以破解的神秘。

鐵血大帝
——大流士一世（Darius I）

剿殺篡位者，施妙計謀得王位；19次戰役平定國內叛亂，使波斯帝國重歸一統；東西征討拓展疆域，將波斯締造爲世界上第一個橫跨亞、非、歐的龐大帝國。但他並非所向無敵，他也曾於希波戰爭中敗北。不過，他當之無愧爲第一個極具世界眼光的帝王，他的文治前無古人。他鋭意改革，創立行省制、軍區制、貨幣稅收制度等；他修驛道、挖運河、建海上航線，將世界在其手上縮小，令古代諸文明在其眼底溝通，世界歷史進程因他而加快腳步。然而，他又有著對名譽的無限追求，對奢侈生活的充分享受：《貝希斯敦銘文》永遠記載下他的功勳；他身居四個首都，卻要喝故鄉之水、吃愛琴海鮮魚。這一切，只因爲他是諸王之王。

王位之爭

西元前550年，自稱「世界之王」的居魯士（Cyrus II）征服米底王國（Medes），建立阿契美尼德王朝（Achaemenid Empire）。緊接著，他將兩河流域、小亞細亞和敘利亞等地都收歸己有，又東進中亞征服索格迪亞納和巴克特里亞（Bactria）等區域。這樣，一個擁有遼闊疆域的波斯帝國便誕生了。可是，當這位波斯帝國開國之主再一次離開首都蘇薩（Susa），前去西北部攻打游牧部落馬薩革泰人時，他戰死了，那一年是西元前529年。

居魯士的兒子岡比西斯（Cambyses II）繼承王位，與父王有所不同的是，這位新王暴躁無比，且濫殺無辜，曾親手射死親信的兒子。西元前525年，岡比西斯南下征服埃及，之後進攻努比亞，但以失敗告終，這使他變得越發瘋狂。他還因為一個夢，而派人把自己的親弟弟巴爾狄亞（Bardiya）殺害了。在夢中，他那位波斯人中，唯一能拉開努比亞強弓的弟弟，頭頂著天，坐在國王的寶座上號令群臣。

・大流士一世・

|姓名|：大流士
|生年|：前549年
|卒年|：前486年
|在位|：前522年～前486年
|父親|：希斯塔斯普
|母親|：不詳
|繼位人|：薛西斯一世
|主要政績|：建立了具有開創性的制度，如行省制、軍區制、貨幣稅收制度等，還建立了發達的水陸交通制度，使世界的聯繫更加緊密。

正當岡比西斯在埃及大開殺戒時，不想他的後院真的起火了。他有一個掌管家務的瑪戈僧下人，名叫高墨達（Gaumata），按古希臘歷史學家希羅多德的記載，高墨達有一個弟弟，也叫巴爾狄亞。高墨達的弟弟不僅與國王的弟弟同名，而且長相也幾無差別，唯一不同的是，他曾因犯罪而被居魯士削去了耳朵。西元前522年3月，高墨達在波斯首都起事。他利用波斯人民反對殘暴的岡比西斯之機，宣稱國王的親弟弟巴爾狄亞繼承王位，罷黜岡比西斯，並且免除波斯人民3年的賦稅和兵役。高墨達的新政策深得民心，他立即得到絕大多數的米底人、波斯人、巴比倫人和亞述人的擁戴。受此影響，波斯帝國各地短時間內冒出不少自立為王者。偌大的波斯帝國面臨分崩離析。

岡比西斯聞聽此事，急急招來當初被他派去殺弟弟的親信普萊克薩司佩斯（Prexaspes）。後者確信已將巴爾狄亞殺死並埋掉了，他認為現在登上王位的巴爾狄亞定是旁人冒充的。於是，他勸國王派人探聽虛實。當岡比西斯知道真相以後，他後悔自己當初不該殺死兄弟，悲痛之下，他決定殺向首都。可就在他飛身上馬時，他的佩刀脫鞘，刺傷了他的大腿。他一下子想起了早先的一個神諭：他將死於埃及。刀傷與神諭的吻合，讓他跌下馬來。不久，岡比西斯死

・古波斯帝國阿基梅尼德王朝宮城遺址，始建於西元前518年，由國王大流士一世和薛西斯建造，前後建造50多年。西元前330年，希臘馬其頓王亞歷山大攻打至此，宮城因而遭焚毀、廢棄。

了，身後無嗣。臨死前，他將他的波斯貴族親信們叫到榻前，鄭重要求他們為帝國除奸。

此時，擺在眾人面前最棘手的事情，便是要先確認高墨達及其弟巴爾狄亞的身分，因為老百姓都相信現在統治他們的國王就是岡比西斯的親兄弟。普萊克薩司佩斯的兒子，歐坦尼斯（Otanes）心生妙計，他見巴爾狄亞從不召見波斯貴族，也不離開皇宮一步，於是，他派人送信給女兒即巴爾狄亞的王妃，告訴她趁巴爾狄亞熟睡之際，看看他有無耳朵。結果，這個新任國王當真沒有耳朵。歐坦尼斯立即秘密會見幾個可靠的波斯貴族，他們是哥比亞斯（Gobryas）、阿斯派辛尼（Ardumanish/Aspathines）、美伽巴佐斯（Megabyzus）、印坦弗列尼（Intaphernes）、敘達尼斯（Hydarnes），以及曾在岡比西斯手下擔任萬人不死軍總指揮的大流士。

當然，大流士的父親希斯塔斯普（Hystaspes）乃是岡比西斯的堂兄弟，所以，大流士也屬於阿契美尼德家族。七個人湊在一起，各抒己見，最後大家一致通過大流士的建議，潛進首都殺死高墨達兄弟。

此時的高墨達兄弟也正處心積慮地籠絡先朝元老重臣，普萊克薩司佩斯即在其列。當普萊克薩司佩斯作為先王的第一親信，被高墨達強迫當眾申明新國王的確是居魯士之子時，站在高高宮牆上的他，竟將他如何受命殺害真正的巴爾狄亞，以及現任的所謂國王其實是瑪戈僧的事實大聲宣佈出來。然後，他跳下城牆，自殺身亡。東窗事發，高墨達兄弟二人惶惶如喪家之犬，逃往米底，但他們終究沒有躲過大流士七人的討伐。西元前522年9月，大流士等七人將高墨達兄弟誅殺，一併處死所有支持高墨達的瑪戈僧。

波斯諸帝國

波斯是伊朗的舊稱，這一地區在歷史上曾建立過許多個帝國。西元前549年居魯士二世統一波斯，建立了阿契美尼德王朝，到了大流士一世時期，阿契美尼德帝國疆域得到了空前的發展，成為當時世界上最大的帝國之一。西元前334年，馬其頓人亞歷山大大帝的希臘大軍入侵，波斯成為馬其頓王國的一部分，直到西元前170年安息帝國（Parthia）建立。後來，波斯又經歷了薩珊王朝（Sassanid Empire）、伊斯蘭教時期、蒙古人的統治、薩非王朝（Safavid dynasty）等歷史時期。1935年，波斯在國際上更名為伊朗。

賊子已除，歐坦尼斯又將六位除惡功臣集中起來，討論由誰當政的問題。歐坦尼斯主張權力交給全體波斯人民；美伽巴佐斯則宣揚寡頭政治，由少部分優秀人士共同主政；大流士則力陳獨裁的益處。他認為無論是人民主政還是寡頭政治，最終都會在經歷爭權奪利的流血衝突後推出一個獨裁君主，與其兜圈子，不如直截了當推行獨裁統治。

最終，大流士的主張通過。那麼，這位君主由誰出任呢？歐坦尼斯當場表

・（左圖）弓箭手壁飾・
波斯帝王大流士的蘇薩王宮彩釉磚帶狀牆飾的一部分。

・（右圖）這尊浮雕再現了西元前522年，大流士一世在波斯波利斯城登基的場景。他右手緊握國王的節杖，左手拿著王室的標誌雙苞荷花，神態莊嚴而凝重。

示不參加競選，但他提出要求——他和他的子孫們不受制於新任國王。此外，七人還一致決定未來國王需在這七人的家族中挑選王后，並且七人可以隨意進出王宮。意見達成，六人相約次日騎馬於郊外會合，屆時最先嘶鳴的戰馬的主人便是波斯帝國的國王。

回到家中的大流士，叫來聰明伶俐的馬夫，詢問如何讓其戰馬首先鳴叫起來。馬夫計上心來，當晚，他將一匹雌馬拴在城外，令其與大流士的戰馬交配。第二天，當六位功臣騎馬出城時，大流士的戰馬一眼看見「情人」，頓時大叫起來。巧合的是，這時本來萬里無雲的天空突然電閃雷鳴起來。五位功臣眼見天意如此，趕忙跪在大流士面前，口稱國王。

西元前522年，28歲的大流士登基，成為波斯帝國的第三任國王，史稱大流士一世。

《貝希斯敦銘文》(Behistun Inscription)記功勳

大流士執政以後，仍面臨著波斯各地叛亂的威脅。大流士研究國內形勢，發現叛亂雖多，但叛軍之間各自為政，互不牽連。大流士立即發現有利戰

·大流士一世率領僕從和侍衛進入蘇薩王宮的接待室·
畫中牆上弓箭手壁緣飾帶，原是蘇薩王宮的帶狀牆飾，用塗釉瓷磚拼成，*19*世紀末由法國考古隊發現並運回法國，後藏於巴黎羅浮宮。

機，他決定採取各個擊破的戰術。首先，他兵發埃蘭（Elam），旋即俘虜這個南部地區的叛軍統帥。緊接著，他親率大軍包圍巴比倫城。

巴比倫人早有準備，在巴比倫王尼丁圖·貝爾（Nidintu-Bel）的帶領下，城內軍民儲存了大量食物，把城牆加高加厚，在大流士軍隊的進攻下，這座城池愈發顯得固若金湯。巴比倫城久攻不下，轉眼已是圍城的第20個月了。

一天，美伽巴佐斯之子佐匹羅斯（Zopyrus）突然滿面鮮血地來見大流士。大流士一見之下，大驚失色。只見眼前愛將的耳朵和鼻子都沒有了，鮮血流了一臉，頭髮也被剃光了。大流士忙問兇手是誰，佐匹羅斯就將自己的苦肉計策說與了國王。他告訴大流士，他將帶傷進入巴比倫城，第十日時，請國王派1000名士兵埋伏在賽彌勒米斯門；過七天後，另遣2000名士兵來到尼尼微門外；再過20天後，調4000人馬等在伽勒迪門外。如此這般之後，等到他進城第57天時，請國王迅速全線攻城，因為到時候他會打開城門，接應波斯大軍進城。

佐匹羅斯帶傷逃往巴比倫城，他向所有碰到的巴比倫人控訴大流士給他帶來的身體上和名譽上的傷害。看著這位波斯人中的佼佼者落得如此下場，所有巴比倫人都替他鳴不平；巴比倫王尼丁圖·貝爾更是配給了他一支軍隊。到了佐匹羅斯進城的第10天，他率領自己的軍隊殺向賽彌勒米斯門，全殲那裡的1000名波斯士兵。到了第17天，他又在尼尼微門外大獲全勝。同樣，第37天時，他率兵消滅了伽勒迪門外的4000波斯人馬。三度出擊，三次全勝，佐匹羅斯帶兵的能力在巴比倫人間有口皆碑。巴比倫王大喜之下，委任佐匹羅斯統帥全軍，並將巴比倫城的城門鑰匙交給了他。

正如佐匹羅斯事先所言，大流士定期攻城，佐匹羅斯大開城門引波斯軍進入巴比倫城。巴比倫人做夢也沒有想到，他們自視堅不可摧的城池就這樣被波斯人占領了。就這樣，大流士用了一年的時間，先後作戰19次，剿滅了各地叛亂，生擒叛軍頭目9名。波斯帝國倖免於分裂大難，大流士可謂勞苦功高。當他巡行帝國各地，面對大好河山重歸一統時，不由生出許多感慨來。於是，他決定將自己力挽狂瀾的平叛功績永垂青史。

西元前520年9月，當大流士巡行至克爾曼沙汗（Kermanshah）以東30公里處的貝希斯敦時，他發現此地正處於巴比倫與波斯首都之間的貿易交通要道，札格羅斯山脈（Zagros Mountains）綿延至此，於村頭伸出峭壁來。大流士見狀，命人在峭壁上鑿刻浮雕；而且，他還命人用波斯文、埃蘭文（Elamite language）和巴比倫文刻記銘文，來記載他如何取得王位以及自繼位以來的文治武功，這就是聞名於世的《貝希斯敦銘文》。

浮雕位於銘文上方，其中，大流士腳踩高墨達，左手挽弓，右手指向立於閃耀聖光的太陽圓盤中的光明與幸福之神阿胡拉・瑪茲達（Ahura mazda），眼睛朝向前方的9名胳膊被反綁的叛首，彷彿在訓斥他們有悖尊神的信條，同時也昭示了自己作為尊神代言人的身分地位。大流士此舉，向世人宣佈了他繼承王位乃尊神所授，上承天意；而他鏟平內亂，安定四方，下順民心。

大流士一世的改革

叛亂平息了，波斯帝國穩定了，但如何統治這樣一個民族多、疆域廣的帝國，如何使各行省不再有反叛之心，如何令帝國各地經濟趨於平衡，如何改組原來波斯貴族掌控的統治機構，如何組建一支能適應新形勢下作戰的強大軍隊，這一切都迫在眉睫。因此，自西元前518年起，大流士先後推出各項改革政策。

大流士早就發現帝國制度不統一的問題，因之而造成的各部落獨立以及覬

・大流士一世重建之王宮的復原圖・

覦帝國王位的情形也已經發生。所以改革之初，他強勢取消帝國內部尚存的部落制度，在全國範圍內建立20多個行省。行省高官為總督、將軍和收稅官，三人通常由大流士從波斯貴族中任命，分管行政、軍事和徵收賦稅，三權分立，互相牽制，彼此監督，各自直接向皇帝彙報工作。當然，大流士在大力加強中央專制集權時，並沒有忘記爭取各地民心。

在各行省中，當地貴族也可以在行省中擔當要職，而且，在大權集中歸屬中央的原則下，地方上也可以採取一定程度上的自治政策。這些，都順應了各地發展的實際情形及風土人情，收穫了民心。但大流士並沒有忘記兩年來的帝國動亂情形，為根除地方腐敗勢力，他給三位行省高官各派一名副手追隨左右，名為輔佐工作，實為國王的密探。行省高官的一言一行，盡在大流士的掌控之中。如此加固地方統治之後，大流士唯恐不夠深入。他不時委任高官代表自己巡視各行省，儼然欽差大臣出巡。欽差所到之地，一旦發現作奸犯科者，必嚴懲不怠，最嚴厲的便是活生生剝下犯官人皮，鋪陳在其坐椅上，令繼任者如坐針氈，再不敢動犯上之念。如此鐵腕施政，倘若沒有嚴格的法律提供佐據，恐怕也難孚眾望。

《漢摩拉比法典》

是古代第一部保存下來的成文法典，石碑上方刻的是站立的漢摩拉比正在接受太陽神的授權，呈現了王權神授的思想。他們的腳下是用楔形文字刻著的282個判決法案，共8000餘字，是研究人類古代文明以及古巴比倫社會制度和經濟制度的重要史料。

大流士參照《漢摩拉比法典》，頒佈了一套新的法典，直到後來的塞琉古王國（Seleucid Empire）時期仍在使用。同時，大流士還在中央設立最高法院，於各地方行省設置地方法院，融入「國王的意旨即為法律」的觀念，從中央到地方罩上一張嚴酷的大網。不過，大流士仍允許各自治行省的傳統法律發揮其作用，比如，巴比倫行省仍沿用《漢摩拉比法典》，埃及法律也變更不大，而猶太地區則繼續保留了《摩西五經》。

僅施嚴政還不夠，大流士開始磨礪他的軍事利器。為了將軍隊牢牢控制在國王手中，大流士親任國家軍隊的最高統帥，並且從軍隊中的波斯人中精挑細選出1萬步兵、1000騎兵和1000標槍手，組成一支專門保護國王及王室成員的近衛軍。這支近衛軍始終為1.2萬名士兵，若有人員傷亡則立即補足，於是近衛軍亦得名「不死隊」。大流士以下的軍事高官便是軍區長官。大流士在全國範圍內設立5個軍區，5個軍區長官向上直屬國王管轄，向下則各自統轄幾個行省的將軍。大流士還刻意突出波斯貴族對於軍隊的領導地位，全軍上下，只要是關鍵軍團，大多由波斯人組成。至於軍隊調動，國王之外無一人有此特權。大流士還親自確定各行省駐軍的數量及各兵種的規模；同樣，他還規定帝國各行省的兵役數額，逢戰爭而招募軍隊時，則以此數額為準。軍隊改革之後，波斯帝國陸軍以裝備精良、步兵和騎兵配合作戰的創新戰法而令敵軍聞風喪膽。

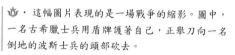

・這幅圖片表現的是一場戰爭的縮影。圖中，一名古希臘士兵用盾牌護著自己，正舉刀向一名倒地的波斯士兵的頭部砍去。

陸軍之外，大流士還建起一支擁有600艘至1000艘戰船的海上艦隊，對希臘在地中海的海上霸權構成巨大威脅。為了展示國王對軍隊的絕對統治，大流士規定每年都要檢閱軍隊，除邊遠地區駐軍由國王的欽差大臣代為檢閱外，其餘駐軍則均由國王親自檢閱。有了龐大而強有力的軍隊支撐，大流士在後來的拓疆戰役中再無後顧之憂。

在確保了國王對整個波斯帝國的絕對統治之後，大流士開始調整稅收制度，他親自制定出各行省的繳稅標準。除必須繳納一定數量的金銀外，各行省還依據其資源特點而向帝國輸入一定數量的實物貢賦。

大量的金銀和物資源源不斷地流入國庫，大流士喜不自勝。他從巴比倫、埃及和腓尼基等地調來眾多能工巧匠，建造華麗的宮殿。很快，帝國境內的蘇薩、艾克巴塔納、巴比倫和波斯波利斯四大首都，宮殿林立，雄偉壯觀，一年四季常可看到大流士的鑾駕輪流駐蹕。而與這些宮殿相得益彰的，便是從各地送來的僅供皇帝食用的珍饈佳肴，以及大流士那新頒佈的一套宮廷規矩。每每皇帝上朝，群臣跪於階外，隔著那層帷幔依稀看到他們的帝王身著絳紅色長袍、頭戴金皇冠、腰繫金絲帶、手握黃金權杖，端坐於金台上，其身後侍從高舉華蓋、羽扇；威嚴之至，令群臣不敢走近，雖有帷幔遮擋，仍唯恐粗鄙呼吸衝撞了眼前聖主。

波斯帝國的徵稅權通常包租給富商們。這些徵稅人往往一次性向國庫上繳足夠稅額，然後串通地方官吏，巧立多項徵稅名目，如此獲得的金錢物資比國王規定數額高出許多倍。這樣一來，波斯省以外的黎民百姓苦不堪言，經常因不能按時按量交納捐稅而抵押土地，甚至賣兒賣女，一時間，百姓與奴隸地位不相上下。不僅這些，百姓們還要承受國家規定的各種勞役，比如修建宮殿、驛道等。在這種重壓之下，雖然帝國中央財政收入增加，但帝國內部的階級矛盾卻日益嚴重。

當大流士不斷在四個首都號令天下時，他深為自己擁有地大物博的帝國而自豪；但他更願意把帝國各地的距離拉近，以利於更迅捷地傳達聖諭和調動軍隊。於是，他命令廣修驛道。修建好的驛道，因其長短不一，沿途設置數量不同的驛站，驛站內有旅館，信差隨時待命，以接應傳達政令的上游信差。如此站站傳承，直至政令下達到目的地。驛道沿途還有軍隊把守，以保證交通安全。在所有驛道中，有兩條頗值得一提，一條西起巴比倫城，向東穿過伊朗高園，通過巴克特里亞抵達印度河流域；而另一條則是所有驛道中最長也是最著名的一條，有「御道」美譽，它東起首都蘇薩，西至愛琴海東岸，全長2400公里，途中每隔20公里即有一驛站。每逢大流士在蘇薩下達命令，信差便策馬疾馳，繼而站站相承，日夜兼程，到達愛琴海東岸時剛好七日。當然，奔馳在這條道路上的信差，並不只傳送帝王的政令和文件，他們還不時為大流士運送故鄉的水以及愛琴海的鮮魚。難怪那些希臘人不無豔羨地說：「瞧啊，波斯國王遠在巴比倫，卻能吃上愛琴海剛撈上來的鮮魚。」三百多年以後，當中國西漢的張騫出使西域時，這條「皇道」便成為了絲綢之路的東段部分。

有了這些驛道，波斯帝國境內各行省間往來便利，全國性的商業貿易繁榮發展。陸路交通發展起來了，大流士把眼光又放在了開發水路交通上。

西元前518年，大流士命令開鑿從尼羅河到紅海之間的運河，大大帶動了

・這幅取自無釉赤陶花瓶上的圖案，表現了古希臘士兵戰鬥的情景：一名士兵受傷躺在地上，大腿在流血，其他士兵手持長矛和盾牌，正在與敵人對壘。

埃及和西亞之間的商貿往來。

西元前516年，大流士派遣希臘人斯吉拉克斯（Scylax）自印度河南下，探索印度河口到埃及的海上航線。船隊自印度河進入印度洋，然後向西過波斯灣，繞過阿拉伯半島，最終到達埃及的蘇伊士港。這次航行開拓了波斯和印度之間的海上貿易，據說，波斯的水稻和孔雀即是此時自印度傳入的。

兩條水道的開通，使大流士成為第一個溝通印度洋和大西洋的帝王。但隨著全國各地貿易往來的頻繁發展，大流士看到帝國內流通著各種地方貨幣，度量衡也不統一，這無疑是行省間的貿易往來和經濟溝通的一大瓶頸。於是，大流士下令統一貨幣和度量衡。他統一鑄造三類貨幣：金幣、銀幣和銅幣。經過貨幣改革，帝國財政牢牢控制在了國王手裡。

除以上改革措施外，大流士還利用宗教來鞏固帝國統治。他將瑣羅亞斯德教（即祆教、拜火教）定為國教，因為大流士聲稱自己是接受該教最高神阿胡拉・瑪茲達（Ahura Mazda）的意旨做諸王之王的；而且阿胡拉・瑪茲達代表著善良和光明，他始終與代表著黑暗與醜惡的惡神阿利曼（Ahriman）奮戰並且總是獲勝。所以，大流士借該教號召人們聽從阿胡拉・瑪茲達的教誨，全心向善，真心順從他這個神選出的人間代表。儘管定了國教，大流士卻沒有禁止地方宗教的存在，也沒有迫害異教徒。

經過一系列大刀闊斧的改革，波斯帝國進入穩定發展的階段，而隨著國力增強，大流士開始把目光轉向對外擴張上。

兵敗斯基泰

西元前517年，大流士南征出兵印度，征服印度河下游的興都庫什等地，並在被征服地建立行省。之後，大流士又命令軍隊北上進攻斯基泰人（Scythians，又稱塞卡人Saka）。斯泰基人戰敗逃亡，一直被波斯軍隊追趕到多瑙河畔，此後幾年，斯基泰人不敢再輕易南下侵犯波斯邊境。

東征完畢後，大流士又開始西進黑海沿岸。西元前513年，他御駕親征，率70萬大軍越過博斯普魯斯海峽，直撲黑海北岸的斯基泰。途中，他攻占色雷斯（Thrace），然後渡過多瑙河。大流士本想拆掉河上的橋，使斯基泰人不能向色雷斯和希臘方向逃跑；但最終他沒有這樣做，只是讓來自愛奧尼亞（Ionia）的希臘僭主們，率領各自的軍隊駐守在橋側。臨行前，大流士告訴他們，60日之後，他們便可自行離開。

波斯大軍壓境，斯基泰人趕忙邀請鄰近部落首領商討對敵之策。斯基泰人提出與友鄰各邦結成聯盟一致禦敵的建議，在一陣討論之後，撒爾馬特人、蓋羅諾斯人和部狄諾人決定幫助斯基泰人對付波斯人。考慮到大流士兵多將廣，不能與其硬碰硬，於是，斯基泰人決定使用堅壁清野、誘敵深入的遊擊戰術。他們將部落中人以及所有能帶走的物資都轉移進大山之中，然後把地面所有的田地、村莊燒毀。當熟悉地形的斯基泰人不時出現在大流士的大隊人馬面前時，後者便不停追趕，而斯基泰人趁勢逃走，不予抵抗。就這樣，波斯大軍長驅直入，陣線越拉越長，70萬大軍的糧草供應漸成問題。

對此，大流士一籌莫展，而且大軍糧草已呈不濟之勢。恰在此時，斯基泰人送來幾樣禮品給大流士。它們分別是鳥、老鼠、青蛙各一隻，以及箭矢五支。大流士一看之下，立即向部下說這是斯基泰人向他投降的表示。他解釋道：老鼠代表了土地，青蛙生活在水裡，而送箭矢則表明繳械，連起來就是斯基泰人欲向波斯國王奉獻水和土繳械投降。大流士這種解釋似有道理，不過，他的部將哥比亞斯的說法卻與他大相徑庭。哥比亞斯認為，這是斯基泰人在向波斯人示威：「倘若波斯人不能像鳥兒般插翅飛離，抑或如老鼠般鑽入地裡，再或者似青蛙那樣逃進水中，那麼，你們將葬身斯基泰人的亂箭之下。」大流士略作思忖，覺得有理，最終不得不下令撤軍。斯基泰人聞訊立即追趕，雖然沒有碰到波斯軍隊，但他們卻提前來到了多瑙河的橋畔。大流士萬萬沒想到，當初曾認為只有斯基泰人才會從此處逃跑，而今日卻成為自己撤軍回波斯的必經之路，並且，這必經之路眼前正欲陷於敵軍之手。

斯基泰人勸希臘僭主們拆掉這座橋。此時，當初大流士與希臘僭主們的60天之約已過，便與希臘人之間就「是否拆橋？」產生了分歧。米利都（Miletus）僭主希斯提亞斯（Histiaeus）堅持不拆橋，切索尼斯（Chersonese）僭主米太亞德（Miltiades）則建議拆橋。不過，最終希斯提亞斯的主張獲得通過，大流士及其軍隊得以順利過橋。

・古波斯王居魯士，對統治下的民族施行宗教信仰自由。圖為西元前537年，居魯士歸還猶太人的金銀器皿。

雖然出征斯基泰失利，但大流士仍攻占了色雷斯和黑海海峽，他任命美伽巴佐斯為色雷斯地區總督，率領8萬軍隊駐防於此。這樣，大流士建立了他在歐洲的據點，鋒芒直指南面的希臘各城邦。此時的波斯帝國版圖，東接印度河流域，西北至歐洲的色雷斯，西南至非洲的利比亞，南倚波斯灣和阿拉伯沙漠，北達鹹海和高加索山脈。大流士統治下的波斯帝國，一躍而為古代世界中第一個橫跨亞、非、歐三大洲的龐大帝國。

・列奧尼達（Leonidas I）在溫泉關・

19世紀法國畫家雅克・路易・大衛（Jacques-Louis David）歷時15年創作了這幅作品，藝術地再現了斯巴達王列奧尼達率領300勇士浴血溫泉關的動人瞬間。

愛奧尼亞叛亂

歐坦尼斯代替美伽巴佐斯出任色雷斯總督，他出兵攻占了達達尼爾海峽（Dardanelles Strait，古稱Hellespont）南北的許多海上要地。這樣，從黑海到愛琴海的所有交通和貿易重地，比如分處博斯普魯斯海峽兩岸的拜占庭和卡爾賽敦，達達尼爾海峽在愛琴海出口處的列木諾斯島和音布羅斯島，還有安塔多洛斯港。此時，波斯軍隊已完全扼住了自黑海北岸南下到希臘的糧食運輸線。

同時，在海上商貿方面，黑海地區一直是愛奧尼亞（土耳其西南部海岸至希臘半島一帶）各希臘城邦的重要貿易夥伴，大流士此舉無疑控制了愛奧尼亞的海上經濟命脈；這時候，已歸順波斯帝國的腓尼基人也屢屢與希臘人搶奪控制權。形勢所迫，希臘城邦不得不採取措施來保護自己的利益。西元前500年，被波斯帝國統治已達50年之久的小亞細亞希臘城市發動叛亂，以米利都為首，他們罷免大流士派去的行省總督，紛紛自立。

此時的米利都僭主是希斯提亞斯的女婿阿利斯泰哥拉（Aristagoras），因為希斯提亞斯早已被大流士召到蘇薩，他一直想回到米利都，所以盼望米利都人叛亂而趁機回歸。所以，他悄悄送密信給阿利斯泰哥拉，支持女婿立即起兵造反。阿利斯泰哥拉為拉攏希臘百姓，主動放棄僭主職位，在米利都建立起民主政體，並強制愛奧尼亞各地僭主予以仿效。之後，他前往一直以強悍陸軍而聞名全希臘的斯巴達，意欲尋得援助。他先向斯巴達王刻利奧美尼（Cleomenes I）陳說愛

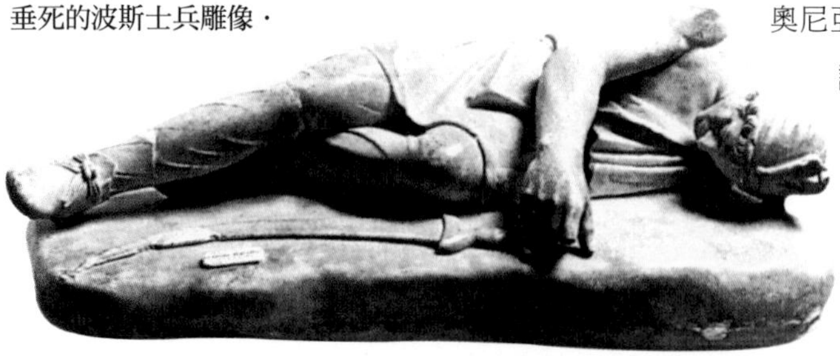

· 垂死的波斯士兵雕像 ·

奧尼亞正面臨著滅頂之災，又說波斯人是多麼的不堪一擊，並誇耀了一番波斯帝國如何地大物博，言下之意，一旦打敗波斯帝國，便可富甲天下。他講完後，刻利奧美尼問他征討波斯的路上要花多長時間，後者回答三個月，斯巴達王立即說：「我們的軍隊不會走這麼遠作戰。」於是，碰了一鼻子灰的阿利斯泰哥拉只得敗興而歸。

向斯巴達求助無門，阿利斯泰哥拉又來到雅典。此時的雅典在克里斯提尼（Cleisthenes）的帶領下，也已脫離僭主的統治，享受著民主的平等。原來的雅典僭主希庇亞斯（Hippias）流亡在外，他想回到雅典重新當政，於是，便去小亞細亞求見在呂底亞（Lydia）的波斯總督阿塔斐尼 （Artaphernes），請求波斯人發兵幫助他回國執政。阿塔斐尼要求雅典人接回希庇亞斯，但遭到拒絕。就在這個關鍵時刻，阿利斯泰哥拉前來雅典求援，自然是有求必應。

面對雅典人，阿利斯泰哥拉又重複了一遍曾經對斯巴達王的遊說之辭，然後又強調米利都人與雅典人同為希臘人，如今同胞有難，懇請雅典人發兵援助。在得到雅典人的肯定答覆後，阿利斯泰哥拉立即返回米利都。

西元前499年，愛奧尼亞人和雅典人、埃雷特里亞人在以弗所（Ephesus）舉兵，攻向呂底亞的總督所在地薩迪斯（Sardis）。一開始，戰事進行得很順利，呂底亞總督阿塔斐尼率軍退至薩迪斯衛城，居高臨下與起義軍對峙。這時，起義軍點燃了房屋，火勢蔓延開來，竟殃及阿特蜜絲女神廟。在熊熊大火中，呂底亞守軍奮力突圍，跑至城外，與前來追趕的起義軍展開肉搏戰。有道是窮寇勿追，此時的呂底亞守軍背水一戰，竟將起義軍打得落花流水。起義軍不敵撤退，到以弗所時，與弗里吉亞的波斯增援軍隊交戰，起義軍大敗，埃雷特里亞統帥戰死，埃雷特里亞人和雅典人分別逃回家園，只剩下愛奧尼亞人孤軍奮戰。

雖然身處逆境，愛奧尼亞人卻越戰越勇，他們一邊向北攻占達達尼爾海峽和拜占庭，一邊鼓動小亞細亞南部的卡里阿斯和賽普勒斯島起兵反抗波斯統治，並收效良好。

當與愛奧尼亞的戰況傳到大流士那裡時，他火冒三丈，向阿胡拉·瑪茲達祈求，請神允許他報復膽敢出兵侵犯波斯的雅典人。同時，他命令身邊侍從，每逢他吃飯時，都要連續三遍提醒他不要忘記雅典人加於他的恥辱。接著，大流士在蘇薩做戰略部署。他派道里賽斯（Daurises）率軍奪回達達尼爾海峽的控制權，令其成功後揮師南下征服卡里阿斯人；對於賽普勒斯島叛亂，大流士派出兩路人馬，陸軍由阿耳提庇歐率領，自西里西亞渡海南下進攻賽普勒斯島的北方城市薩拉彌斯，同時，腓尼基的波斯海軍從海路出發協助陸軍。

接到大流士的命令，波斯軍隊南北全線出動。北面的道里賽斯五天內連續攻克五座城市，這五座城市由北向南部分控制了達達尼爾海峽南岸的海上交通線路。然後，道里賽斯將繼續擴大達達尼爾海峽控制權的任務交給繼任者緒馬伊斯，自己率兵南下卡里阿斯平叛。緒馬伊斯又征服了特洛伊等地，但不久即病死。

在卡里阿斯，道里賽斯率領的波斯軍隊大敗叛軍，殺死敵軍過萬，自己也損失兩千餘人。趕來增援的米利都人與卡里阿斯人兵合一處，結果又被波斯軍隊打敗。即便如此，卡里阿斯人仍堅持作戰，他們在波斯軍隊往東面愛琴海沿岸城市佩達索斯行軍的路上設伏，一舉殲滅道里賽斯軍隊，道里賽斯也英勇戰死。

就在道里賽斯大軍消滅叛軍的同時，賽普勒斯島上也打響了戰鬥。阿耳提庇歐率陸軍在薩拉彌斯登陸，與島上叛軍交戰；同時，腓尼基的波斯海軍與前來增援的愛奧尼亞海軍也加入戰團。最後，波斯陸軍戰勝，但主帥犧牲；波斯海軍卻大敗。接下來，波斯軍隊重整旗鼓，用了五個月，終於消滅了賽普勒斯島的叛亂勢力。

西元前494年，波斯大軍最後總攻的時刻終於到了。波斯陸軍在米利都城郊外排開陣勢，海軍的600艘戰艦則密布於拉德灣，與米利都的300多艘戰艦對峙。波斯統帥找來流亡在外的原愛奧尼亞僭主們，命令他們寫信給起義軍內的各城邦將士，讓他們早日歸降波斯帝國，以獲得大流士國王的寬恕；如果他們堅持與波斯為敵，那麼後果只有被殺，他們的家人也將被賣為奴隸。波斯統帥如此做法，雖然沒能立即奏效，但接下來卻起到了至關重要的作用。

希斯提亞斯

道里賽斯戰死後，大流士派出歐坦尼斯。歐坦尼斯立即南下，攻占愛奧尼亞北部要地，向米利都撲來。此時，阿利斯泰哥拉無計可施，只得向色雷斯的米爾西諾（Myrcinus）進軍。米爾西諾曾被大流士賞給阿利斯泰哥拉的岳父希斯提亞斯，這裡銀礦和木材遍布，且保留著希斯提亞斯建造的防禦工事。當初希斯提亞斯之所以被調離這裡，就是因為此地物產豐富，且地理位置優越，這樣的地方落入非波斯人手裡很容易對大流士政權造成威脅。阿利斯泰哥拉正因此選中此地，作為他東山再起的根據地。可是，當他去進攻色雷斯人時，卻壯志未酬身先死。阿利斯泰哥拉死後，希斯提亞斯瞞過大流士潛回米利都，打算重新以僭主身分統治米利都人，但遭到正沐浴著民主之風的米利都人的拒絕。無奈，他只得北上占據拜占庭，等待時機重返故土。

當波斯海軍發起總攻時，作為米利都艦隊主力的撒摩斯人和列斯堡人望風而逃，僅留下米利都人和凱厄斯人奮力抵抗，終因寡不敵眾而潰退。

西元前494年11月，波斯軍隊攻入米利都城，對城內男性大肆屠殺，其餘人等則被送回帝國中心賣做奴隸。歷時六年之久的愛奧尼亞叛亂終於煙消雲散，而那位伺機恢復政權的希斯提亞斯，則在後來的起事中被殺。就這樣，愛琴海東部沿岸島嶼又重歸波斯帝國轄內，愛琴海和黑海的海上控制權也落到了大流士的手裡。

不過，大流士的侍從仍然每逢國王用餐時，連續三次地提醒他希臘人的存在。愛奧尼亞叛亂雖已平定，但大流士已醞釀好對希臘發動戰爭。

希波戰爭

西元前492年，為了教訓膽敢出兵幫助愛奧尼亞叛亂的雅典人和埃雷特里亞人，大流士派哥比亞斯之子馬多尼奧斯（Mardonius），率軍從陸路進攻希臘本土，同時，波斯海軍也協同前往。馬多尼奧斯先攻下達達尼爾海峽要塞切索尼斯，那裡的僭主米太亞德曾在大流士出征斯基泰時主張拆掉多瑙河上的橋，所以，當波斯大軍來到時，他慌忙逃向雅典。就在波斯陸軍乘勝攻打色雷斯的部利齊人時，波斯海軍也不甘落後，他們攻占了馬其頓的撒索斯島。可是，與陸軍因與部利齊人苦戰而傷亡不菲一樣，波斯海軍南下時突然遭遇颶風，以致300多艘戰船和2萬多名士兵葬身海底。戰事無法繼續，波斯人第一次征服希臘的行動以失敗告終。

強攻不行，大流士改智取。這次，他展開外交攻勢，離間希臘城邦間的關係。他派人遊走於小亞細亞沿海的希臘城邦間，大肆宣揚很多希臘城邦已經向他俯首稱臣，就連雅典人的鄰居伊基納人也不例外。受此蠱惑，雅典人夥同斯巴達人兵發伊基納島，生擒那些投靠波斯人的伊基納貴族，並將其囚禁於雅典。後來，伊基納人要求釋放被扣人質，卻屢遭拒絕，於是，雅典人和伊基納人之間的戰爭便持續不絕起來。

睹此情景，大流士甚是高興。他立即派米底人大提士（Datis）頂替馬多尼奧斯任陸軍總指揮，阿塔斐尼之子小阿塔斐尼任海軍統帥，領600艘戰艦，從南面先行攻打埃雷特里亞。波斯海軍自撒摩斯島擺槳啟航，穿過伊卡利亞島，不費吹灰之力便攻克了那刻索斯島。波斯海軍一邊鞏固這個直接面向希臘本土的軍事基地，一邊向埃雷特里亞所在的尤卑亞島前進。與埃雷特里亞人的戰鬥持續了六天時間，最終波斯軍隊獲勝，將埃雷特里亞倖存者盡皆運回波斯本土賣為奴隸。

現在，波斯人只剩下雅典一個攻打對象了。這次，該波斯陸軍出場了。西元前490年9月，雅典東北部的馬拉松平原（Marathon）上來了不計其數的波斯士兵，馬拉松旁邊那月牙形的海灣也擠滿了波斯人的戰船，從戰船上仍不時地走下一批批的波斯軍人，搬下一批批的物資。

眼見波斯大軍壓境，雅典軍營裡氣氛煞是凝重。畢竟敵我力量相差懸殊，雅典舉國之兵也不過一萬有餘，而波斯軍隊卻達幾10萬之眾。

・古代波斯地毯，現藏於伊朗首都德黑蘭地毯博物館。

雅典人向斯巴達求援，但斯巴達人正在舉行宗教祭祀，不能參戰，只能等到祭祀結束後方可發兵。這一消息令雅典人頓感絕望，他們已不能再等，因為時間拖得越長，波斯方面來的軍隊就越多。雅典大營裡開始了緊張的投票活動，10位將軍組成的軍事委員會，以及雅典軍政長官必須儘快表決出作戰與否。結果，10位將軍的投票是5比5，人們的目光一下子聚集到軍政長官卡利馬科斯（Callimachus）身上。卡利馬科斯這時猶豫不決起來，因為他這一票將決定著雅典乃至希臘的命運。在強大的波斯帝國面前，一念之差，即有可能亡國，所以，他不得不考慮再三。

這時候，十將軍之一的米太亞德走到卡利馬科斯身邊，語氣堅定地說道：「現在你掌握著整個雅典的命運，是讓你的同胞淪為波斯人的奴隸，或者讓我們通過戰鬥為雅典贏得自由，同時也讓你英名不朽，這一切全看你如何決定了。現在，倘若我們不馬上投入作戰，波斯軍隊會越來越龐大，而我們軍隊裡越來越多的軟弱派會投奔到對方的營地裡。我始終堅信，波斯人不是雅典健兒的對手，勝利一定是我們的！」聞聽此言，卡利馬科斯顧慮頓消，決定立即開戰。

米太亞德這位出生於雅典古老家族的軍事家，在這關鍵時刻顯示了超越常人的勇氣和鎮定。由於他曾經跟隨大流士攻打斯基泰人，所以對波斯軍隊及其作戰方式有所了解。他告訴雅典人，雖然波斯軍隊人多勢眾，但士兵大多是從各行省強制徵募來的，兵團之間協同作戰能力不佳，而且鬥志不高，很容易全線崩潰。此外，波斯人雖有箭雨攻勢，但其箭矢有鉤而並不鋒利，希臘步兵有盔甲防護即可安全。相反，波斯步兵方陣只有第一排有盾牌保護，一旦前排被擊破，則希臘重裝步兵方陣的長矛可輕取之。所以，波斯軍隊並不是看上去的那麼可怕。

米太亞德給雅典人吃了定心丸，大家一致推舉他擔任作戰總指揮。總指揮一聲令下，雅典人走下山間的營地，到平原處排列戰陣。就在此時，忽然來了一支援軍。原來，這是一支來報恩的軍隊，他們是曾被雅典人出兵援助過的浦拉泰亞人。雖援軍僅有1000人，但不啻雪中送炭。

兩軍陣前，米太亞德開始排兵佈陣。他清楚波斯人善用從兩翼包抄的戰術，所以，他有意從雅典的中央方陣中抽調兵力，向左右兩翼延伸，與周邊的泥沼地相接。見雅典人終於露面，波斯將領大提士也列開陣式。波斯軍中路為重裝步兵方陣，以十行縱深鋪開，左右兩翼圍以重步兵和弓箭手組成的混合方陣，側後方則是波斯騎兵。大提士佈陣剛剛結束，雅典軍隊已發起衝鋒，而且他們愈跑愈快。當雅典人跑進300公尺射程時，大提士命令放箭。霎時，波斯弓箭手幾輪排射，箭如雨下，但幾乎全被雅典人的盔甲擋開；而且，雅典人此時已飛速衝到波斯陣前，他們的長矛已齊刷刷刺向波斯人。雙方立時陷入近身肉搏戰中。

米太亞德意料之中的事發生了，波斯陣前持有盾牌的「十人隊」隊長每人要抵擋住數十桿長矛的猛刺，不一會兒，便全部犧牲。這樣，後面沒有盔甲保護的輕裝步兵便直接暴露在雅典重裝兵步的長矛之下。當波斯步兵用彎刀奮力撥開面前密集如林的長矛時，往往顧此失彼，以致身中數矛而亡。這種情形下，波斯兩翼漸漸不支。此時，側後的波斯騎兵也失去原有功效，因為雅典人的兩翼擴張到泥沼地，使波斯騎兵無法包抄。

・波斯帝國在大流士一世統治時期達到了鼎盛；其子薛西斯在希波戰爭中的慘敗，則標誌著帝國衰落的開始。圖為大流士一世時期的王宮遺址，從這些斷壁殘垣中，依稀還能看到帝國當年的氣勢和輝煌。

相較這兩翼及騎兵的失利，波斯方陣的中路漸占上風。那些久經沙場的波斯老兵一度擊潰雅典人的中央陣線，怎奈，此時己方兩翼潰退，中路立即被雅典人從兩側合圍起來，而且對方已退卻的中路方陣又衝了回來。如此三面夾擊，波斯方面再無取勝的可能。

戰局已定，大提士下令全線撤退。波斯人紛紛向海邊的戰艦奔逃，落在後面皆被乘勝追擊的雅典人殺死。到了海邊，雅典人試圖燒毀波斯戰船，這一舉動立即引發波斯士兵的奮力抵抗。雅典人開始大量傷亡，卡利馬科斯和另外兩位將軍也在此時陣亡。當波斯人終於乘船離開時，馬拉松平原上留下了他們6400名同胞的屍體，海邊也燃燒著7艘波斯戰船；而雅典人，則僅損失了192人。雖然波斯軍隊的損失對於整個波斯帝國來說可謂不值一提，但馬拉松一戰充分暴露了波斯方陣在希臘密集陣面前的劣勢。

・馬拉松戰役・

西元前490年9月13日，希波戰爭中，古希臘城邦聯盟和波斯帝國在馬拉松平原附近進行的一次會戰，以波斯戰敗告終。這是希臘軍取得的首次重大勝利。此戰不僅消除了波斯第二次遠征的威脅，對希波戰爭的整個進程也具有重大意義。馬拉松會戰在以後團結雅典民主力量和加強希臘各城邦的政治軍事同盟中，起了重要作用。

波斯人逃跑了，米太亞德叫來傳令兵費里皮德斯（Pheilippides），命令他火速把雅典人得勝的消息傳回雅典。當費里皮德斯以最快速度從馬拉松跑到雅典中央廣場時，他大聲喊道：「我們取勝了，大家為此而歡呼吧！」說完倒地而亡。幾個世紀過去，為了紀念他及馬拉松戰役的勝利，希臘人於1896年在雅典舉辦的第一屆現奧林匹克運動會上，增設了馬拉松賽跑項目。

當馬拉松戰役失敗的消息傳回波斯宮廷時，大流士認為只有自己親征希臘才能徹底摧毀對方。於是，他在帝國上下發起總動員，四處招兵買馬，重新裝備軍隊，製造船隻，囤積糧草。就在他準備西征時，西元前487年，埃及人發動叛亂，且聲勢浩大。大流士決定親自前往埃及平叛，但他還是未能如願，因為病魔奪去了他的生命。西元前486年，偉大的波斯帝國君主、諸王之王大流士一世病逝。他未竟的事業，後來由其兒子、波斯帝國第四代國王薛西斯一世（Xerxes I）繼續下去；然而，希波戰爭仍以波斯帝國敗北而告終。

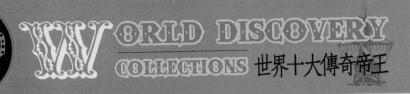

歐亞大陸的征服者

——亞歷山大大帝（Alexander the Great）

15歲帶兵打仗，20歲繼承王位，短短數年間消滅波斯帝國、進軍中亞、東征印度，並建立起橫跨歐、亞、非的大帝國，這就是偉大的亞歷山大大帝所展現出來的雄才大略。然而，亞歷山大大帝又是充滿神秘的；他頂著天神之子的聖名出生，從馬其頓國王到希臘聯盟盟主、亞洲之王，再到埃及法老與阿蒙神之子、印度封建君主，最終成爲亞歷山大大帝，他以超越常人的精力，向世界展示著他無與倫比的勇氣和爆發力，並憑著對榮譽、挑戰、探索和征服的極度渴望，將「亞歷山大」鑄造成征服者的代名詞。

天神之子

在愛琴海東北部的希臘島嶼薩摩色雷斯，年輕的馬其頓（Macedonia）國王腓力二世（Philip II）遇上了美麗的奧林匹亞絲（Olympias），他們一見鍾情。新婚之夜，奧林匹亞絲夢見一道閃電擊中自己的腹部並引起大火。在這種神秘氣息的籠罩下，西元前356年7月20日，小亞細亞的古城以弗所（Ephesus）的阿特蜜絲女神廟突然起火，並最終被焚毀。而偉大的亞歷山大大帝也在那天降生了。於是，人們盛傳女神因去接生亞歷山大，而置自己的神廟於不顧，更有一些占卜師預言神廟被毀當日出生的男孩，以後將征服亞洲。

亞歷山大自幼便與眾不同；他胸懷博大、志向高遠、意志堅定，甚至連享譽希臘的腓力二世都自嘆不如。腓力二世請來了大哲學家

・亞歷山大頭像・

亞歷山大，古代馬其頓國王，世界古代史上著名的軍事家和政治家。

亞里斯多德做亞歷山大的老師。在跟隨亞里斯多德學習期間，對於老師所教授的道德學、政治學、科學、醫學等學科，他都有了很深的造詣。這些知識對他日後統治橫跨歐、亞、非的亞歷山大帝國，都起到了至關重要的作用。

亞歷山大15歲時，開始跟隨父親征討四方。西元前340年，腓力二世前去攻打拜占庭城邦，年僅16歲的亞歷山大代管王國。這時候，米底人突然造反，亞歷山大帶兵迅速出擊，把這些人趕了出去。西元前338年，亞歷山大隨父出征，在希臘城市切羅尼亞的戰役中，他第一個攻破底比斯人（Thebes）那堅不可摧的「聖帶陣」，深得腓力二世的賞識。

登上王位

公西元前337年，腓力二世愛上了馬其頓貴族阿塔魯斯（Attalus）的侄女克麗歐佩特拉（Cleopatra）。在腓力二世與克麗歐佩特拉的婚禮上，阿塔魯斯竟明顯暗示他侄女的孩子將凌駕於亞歷山大之上，成為腓力二世的接班人。亞歷山大頓時火冒三丈，拿起酒杯就向阿塔魯斯頭上砸去。氣急敗壞的腓力二世立即將亞歷山大母子驅逐了出去。不過沒過多久，經哥林斯人（Corinthian）德瑪拉圖斯（Demaratus）的說和，亞歷山大又被父親召回馬其頓。

・亞歷山大大帝・

- **｜姓名｜**：亞歷山大
- **｜生年｜**：前356年7月20日
- **｜卒年｜**：前323年6月11日
- **｜在位｜**：前336年～前323年
- **｜父親｜**：腓力二世
- **｜母親｜**：奧林匹亞絲
- **｜繼位人｜**：無
- **｜主要政績｜**：主要政績：在橫跨歐、亞、非的遼闊土地上，建立起一個以巴比倫為首都的龐大帝國，促進了東西方文化的交流和經濟的發展，使古希臘的文明發揚遠播。

西元前336年，腓力二世出席女兒在埃格（Aigai，現在的Vergina）舉辦的婚禮時，正當人們紛紛舉杯祝賀時，國王的護衛保薩尼阿斯（Pausanias）突然拔劍刺向國王，國王當場死去。20歲的亞歷山大很快就被以安提帕特（Antipater）為首的大部分馬其頓軍人推上國王寶座。

登上王位的亞歷山大發現北部邊境的野蠻民族，以及希臘各邦都想借腓力二世被刺之機有所行動。面對周圍虎視眈眈的強敵，他審時度勢，決定先行鞏固北部邊境防線。西元前335年，亞歷山大率軍北上，閃電式出擊北部野蠻民族，在多瑙河流域擊潰特里巴利部落。之後，他轉戰馬其頓西北部邊境，征服了那裡的伊里利亞人。至此，馬其頓北部和西北部的邊境才得到安寧。

鞏固北疆這一戰略目標實現後，亞歷山大又把目光投向了希臘同盟。此時的同盟幾乎名存實亡，當初腓力二世雖然打敗了希臘人，卻並未徹底征服他們，以致現在擺在亞歷山大面前的是一個混亂不堪的局面。就在亞歷山大著

🌸・從西元前343年開始，亞里斯多德受馬其頓國王腓力二世的聘請，擔任了13歲的王子亞歷山大的老師。

手整頓希臘同盟之際，底比斯人又造反了，雅典人隨即表示支持。亞歷山大迅速將軍隊從伊里利亞直接調往底比斯，中間未經馬其頓。

當底比斯城下突然出現馬其頓大軍時，底比斯人仍堅持強硬態度，拒絕亞歷山大的和談條件。戰鬥打響，雖然底比斯人作戰頑強，但終因寡不敵眾，最後城池失陷。亞歷山大為將希臘同盟中的城邦國家震懾住而不再起反叛之心，下令屠城。命令一出，底比斯城瞬間屍橫遍野，滿目瘡痍。與底比斯人的遭遇相比，雅典人的命運則好得多。

雖然雅典人是反對馬其頓統治的一大勢力集團，而且在底比斯人叛亂時，他們公開回應，但亞歷山大深知雅典是希臘文明的中心，也是希臘精神的中心。掌握住這個中心，他就能掌握住希臘同盟，這個同盟也就會給他一個最高代表人的合法地位。這不僅可使希臘城邦不再發動叛亂，而且可以讓亞歷山大以後的征服戰爭師出有名。於是，亞歷山大決定對雅典既往不咎。

亞歷山大初為國王時採取的這一戰略行動，以及屠城與安撫並用的政治方針讓他取得了巨大成功，直接後果便是——以馬其頓作為他的第一個軍事基地，獲得了長久的安定。此時，已無後顧之憂的馬其頓國王、希臘同盟最高代表，馬上就要開始他征服亞洲的旅程了。第一站也是他的第二個軍事基地，他選在了愛琴海東岸。

強渡格拉尼庫斯河（Granicus River）

西元前334年春，亞歷山大的軍隊來到達達尼爾海峽，在這個連接歐亞大陸的地方，大部隊早在兩年前到達此地的帕曼紐（Parmenion）軍隊的接應下，順利到達海峽對岸。之後，兩軍會合，亞歷山大發現帕曼紐所領軍隊損傷很多，僅剩8000餘人。登陸小亞細亞後，亞歷山大來到嚮往已久的特洛伊城。這期間，波斯帝國則召開會議研究對抗來犯之敵的策略。

門農（Memnon）早年曾和亞歷山大接觸過，對其有所了解。他得知亞歷山大的軍隊供給並不充足，於是建議波斯軍隊採取誘敵深入的戰術，不和敵軍正面交戰，僅以少量騎兵將其一直拖入小亞細亞內陸，再把沿途田園村莊燒毀以斷敵軍糧草供應（又稱焦土政策）。這樣，當亞歷山大的軍隊被徹底拖住時，門農再率領希臘雇傭軍從海路直逼希臘，到時候與斯巴達人一舉攻下馬其頓。

波斯聯軍司令官愛奧尼亞總督斯皮瑞達提斯（Spithridates）和達達尼爾總督阿西提斯（Arsites）反對這一策略，他們宣稱自己軍隊裡那些驍勇善戰的波斯勇士們對付馬其頓軍隊綽綽有餘，因此只求速戰；而且，當他們聽說要對自己的領地放火時，立即強烈抗議。最終，他們決定陳兵格拉尼庫斯河畔，與亞歷山大決一死戰。

格拉尼庫斯河寬20多公尺，河東岸高坡突兀，甚為崎嶇，波斯大軍即選在此列開陣勢。亞歷山大一眼看出了波斯軍佈陣的問題，立即做出戰略部署。面對敵軍占據的地利，帕曼紐建議亞歷山大暫緩攻擊，但遭到拒絕。亞歷山大態度堅決，命令阿民塔斯率領1000騎兵出擊，製造攻擊敵軍左翼的假相。當敵軍左翼騎兵紛紛衝下高坡來阻擊時，亞歷山大一馬當先衝入河中。波斯軍隊的標槍和箭矢如雨點般向馬其頓軍飛來，但亞歷山大臨危不亂，他看準了被己方佯攻部隊牽制住的波斯軍隊已出現空缺部位，於是指揮近衛騎兵和游擊步兵以楔形陣勢猛攻過去。

上岸後的亞歷山大和迎面而來的波斯軍頭目碰個正著。這位指揮官置指揮軍隊責任於不顧，跑過來和亞歷山大單打獨鬥起來。亞歷山大未及站穩，迎面便飛來一支標槍，刺穿其胸甲的接縫處，但未傷及要害。他拔出標槍，將標槍主人一槍刺死。正在這時，斯皮瑞達提斯和另一名指揮官羅薩塞斯（Rhoesaces）一起衝過來。亞歷山大眼疾手快，躲過斯皮瑞達提斯的戰斧，挺槍直刺羅薩塞斯，結果標槍被對方胸甲折斷。亞歷山大立即拔出短劍，卻未躲過斯皮瑞達提斯的當頭一斧，這一斧把他頭盔上碩大的羽飾砍斷，險些令他摔下馬來。當斯皮瑞達提斯第二次舉起戰斧時，卻被突然衝過來的克利圖斯（Cleitus）一槍刺穿身體。幾乎同時，亞歷山大也一劍結束了羅薩塞斯的性命。

就在雙方騎兵交戰正酣時，亞歷山大的各路步兵來到，隨後左翼的馬其頓方陣也強勢襲來。波斯軍陣頓時大亂，但波斯的希臘雇傭軍此時卻表現得極為鎮定，他們向亞歷山大請求赦免，否則拒不投降。亞歷山大效仿

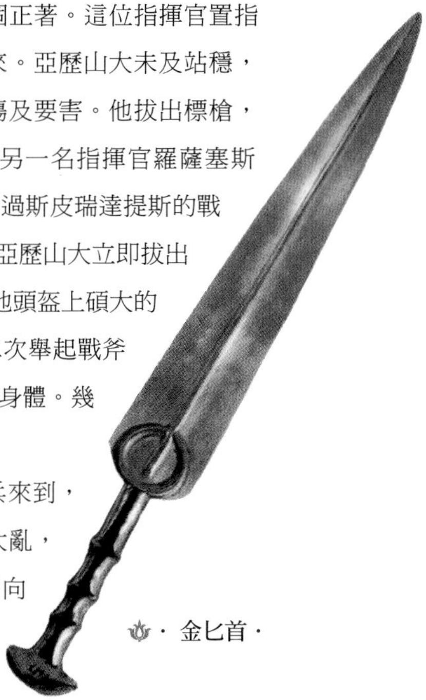

·金匕首·

・亞歷山卓是一個極完美的港口城市，亞歷山大修築此城主要目的是為給長期征戰的部隊提供補給。

對待底比斯人的方法，決定消滅這股希臘雇傭軍，使希臘人不敢再為波斯賣命。於是，亞歷山大率騎兵攻其側翼，而令馬其頓方陣正面進攻。希臘雇傭軍負隅頑抗，最後，5000希臘雇傭軍死亡過半，餘下者皆被押回馬其頓賣為奴隸。

格拉尼庫斯河會戰，使波斯方面損傷數員大將，同時也大大激勵了馬其頓遠征軍的銳氣。此後，亞歷山大率軍在愛琴海沿岸的小亞細亞攻城拔寨，所向無敵。波斯帝國在小亞細亞的沿海重鎮薩迪斯（Sardis）等均不戰而降。西元前333年春，亞歷山大占領了小亞細亞愛琴海岸的所有港口城市，直到腓尼基（Phoenicia）和西里西亞（Cilicia）為止。

從伊蘇斯會戰（Battle of Issus）到埃及加冕

西元前333年8月末，亞歷山大入境西里西亞，使波斯帝國失去了在小亞細亞的最後一片屬地。這下可牽動了大流士三世的敏感神經。在波斯貴族頻頻請纓與亞歷山大決一雌雄的情勢下，這位登基僅三年的皇帝只得緊急調兵遣將。之後，大流士三世率領大軍離開首都蘇薩（Susa），經巴比倫，在9月初抵達阿曼山脈東邊的索廓依。索廓依向東接壤兩河平原，對於大流士龐大的軍隊很具優勢，相較之下，亞歷山大因為在軍隊人數上處於劣勢，反而不適應在平原地帶與大流士對抗。

就在大流士等待亞歷山大前來決戰時，亞歷山大卻在西里西亞病倒了。風寒令他臥床一月有餘，這可急壞了大流士。由於交通阻塞，大流士不知道亞歷山大逗留西里西亞的真正原因。最終，大流士決定掌握主動權，兵發西里西亞尋找亞歷山大。但同時，他派出3萬人馬加固防守敘利亞的大馬士革（Damascus），這樣，一旦亞歷山大南下侵犯，這支軍隊便可擋住馬其頓軍隊對於腓尼基首府泰爾城（Tyre）的覬覦，更可與北面的大流士部隊形成合圍亞歷山大之勢。

果然不出大流士所料，亞歷山大在生病期間就已派出帕曼紐引領人馬南下占領敘利亞隘口，並密切探聽大流士的動向。當他接到波斯軍隊即將離開索廓依的密報時，他立即想到大流士一定會從敘利亞隘口通過。於是，這一年10月底，病癒的亞歷山大率軍離開伊蘇斯，直撲敘利亞隘口。

這一次，亞歷山大的決定被大流士識破了。他料定亞歷山大定會南下與帕曼紐軍會合，於是避實就虛，北上阿曼隘口。不費吹灰之力，波斯軍隊進入伊蘇斯的馬其頓營地，從亞歷山大背後切斷了他的後勤供給線，這樣迫使他不得不在軍隊斷糧前及時趕回伊蘇斯。

可能是天助亞歷山大，此時的大流士突然南下到皮納魯斯河谷（Pinarus River）駐紮。這裡夾在山與海之間，皮納魯斯河攔腰穿過，波斯軍隊被地形強迫化整為零，騎兵則失去用武之地。不過，這種地形對於人數上不占優勢的馬其頓軍隊反而十分有利。雖然大流士自認為南遷的舉動，意在以強勢兵力進一步威逼亞歷山大不要再做困獸之鬥，但他還不清楚他的對手是個越挫越勇的人。所以當馬其頓軍隊漸漸逼近時，大流士顯得大為驚訝，他的部隊也明顯疏於防範。情急之下，大流士趕忙派出3萬騎兵過河抵擋敵軍。

雙方對峙，亞歷山大發現己方左翼相對波斯那邊過於單薄，於是，他當即命令右翼的重騎兵悄悄潛至左翼隱藏於方陣後面。之後，亞歷山大派人攻下波斯步兵據守的右側山坡，以使馬其頓側翼不被攻擊。一切準備就緒，亞歷山大親率近衛騎兵衝向敵軍左翼。波斯縱有神箭手那如暴風驟雨的箭矢，亞歷山大和他的近衛騎兵仍然快速過河衝到波斯左翼陣前。這時候，抗衡擊力極差的弓

·馬其頓的佩拉城鑲嵌畫·

亞歷山大大帝在打獵場上打獵。描繪亞歷山大（左）被一頭獅子緊逼，由忠誠的克拉特魯斯將其解救出來。

箭手們四散奔逃，慌亂中與其後面的步兵方陣互相衝撞，自亂了陣腳。不多時，亞歷山大的右翼部隊加入戰團，雖然波斯步兵方陣人多勢眾，一度將馬其頓騎兵夾在中間不得活動，但馬其頓方面的步兵騎兵聯合進攻的戰術，以及步兵們短兵相接的強勁實力，使波斯步兵方陣吃盡了苦頭。很快，波斯左翼陣線失陷。

就在亞歷山大左翼發動進攻時，波斯右翼騎兵統帥一聲令下，幾千波斯鐵甲騎兵排山倒海般向馬其頓左翼襲來。他們首先攻破希臘聯盟重騎兵的防線，繼而對馬其頓左翼形成包抄之勢。正在這時，早已埋伏好的那1800名重騎兵突然衝出，將敵軍趕到河對岸，並且乘勝追擊，與仍停留在河對岸的波斯騎兵主力戰作一團。正當重騎兵不畏強敵拚死衝殺時，帕曼紐帶領的馬其頓方陣也渡過河與波斯的希臘雇傭軍正面交鋒。不過，馬其頓方陣因河岸地勢不利，出現了不少士兵落伍的情況，同時，他們與右側的聯防部隊也脫離開來。希臘雇傭軍立即發現了這一良機，蜂擁而下直撲馬其頓方陣右側缺口。面對手持短劍撲過來的希臘雇傭軍，馬其頓重裝步兵不得不捨棄長矛，以短劍與敵人展開肉搏戰。希臘雇傭軍不會忘記格拉尼庫斯河一戰中亞歷山大的殘忍，所以他們殊死搏殺；再加上步兵協同作戰，馬其頓方陣損傷慘重，漸漸招架不住。

正在這緊要關頭，希臘雇傭軍左翼突然大亂，原來，馬其頓的3000近衛步兵已殺將過來。此時，亞歷山大正率領右翼部隊左轉直取大流士。大流士的近衛騎兵和一些波斯貴族拚死保護皇帝，雙方將士的屍體密布於大流士的黃金戰車周圍。大流士眼看有被俘的危險，緊急關頭，他甩掉王袍，躍上一匹戰馬，在親信及近衛軍的保護下倉皇逃走。大流士此舉，立即導致波斯大軍全線崩潰，除希臘雇傭軍有秩序撤退外，波斯士兵逃亡時慌不擇路以致互相踐踏，大量傷亡。

・這幅畫出土於龐貝古城的「農牧神殿」，是羅馬時期根據古希臘作品創作的一件複製品。畫面重現了馬其頓國王亞歷山大大帝，攻打波斯皇帝大流士三世時的戰況。

伊蘇斯會戰的勝利，讓亞歷山大具備了徹底戰勝大流士的信心，同時也為馬其頓遠征軍開啟了通往波斯腹地的大門。通過這

道門，當亞歷山大一路向東攻城掠地時，他的身分地位將超越馬其頓國王和希臘同盟盟主。不過，亞歷山大認為當務之急是必須儘快南下將波斯在愛琴海的海上基地占領住。這樣，波斯帝國再不能從海上侵犯希臘和馬其頓，同時，他們也休想再與斯巴達聯合威脅亞歷山大國內基地的安全。

西元前332年8月，被圍困七個月的泰爾城被馬其頓軍隊占領。亞歷山大緊接著率軍攻下敘利亞重要港口城市加薩（Gaza），然後經過兩個月的圍困，拿下埃及。在埃及的孟斐斯（Memphis），亞歷山大加冕成為埃及法老王，並被稱為「阿蒙神之子」。之後，他在北部沿地中海處建立亞歷山大城。建城期間，他穿過利比亞的茫茫沙漠，到阿蒙神殿祭拜並求取神諭。當神諭告知殺害腓力二世的兇手已全部伏法，他將會成為全世界的主人時，亞歷山大不禁信心倍增。為顯示他在埃及的威嚴，亞歷山大廢除波斯在埃及實行的總督制，頒布新的行政體制，任命一位埃及人管理行政。

・亞歷山大銀幣・

至此，亞歷山大完全占有了波斯軍隊在愛琴海和地中海的海上控制權，他可以集中兵力與大流士決戰了。

亞洲之王

西元前331年，在埃及完成征服任務的亞歷山大揮師北上，經敘利亞首都大馬士革，越過兩河流域，9月初直撲波斯腹地。此時的馬其頓遠征軍，已是兵多將廣、物資充足。

儘管兵力有所增強，但亞歷山大絲毫不敢大意。他一路走來，未曾遇到阻擊，他料定大流士此舉意在誘敵深入，令馬其頓軍隊拉長戰線，耗其軍力，損其物資。針對此，亞歷山大沿途修建3座城池，並派兵把守，以做遠征軍後勤補給據點。其實，大流士之所以誘使亞歷山大深入波斯腹地而不予抵抗，還因為他此時徵兵眾多，一旦遠離富庶的巴比倫則恐軍隊缺糧，而且他已選好了有利於他龐大軍隊的戰場。

自從伊蘇斯戰敗後，大流士在短期內徵集了一支號稱百萬的大軍，其中步兵80萬，騎兵20萬，還有他此次最新改裝的鐮刀戰車200輛。鐮刀戰車前面車轅裝有利刃，兩側輪軸處裝有長達一公尺的鋒利鐮刀，如此前突側削，衝擊力極強，正好對付馬其頓方陣。此外，車內亦配有長矛、弓箭，供車上的一名士兵使用；另有一名馭手駕馭四匹罩有鐵甲的戰馬。除了這一利器，大流士還為他的步兵換上防禦性更強的盾牌、希臘式長矛，給騎兵特製了鱗片甲。整裝已畢，大流士率領部隊進入預定戰場，命人剷平中間大片空地，以停放鐮刀戰車。此後就在他等待亞歷山大前來的日子裡，一直忙於操練軍隊。

就在亞歷山大率軍渡過底格里斯河時，西元前331年9月20日，突然發生了一次月蝕。這使馬其頓軍隊大亂，士兵們以為自己的侵略行為觸怒了天神，惶惶然之餘紛紛指責亞歷山大當初應該見好就收。亞歷山大急中生智，令隨軍祭司阿利斯坦德走到士兵們中間，告訴他們月亮女神降怒只嚇壞波斯人，因為希臘人信奉的是太陽神，所以現在感到害怕的應該是那些波斯人。希臘人安靜下來了，但是，那些波斯人的確被嚇壞了。

高加美拉

在巴比倫往北大約300公里的底格里斯河上游東岸，有一大片緊依波斯帝國大道的砂土地，這裡流傳著一個美麗的傳說。古代的一位波斯帝王，一次戰敗後被敵人緊追不捨，性命危急時，一匹駱駝拚命奔跑救了他。為了感謝駱駝的救命之恩，他便為牠建了一座城，起名為「高加美拉」，意即「駱駝之家」。大流士三世特意選擇了高加美拉，作為他與亞歷山大一決高低的戰場，因為他覺得伊蘇斯會戰的失敗實因波斯軍隊所處戰地不利，以致騎兵不得伸展。而高加美拉，不僅地勢平坦利於騎兵施展，而且交通便利，不用擔心糧道受阻。

在一向靠觀測天象來預知國事的波斯帝國，這次月蝕被當做是亡國之兆。因為發生月蝕時天空中吹著西風，表明征服者來自西方；而當月亮重現天空時，又刮起了東風，這為大流士指明了逃亡的方向，也即只有逃往東方才能自保。大流士深諳此道，除了哀嘆，他並不能像亞歷山大那樣拿出什麼措施來安撫手下將士的心。聯想到太后、王后、王子公主皆被亞歷山大所虜，以及伊蘇斯一戰的失利，這位曾經顯赫一時的波斯帝王不禁信心大挫。

西元前331年9月24日，亞歷山大軍帳中來了波斯使者，來人呈給他一封大流士的請和信。亞歷山大當著眾將的面，宣讀了信的內容：大流士出錢1000泰倫贖回王室成員；把他的一個女兒嫁給亞歷山大為妻，並且將幼發拉底河以西的領土全部送給亞歷山大。這樣做的條件是，雙方媾和，締結聯盟。這一請求立時得到了以帕曼紐為首的不少馬其頓將領的首肯。亞歷山大立即回信，在信的結尾提出：除非大流士親自來到馬其頓軍營投降，否則，他面對的只能是馬其頓的刀兵。言下之意，大流士竟妄想與亞歷山大平分秋色，後者希望得到的可是整個波斯帝國。

西元前331年9月30日，馬其頓軍隊在高加美拉（Gaugamela）紮營。面對波斯大軍無邊無際的戰陣，馬其頓全軍上下無不瞠目。當晚，聽著波斯軍隊不時發出的巨大聲浪，老將帕曼紐建議亞歷山大趁夜色襲擊波斯陣營，以減少士兵們因對方人多勢眾而產生的畏懼感。這建議立刻得到眾將領的回應。亞歷山大則直截了當地說：「偷來的勝利是不光彩的。」但他並沒有忽視充盈於馬其頓軍營的恐懼不安氣氛，他在祭司阿利斯坦德的幫助下，趁士兵們睡覺之際，舉行了一次秘密獻祭，他祈求天神宙斯賜福於他，祈求恐懼之神不要光臨馬其頓軍營。這之後，他回到自己的大帳，沉思對敵方案。良久，他沉沉睡去。

西元前331年10月1日一大早，帕曼紐等將領來到亞歷山大帳前聽候命令。可是一早起的亞歷山大仍在酣睡，這很讓大家驚訝。當帕曼紐不得不走進亞歷山大的帳篷把他叫醒時，亞歷山大微笑著說：「你們看，如今我們不必再於高山險灘間追趕一個東奔西跑的大流士，不必再擔心他用誘敵深入、堅壁清野的戰術來對付我們，我們馬上就要跟他決戰了，難道這不正表明我們已經贏得勝利了嗎？」最高指揮官的這種自信，迅速感染了馬其頓全體將士，他們披掛整齊，開始列陣，僅留下幾千名色雷斯輕裝步兵鎮守大營，保護那些後勤物資。

兩軍陣前，亞歷山大遠望波斯陣容，立即猜出大流士如此布陣，意在對他形成兩翼合圍之勢，夾擊之下，以優勢兵力將自己軍隊分而殲之。慮及此，亞歷山大決定採取「中部突破」的戰術——老將帕曼紐率領左翼，他與騎兵在右翼。只要自己的防守軍隊能夠拖住敵人從兩翼的進攻，吸引更多的敵軍前來，那麼他就能帶領一支騎兵突破大流士的中路。為了對付波斯軍隊的側翼包抄，亞歷山大在自己戰陣最周邊的側後方分別安插騎兵。此外，為了破壞鐮刀戰車的殺傷力，亞歷山大派幾千名游擊步兵散列於陣前。戰陣後面1千公尺處，就是由1.5萬名希臘聯盟步兵組成的第二道防線，士兵們與主力戰陣背對背，與最周邊的騎兵聯合共同抵抗波斯軍隊的縱深包抄。

為避開對方戰車群對馬其頓方陣構成的威脅，亞歷山大命令大軍以斜線方向逐步向右前方行進。大流士趕忙派左翼鐵甲騎兵馳上去攔截。雙方交戰之初，馬其頓右翼

・亞歷山大銅像・

・此圖是後人表現西元前333年秋天，馬其頓國王遠征波斯，在小亞細亞的伊蘇斯城外與波斯軍隊會戰並取得勝利的歷史事件。畫面正上方的標銘上，以拉丁文和德文標出了戰爭的雙方及傷亡情況。

周邊一度戰事吃緊。由於阻止波斯騎兵向縱深包抄，馬其頓周邊騎兵陣線逐漸拉長，兵力不足之下，亞歷山大派兵增援，於是，馬其頓軍隊右翼和中路之間出現一個大缺口。大流士當然不會錯過這個大好戰機，當即下令兩翼同時發動進攻。雖然波斯戰車被有效破壞，但波斯右翼騎兵在馬澤烏斯（Mazaeus）的指揮下，先是牽動騎兵不斷向周邊移動，這樣就帶動了其右面兩個馬其頓方陣的外移。就這樣，馬其頓左翼陣線被打亂，又一個缺口出現。大流士見狀，立即派其近衛軍騎兵和印度騎兵直取馬其頓陣線缺口。此時，一旦這支騎兵衝到馬其頓軍隊後方，然後兜其尾部攻擊，則波斯軍勝券在握。可出乎意料的是，這支騎兵出現在馬其頓軍隊尾部時，卻徑直突破亞歷山大的第二道防線，向馬其頓中軍大營衝去。原來，他們此行目的是救回大流士的家人。

這時候，這支波斯近衛軍與馬澤烏斯的部分鐵甲騎兵兵合一處，不費力地打敗馬其頓步兵，開始洗劫馬其頓大營。帕曼紐急忙派人給亞歷山大帶消息，請求增援。亞歷山大告訴來人不必在乎那些物資，因為一旦取得勝利，所有的物資均歸己有；而戰敗，則完全相反。

就這樣，馬其頓軍隊不僅兩翼被圍，中路被突破，就連中軍大營都被敵人攻占。危急局勢令馬其頓士兵沮喪不已。正在這時，祭司阿利斯坦德突然騎馬奔出，向士兵們高聲指點有一隻雄鷹正飛翔在亞歷山大的頭頂，向他指示勝利的方向。受此鼓舞，馬其頓軍隊士氣猛增，第二道防線的希臘聯盟步兵竟將波斯騎兵趕出大營。亞歷山大一直在等待戰機，當他看到波斯左翼騎兵竟然不攻擊自己，而是全部向馬其頓右翼外側防線衝鋒，他不禁大喜，便飛也似的率領近衛騎兵直撲波斯軍隊暴露在外的中路左側。緊跟其後的近衛步兵和四個馬其頓方陣也陸續趕來。這樣一來，希臘雇傭軍抵擋不住潰散開去。不多時，亞歷山大已近在大流士眼前。

那些波斯近衛步兵的屍體不斷層疊倒在大流士車前，以致黃金戰車不得動彈。這一次，大流士又選擇了逃跑，這令波斯左翼陣線瞬間潰退。亞歷山大緊追大流士，但隨即收到帕曼紐的緊急求救，他只得返回。可就在他趕到左翼戰場時，發現那裡的波斯軍隊已得到皇帝逃跑的消息撤退了。高加美拉會戰以亞歷山大勝利而告終。

幾天以後，亞歷山大乘勝進入巴比倫，在這座古城，他加冕為「亞洲之王」。接下來，他又進入大流士王宮所在地蘇薩、波斯波利斯（Persepolis），劫掠了無法計數的金銀財寶。在波斯波利斯，亞歷山大還下令燒毀王宮。待一切妥當之後已是西元前330年夏天，亞歷山大再次踏上追尋大流士的路途。但不久，他得到消息，大流士被巴克特里亞（Bactria）總督貝蘇斯（Bessus）囚禁；後者打算弒君自立。亞歷山大立刻命令軍隊追趕貝蘇斯部隊；眼看要追上時，貝蘇斯急忙讓大流士騎馬奔逃，但遭到拒絕，氣急敗壞的貝蘇斯及其同夥竟用長矛猛刺大流士。當馬其頓軍隊趕來時，大流士已經與世長辭，終年50歲。亞歷山大深為大流士的死亡而難過，他命人將屍體運送回巴比倫，以君王規格予以安葬。

·《亞歷山大凱旋》局部·
亞歷山大大帝統一了分裂的希臘諸城邦，並征服了波斯、埃及和許多其他的王國。

四海之內皆兄弟

西元前330年冬，亞歷山大率軍向中亞地區挺進。遠征軍北上直取亥卡尼亞，這裡即是他們尚不知曉的裏海（Caspian Sea）。從這裡，他向東進入帕提亞（Parthia），之後回師平定阿里安那（Aria）地區叛亂，而後南下。西元前329年，亞歷山大揮師北上翻越興都庫什山，圍剿已逃回老巢的巴克特里亞總督貝蘇斯。貝蘇斯沿用了門農的堅壁清野之策，但懼於亞歷山大的威力，他向北逃往粟特（Sogdiana，一西域古國）。亞歷山大長驅直入巴克特里亞，占領其首府，並委任一名波斯貴族代替貝蘇斯為總督後，他率軍渡過阿姆河，直撲粟特。早已聞聽亞歷山大動向的粟特首領立即將貝蘇斯囚禁，而後倉皇出逃。弒主求榮的貝蘇斯也算是自食其果，在落入亞歷山大手裡後，被分屍而死。西元前329年夏，亞歷山大從粟特首府馬拉坎達（Maracanda）出發，兵臨錫爾河（Syr Darya）南岸。

在錫爾河南岸，遠征軍進入中亞後遭遇最頑強的阻擊，但他們終歸不是亞歷山大的對手，接連失陷七座城池。亞歷山大對這些誓死不降的當地人施行了嚴厲的制裁。為了鞏固戰果，亞歷山大命人在錫爾河南岸建城，以自己名字命名，並派兵把守。之後，遠征軍渡過錫爾河，向北攻擊塞卡人（Saka，又稱斯基泰人）。不過，行軍途中，天氣酷熱，嚴重缺水，將士水土不服，亞歷山大亦病倒，大軍只得返回馬拉坎達。沒多久，粟特人又在斯皮塔梅內斯（Spitamenes）的帶領下反叛，但旋即被鎮壓。西元前328年春天，亞歷山大征服粟特大部分地區，斯皮塔梅內斯兵敗死於塞卡人之手。經歷了這幾次的圍剿叛亂，亞歷山大徹底認識到要想使被占領區真正歸順，光靠武力征服是不可能的。

之前他曾採取過「任命波斯人擔任被占領區總督」等安撫政策，即便是高加美拉會戰中與他兵戎相接的馬澤烏斯，也被他委任為巴比倫總督。如果從亞里斯多德的觀點出發，那麼馬澤烏斯充其量只是個野蠻人，在希臘人面前他只配做奴隸。但亞歷山大已經不再這樣想，因為他已拋棄了老師的舊觀點，他將把亞洲人放在與希臘人、馬其頓人平等的位置上，來共同治理亞歷山大帝國。

除了繼續任命波斯人做總督及其他官員外，亞歷山大還穿戴起了波斯帝王的服飾，並且採用波斯宮廷禮儀。如此這般尊重波斯人的傳統習俗，的確收到了籠絡人心的效果。可是，那些追隨亞歷山大的馬其頓人，尤其是那些曾經輔佐腓力二世的老將們，對此頗為不滿，他們不能容忍那些野蠻人與自己平起平坐。

鑑於此，亞歷山大便委任保守派得力大臣克拉特魯斯（Craterus），管理馬其頓人和希臘人事務；而將波斯人的事務，派給同樣更換波斯服裝的赫費斯提翁（Hephaestion）。但這樣仍不足以制止兩人間的爭執與對立，直到有一次兩人刀劍相對，被亞歷山大嚴厲斥責並以處死相威脅，兩人才停止爭鬥。儘管如此，馬其頓人間的不滿情緒仍在日積月累著，不久後終於爆發了。

・西元前331年，馬其頓國王亞歷山大大帝與波斯國王大流士在高加美拉會戰，以少勝多，擊潰波斯軍隊。

費洛塔斯（Philotas）是帕曼紐的長子，作為近衛騎兵統領，他一直跟隨亞歷山大征戰，屢建戰功。漸漸地，生性豪爽的他變得居功自傲起來。一次，費洛塔斯在酒後向其寵幸的女子大放厥詞，說今日的亞歷山大帝國乃是他們父子浴血所得，卻被亞歷山大奪去功名與帝位；誰知那女人竟將這話傳了出去，最終傳到亞歷山大的耳裡。於是，亞歷山大命令她繼續聽費洛塔斯發落，然後將其言談全部報告上來。雖然亞歷山大自此聽到很多對自己不敬的言辭，但他看在帕曼紐戰功赫赫的份兒上，並未追究此事。可誰知接下來的一場謀殺亞歷山大的事件卻令費洛塔斯丟了性命。

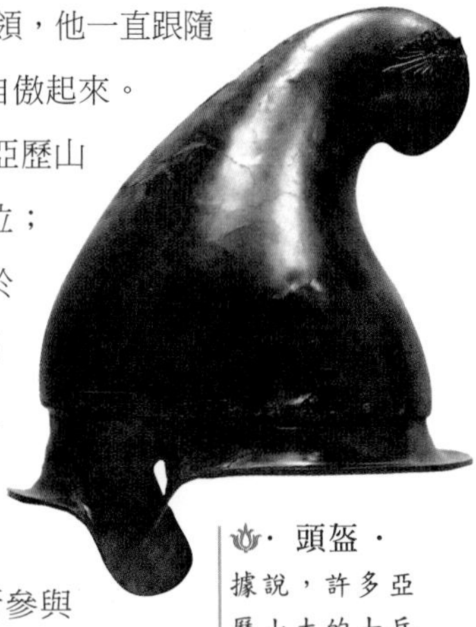

・頭盔・
據說，許多亞歷山大的士兵都帶著這種頭盔，帽沿常被染成藍色。

馬其頓人利姆努斯欲行刺亞歷山大，他請求尼科馬庫斯參與其事。後者拒絕了他，並且和其兄弟到費洛塔斯那裡請求面見亞歷山大，稱有要事相告，但遭到一再拒絕。無奈，兄弟倆只得另求他人引見。當亞歷山大知曉一切時，他首先派人前去捉拿利姆努斯，但因其拒捕而被殺死。如此一來，死無對證。不過，所有那些費洛塔斯的政敵們都舉出各種例證和理由，來證明費洛塔斯為幕後主使。這使費洛塔斯不久身陷囹圄，並遭到嚴刑逼供，終致被處死。緊接著，亞歷山大命人到米底去，將在那裡供應遠征軍物資的帕曼紐處死。

一波未平，一波又起。那位曾經救過亞歷山大性命的大臣克利圖斯，也與亞歷山大發生了口角。被激怒的亞歷山大先是朝克利圖斯臉上砸了一個蘋果，然後轉身去尋找他的短劍，還高聲用馬其頓語命令號兵吹響軍號。情勢危急之下，克利圖斯被朋友們拚命推到室外，但他卻從另一個門再進來，嘴裡還唱出歐里庇德斯（Euripides）的詩句來諷刺亞歷山大。亞歷山大突然從衛士手裡搶過一支長矛，一槍刺向門口的克利圖斯，穿透了他的身體。克利圖斯一死，亞歷山大酒意頓消，然後陷入了極端悲痛中。

卡利斯提尼（Callisthenes）和安那克薩卡斯，這兩位哲學家一貫意見相左。一次，在宴會上，當大家談到氣候方面時，逐漸形成兩種截然相反的觀點。卡利斯提尼同意希臘的氣候比這裡暖和些，而安那克薩卡斯則反對這種說法。其實，人們都清楚，卡利斯提尼及其他人所持觀點，意在呼喚希臘人返回故鄉，復興他們的城邦。這不免引起亞歷山大的不快，但更令亞歷山大生厭的，則是這位哲學家對待他的態度。

他經常針對亞歷山大的改革發表不滿演說，並拒絕依照波斯朝儀向亞歷山大行伏拜禮。一次，他參加亞歷山大的宴會。席間，亞歷山大端起酒杯飲了一口，然後把它遞給一個部下。那人站起身，對著宮廷的神壇，將杯中酒喝乾，

·《亞歷山大戰勝大流士》·
西元前 331 年 10 月 1 日，亞歷山大大帝戰勝大流士三世，波斯帝國滅亡。

接著趴伏地上，向亞歷山大行禮，起身後再去吻他。接下來，除了卡利斯提尼外的所有參加宴會的人都照做了。當他沒行伏拜禮而直接去吻亞歷山大時遭到拒絕，他卻不以為意。於是，那些反對他的人借題發揮，在亞歷山大面前說他如何炫耀自己反抗專制的勇氣，如何教唆年輕人爭取個人自由。直到赫爾摩勞斯行刺亞歷山大的陰謀暴露時，卡利斯提尼便陷入了危機。

那些指控他的人告訴亞歷山大，赫爾摩勞斯曾經請教卡利斯提尼如何成名，他得到的答案是殺死世上最著名的人，並且，他還得到了對方的激勵。雖然史學家們對卡利斯提尼的死因有不同說法，但他最終死於與亞歷山大推行新政的對抗中。

至此，已有四人死在新政的執行過程中，但這不足以使意志堅定的亞歷山大知難而退。相反，除了將平等政策運用在軍事安全方面外，他還在亞洲的交通要道上大量建造城市和貿易港口，以利於帝國內的貿易往來。在這些全部以亞歷山大命名的城市中，馬其頓人、希臘人、波斯人等頻繁接觸，互通有無。為了各族人之間便於交換商品，亞歷山大統一貨幣，還將自己戰利品中的20萬泰倫金銀鑄成錢幣，令其流通帶動市場運轉。受益於這些政策，大量的希臘商人和藝術家來亞洲「淘金」，本來對立的兩個區域在此時融合起來，古希臘文明和古亞洲文明相互交流。這種景象，就是有遠見卓識的亞歷山大大帝所期許的。

東進印度

西元前327年，亞歷山大揮師東進印度，再一次踏上征服之路。

受亞歷山大處死帕曼紐等人的影響，此時的馬其頓遠征軍士氣已大不如前。亞歷山大看出了這些，他把過去的一些騎兵和希臘聯盟軍遣散回國，另外從色雷斯、希臘和小亞細亞等地大量招募雇傭軍。不過，亞歷山大最為看重的還是來自中亞的斯基泰輕騎兵。斯基泰人尤善騎射，其弓為特製，射程可高達400公尺，且可以連射，百發百中。就這樣，亞歷山大率領著這支混合部隊渡過印度河，來到一個印度小國塔克西拉（Taxila）。在這裡，他兵不血刃，便與國王歐姆斐斯（Omphis）締結了同盟。之後，歐姆斐斯領5000兵馬隨同亞歷山大東征。

西元前326年6月，遠征軍兵臨希達斯皮斯（Hydaspes）河畔，與駐守東岸的旁拉瓦斯國王波羅斯（Porus）的軍隊隔河相望。這個印度西北小國素以其軍隊英勇善戰著稱，在得知亞歷山大前來時，波羅斯早已調集騎兵4000人，步兵3萬人，戰象200頭，戰車300輛，陳兵於河東岸最易渡河的地方，嚴陣以待。其中，這200頭戰象最為波羅斯所倚重，它們身披鐵甲，象牙上綁有利刃，當衝入敵陣時，左突右掃，腳踩或用鼻子捲，再加上幾噸的體重，令人毛骨悚然的吼叫聲，其殺傷力之大令人不敢輕易靠近。因此，波羅斯把戰象列於陣前，用來衝破敵軍防線。亞歷山大登臨河西岸高處，發現因時值雨季，希達斯皮斯河水位猛漲，如果強行渡河後果不堪設想。於是，他一改往日與大流士交戰時

·《在亞歷山大前的大流士家族》·

西元前333年，亞歷山大大帝在伊蘇斯戰役中打敗波斯帝國的大流士三世，大流士從戰場上逃跑，將母親、妻子、兩個女兒及小兒子留給了亞歷山大。亞歷山大寬恕了大流士的家人，並以禮相待。

「絕不靠偷的手段贏得一場勝利」的態度，此時也用起了聲東擊西的戰術來。

亞歷山大首先做出長期駐留河西岸的假象，他派人運來大量糧草，並四處揚言他們將一直等到雨季過後才渡河。他還命士兵們在營地裡製造出各種嘈雜聲響，初時實足令對岸的印度軍隊嚴加戒備，但過了幾天，對岸也就放鬆了警惕。亞歷山大決定再讓敵人緊張一把。於是，他吩咐軍隊緊急集合於岸邊，大舉製造小舟，眼看就要渡河。對岸的波羅斯得知探報，立即命令軍隊進入作戰狀態。誰知，西岸的人卻返回了營地。

接下來，波羅斯手下探馬便經常看到馬其頓騎兵來回馳騁於希達斯皮斯河西畔，他們報告國王後，波羅斯猜測亞歷山大一定在偵察渡河地點。於是，他命令印度騎兵仿效敵軍行為，嚴加監視，隨時提防對方突然渡河。如此這般往復數次，亞歷山大吊足了波羅斯的胃口，以致後者撤回隔岸跟蹤監視的騎兵。眼見時機成熟，亞歷山大立即兵分兩路，一路隨他過河，一路駐守營地仍給敵軍以未渡河的假象。

趁著夜色，渡河軍隊行至中途，亞歷山大命令手下領5000重裝步兵和希臘雇傭軍就地埋伏，待到戰鬥打響時，策應亞歷山大主力部隊攻擊敵軍側翼。很順利地，亞歷山大率部到達大營以北17公里處的渡河地點。亞歷山大一聲令下，士兵們跳上早已準備好的快艇和皮筏，向對岸駛去。不料，中途被發現，他們只得趟著與胸齊的河水，不顧鎧甲重負，拚命渡河。首批登岸的是斯基泰輕騎兵，他們隨即擺開陣勢，擋住敵人的阻撓。終於，亞歷山大主力部隊成功登上東岸，他馬不停蹄向南面的印度軍隊衝去，意在主動攻擊正在趕來的印度軍隊，將其打個措手不及。

可是，迎面而來的軍隊並非波羅斯親率。原來，波羅斯被亞歷山大幾次迷惑，已不能分辨此次亞歷山大渡河是否佯攻。為避免腹背受敵，他率主力部隊留在原處，而派兒子領一部分騎兵和戰車北去打探虛實。結果，這支先頭部隊幾乎全軍

・西元前326年，亞歷山大大帝俘虜印度國王波羅斯。在希達斯皮斯河戰役中，亞歷山大打敗了擁有戰象的印度波羅斯國王，並保留了波羅斯的王國和王位。

覆沒，波羅斯的兒子也身死沙場。波羅斯方才明白這次亞歷山大是來真的了，於是，他移師北上，臨行前吩咐留守部隊繼續牽制對岸的敵軍。

當亞歷山大率軍趕到時，波羅斯已經擺開陣勢。戰陣最前面一排戰象橫亙開去，似銅牆鐵壁般護住後面的步兵方陣；戰陣兩側戰車與騎兵前後相接。亞歷山大一眼看出對方意圖：中路以戰象和步兵方陣共同對抗馬其頓方陣，兩側防線阻擊馬其頓騎兵的突襲。這種以守為攻的陣勢，加之其戰象的殺傷力，令亞歷山大不由小心謹慎起來。正當他思忖破敵良策時，原先中途埋伏的馬其頓軍隊與主力部隊會合。亞歷山大立即佈陣：自己仍親率4000近衛騎兵組成右翼主力，另有3000近衛步兵和1000斯基泰輕騎兵協同作戰；左翼主力為5個馬其頓方陣，另有弓箭手和游擊步兵各兩千列於方陣前面。布陣完畢，亞歷山大已想好破敵之策，他決定避開敵人中路鋒芒，從兩側突破，進而兩面夾擊合力殲敵。

・亞歷山大的戰馬・

這匹威武的戰馬馱著亞歷山大安全地經歷了數十次戰鬥。牠年老、受傷死於印度，亞歷山大用牠的名字在那裡建造了一座城市，名為「塞弗勒斯」。

當馬其頓方陣緩緩向敵軍中路靠近時，亞歷山大統領近衛騎兵飛奔向敵軍左翼。戰象背上的波羅斯發現敵情，立即調動右翼悉數戰車和騎兵壯大左翼防線。亞歷山大馳至距敵1公里處，突然停止進攻，而派出斯基泰輕騎兵引誘印度騎兵離開大陣。斯基泰輕騎兵這些神箭手開始大顯身手，一陣箭雨過後，敵軍左翼騎兵傷亡不小，陣腳不穩。波羅斯當然不能坐視左翼被動受敵，於是吩咐左翼騎兵攻擊斯基泰輕騎兵。此舉於亞歷山大正中下懷，印度騎兵前腳離開，亞歷山大隱藏在馬其頓方陣後面的2000名近衛騎兵閃電般衝向印度騎兵右側；亞歷山大及其近衛騎兵則正面迎戰。印度騎兵腹背受敵，不一會兒便逃回本陣，躲到戰象後面。但受騎兵出擊影響，印度中路左側的戰象也已出動，隨即向馬其頓方陣發起總攻。戰象衝到馬其頓方陣中，或腳踩，或用鼻子捲起馬其頓士兵向背上拋甩，而被甩起來的士兵則被象背上的印度士兵殺死。

馬其頓方面也不甘示弱。那些方陣前面的游擊步兵充分發揮近距離格鬥的自身優勢，不斷用標槍射殺戰象馭手；馬其頓方陣內的重裝步兵則以密布在一起的長矛齊刺戰象；有些士兵或削象鼻，或斬象蹄。受到攻擊的戰象怒吼著轉身衝向自己的戰陣，一時間，踩死大量印度士兵。亞歷山大命令全線進攻。他親率近衛騎兵包抄敵軍兩側及後部，馬其頓方陣則從正面強勢推進。最終，印度軍隊大敗，持續一天的希達斯皮斯河會戰落幕。當身受重傷的波羅斯被抬到亞歷山大面前時，亞歷山大問他有何要求，波羅斯回答：「像對待國王一樣對待我。」於是，亞歷山大便讓他繼續管理他的國家，還將已征服的15個地方歸於他的治下。

就在這場戰鬥中，塞弗勒斯（Bucephalus）這匹跟隨亞歷山大衝鋒陷陣的駿馬死了，這年牠已是30歲。痛失愛馬的亞歷山大，在希達斯皮斯河岸靠近戰場的地方建了一座城，以塞弗勒斯命名。

英年早逝

西元前325年，亞歷山大的大軍在奧利特艱難行進了60天後，終於進入了格德羅西亞（Gedrosia，今巴基斯坦西部）地界，也終於盼到了當地政府送來的大量物資。這時候，亞歷山大和他的將士們開始過起了奢侈的生活。

在格德羅西亞的王宮裡，奈阿爾科斯（Nearchus）前來向亞歷山大彙報海上軍事進展。亞歷山大招募了一批當地軍人，準備組織一支艦隊，經幼發拉底河向西南部挺進，征服阿拉伯和非洲，然後北上進入地中海。可是，這一計畫未及實施，他便接連收到被征服區，甚至是馬其頓國內的一些叛亂報告。原來，當人們聽說亞歷山大遠征印度期間及歸途中所面臨的極大考驗，都以為遠征軍歸期無望，於是各派勢力蠢蠢欲動，各地總督及軍事長官趁機擴大自己的勢力範圍；而他母親奧林匹亞絲也不甘寂寞，她率先掌控馬其頓西南部的伊庇魯斯（Epirus），公開反對老臣安提帕特。鑑於這種不安定因素，亞歷山大不得不放棄計畫，仍舊派奈阿爾科斯率領艦隊沿海而行，自己則向巴比倫進軍，沿途平息叛亂、懲治貪官污吏。

西元前324年，大軍抵達蘇薩。

・馬其頓帝國國王亞歷山大大帝和他的私人醫生在一起。

在這裡，亞歷山大與大流士的女兒斯泰蒂拉（Stateira）結婚，將這第二位妻子封為王后；並且，他還鼓勵馬其頓將士們娶波斯貴族女子為妻。

這年秋天，就在軍隊進駐蘇薩以北的埃克巴坦納（Ecbatana，今伊朗的Hamedan）時，亞歷山大的密友赫費斯提翁突然病死。亞歷山大肝腸寸斷，他為密友主持祭壇、修建墳墓，並親自將其屍體運往巴比倫。

・《亞歷山大凱旋》的壁毯。

西元前323年，亞歷山大進入巴比倫。他舉行盛大儀式，安葬了赫費斯提翁。此時的亞歷山大，因為密友的去世，還有進入巴比倫前神諭的提醒——他不該進入巴比倫，已經變得多疑暴躁起來。他更頻繁地派祭司們祈求神諭，本人神情也日益恍惚，經常整夜飲酒。不久，他便染病，經常泡在浴室裡。精神好些時，他便聽取奈阿爾科斯向他彙報海上行軍的詳情，與朋友們商量軍隊中的職位安排。6月13日，深受病痛折磨的亞歷山大在昏迷中去世，年僅33歲。

亞歷山大死後並沒有留下帝位的合法繼承人，他只是說讓最強大的人來繼承其大業。他唯一的一位同父異母兄弟腓力・阿里達烏斯（Philip Arrhidaeus）又愚鈍無能。於是，就在亞歷山大的屍體經過防腐處理而停在巴比倫宮殿的地下室中時，他的幾大部下之間展開了無比殘酷的帝位爭奪戰。這場「繼承人戰爭」持續了20多年，期間，亞歷山大的母親、異母兄弟、兒子和妻子相繼被殺。亞歷山大的遺體也為各派競相爭搶，他們都想著得到它便可成為名正言順的繼承人。

依照馬其頓王室慣例，亞歷山大遺體被送回首都佩拉（Pella）安葬。可是，當送葬隊伍行進在前往馬其頓王陵途中時，遭到多方攔截。於是，亞歷山大的遺體被秘密轉移，一時間消失在人們的眼前。西元前321年，亞歷山大手下大將托勒密（Ptolemy Soter）將亞歷山大的石棺盜走，秘密葬於埃及的亞歷山卓（Alexandria）。誰知，到了西元4世紀末，亞歷山大的陵墓突然間從世界上消失了，人們無從解釋原因，至今仍被人們當作未解之謎。同時，被提出諸多猜疑的還有亞歷山大的死亡原因。人們或認為是投毒至死，或認為是瘧疾所致，眾說紛紜。

西元前301年，亞歷山大帝國分裂為三個王國：卡山德（Cassander）統治的馬其頓王國，以馬其頓，即希臘為中心；托勒密建立的托勒密王朝，盤踞埃及；塞琉卡斯（Seleucus Nicator）的塞琉古王國則統治亞洲。於是，希臘化時代自此開始。

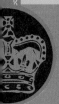

羅馬帝國的無冕之皇

── 凱撒大帝（Julius Caesar）

蓋烏斯·尤利烏斯·凱撒（Gaius Julius Caesar），素有「凱撒大帝」之譽，他一手領導了「埋葬羅馬共和制」和「建立羅馬帝國」的革命。他的一生，充滿著傳奇色彩：他呼喚民主政治，卻用武力為其開道；他征高盧，強渡萊茵河，討伐不列顛，對野蠻民族施加暴行，而對一度陷他於危境中的政敵卻寬厚仁慈；他機智圓滑，仗義疏財，利用政治聯姻手段，與權貴結盟，在勾心鬥角的政治漩渦中演繹一代梟雄本色。這些矛盾面是凱撒及其時代的縮影，同時也把凱撒推至危險邊緣：他征服了異邦民族，卻橫死於親信刀下；他的鐵腕獨裁統治未能引其升至帝王之位，但卻開啓了羅馬帝國時代的宮門，是凱撒改變了古希臘羅馬世界的歷史進程。

自詡愛神後裔

尤利烏斯家族是古羅馬古老而高貴的家族，西元前102年7月12日，凱撒就誕生於這個家族。

凱撒自幼抱負遠大，勤奮好學，文學、哲學、歷史、地理、法律等領域無不涉獵，他還注重雄辯術的學習，以精進演講辯論的能力，為後來步入政壇打下基礎。修文同時，凱撒亦精通劍術、騎馬等體育運動，喜讀戰術等

·凱撒頭像·

古羅馬傑出的政治家、軍事家和文學家，共和末期著名的獨裁者，他在羅馬從共和向帝國過渡的過程中，促成了不可或缺的促進作用。

遭遇綁架

西元前76年，凱撒決定前去羅德斯島休養生息。途中，他遇海盜被俘。海盜命其交出20塔蘭特贖命，誰知凱撒大加嘲諷：「難道我就值這幾個錢嗎？」言下之意，怪海盜們有眼無珠，於是他將贖金提高至50塔蘭特，令海盜們跌破眼鏡。在贖金送來前，他經常寫詩消遣並念詩給海盜聽，海盜一臉茫然時，他便大罵他們野蠻，並發誓要早早處死他們。凱撒言出必行，剛獲自由，他立即召來一支艦隊追上海盜，先要回贖金，再將海盜全部處死，鑑於海盜們並未刁難自己，凱撒事先將他們喉嚨割斷以使其死得快些。一切處理妥當，他繼續往羅德斯島而去，在那裡，他拜當時最優秀的雄辯家阿波羅尼烏斯・莫洛（Apollonius Molon）為師，學習哲學和修辭學。

軍事著作，他經常纏著姑丈馬略（Gaius Marius）講行軍打仗的故事。

長大後的凱撒似乎覺得自己的家世背景缺少了些浪漫或者神聖的氣息，於是把自己的家譜往上追溯了一下：阿斯卡尼烏斯（Ascanius），又名尤路斯（Iulus或Julus），其名字在詞源學方面與「尤利烏斯」姓氏極為接近。凱撒靈機一動，將「尤路斯」這位特洛伊英雄埃涅阿斯（Aeneas）之子，作為他們氏族的祖先；而埃涅阿斯正是愛神維納斯與安基西斯（Anchises）的兒子，也是羅馬城的締造者羅慕路斯（Romulus）的祖先。這樣一來，凱撒就成為了愛神後裔。

西元前82年至前79年間，凱撒避難於東方，並在西元前81年謀得小亞細亞行省總督侍從的職位。期間，他被派往比提尼亞（Bithynia）招募艦隊卻遲遲不歸，以致被懷疑和國王尼科美德（Nicomedes）有染。次年，凱撒在米提勒納一戰中，充分表現了他作戰的天分，為此，他獲得總督授予的市民花環，以嘉獎其作戰之英勇及外交能力之優秀。西元前74年，凱撒繼承了舅舅奧利烏斯・科塔（Gaius Aurelius Cotta）的祭司職位。

從軍事保民官到行省總督

西元前72年，凱撒接受他的第一個民選公職——軍事保民官（Tribune）。

在軍事保民官的崗位上，凱撒擎起民主派大旗，為恢復保民官權威搖旗吶喊。此時，他在羅德斯島所學充分發揮了作用。在撤銷對雷必達（Marcus Aemilius Lepidus）運動參與人員的控告中，他巧借普羅提烏斯所提法案之東風，發揮自己的演說才能，成

・凱撒大帝・

- **|姓名|**：蓋烏斯・尤利烏斯・凱撒
- **|生年|**：前102年
- **|卒年|**：前44年
- **|在位|**：一生沒有稱帝
- **|父親|**：蓋烏斯・尤利烏斯
- **|母親|**：奧萊莉婭
- **|繼位人|**：屋大維
- **|主要政績|**：在羅馬從共和走向帝國過渡的過程中，起到了不可或缺的促進作用，也制定了《儒略曆》。

功召回妻兄盧西烏斯・辛那（Lucius Cornelius Cinna）及其同仁。

西元前65年，凱撒當選為市政官（Aedile）。西元前64年，凱撒被推舉為審理謀殺案件的法官。西元前63年，凱撒再獲大法官職銜，地位僅次於共和國最高長官——執政官（Consul）。

西元前61年，凱撒被委以西班牙總督之職。在西班牙，他屢屢用兵，討伐獨立部落，所向披靡，收繳戰利品無數。凱撒將收繳的錢財交予國庫，在元老院一時傳為佳話，以致於他提出的「為其舉辦凱旋式和競選執政官」的要求也得以通過。當然最為重要的是，通過數年來的積累，凱撒已經具備了相當的實力。

剛把西班牙行省秩序恢復妥當，等不及總督繼任者前來，凱撒便馬不停蹄地趕回羅馬，積極備選執政官。按元老院法令規定，出征將領凱旋歸來，必須在羅馬城外駐留。可是執政官選舉日也已公布，這樣一來，凱撒就會錯過成為執政官候選人的機會。時間緊迫，凱撒只得放棄凱旋式，以普通公民的身分進城。

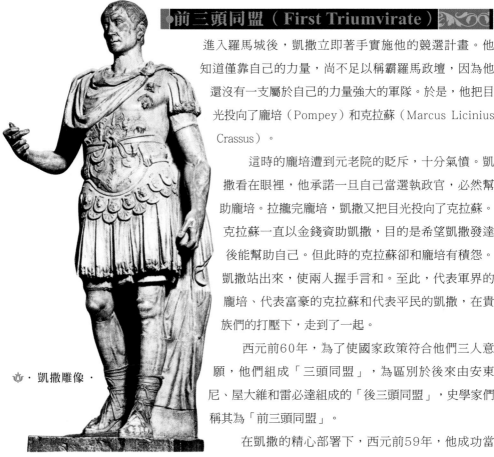

・凱撒雕像・

前三頭同盟（First Triumvirate）

進入羅馬城後，凱撒立即著手實施他的競選計畫。他知道僅靠自己的力量，尚不足以稱霸羅馬政壇，因為他還沒有一支屬於自己的力量強大的軍隊。於是，他把目光投向了龐培（Pompey）和克拉蘇（Marcus Licinius Crassus）。

這時的龐培遭到元老院的貶斥，十分氣憤。凱撒看在眼裡，他承諾一旦自己當選執政官，必然幫助龐培。拉攏完龐培，凱撒又把目光投向了克拉蘇。克拉蘇一直以金錢資助凱撒，目的是希望凱撒發達後能幫助自己。但此時的克拉蘇卻和龐培有積怨。凱撒站出來，使兩人握手言和。至此，代表軍界的龐培、代表富豪的克拉蘇和代表平民的凱撒，在貴族們的打壓下，走到了一起。

西元前60年，為了使國家政策符合他們三人意願，他們組成「三頭同盟」，為區別於後來由安東尼、屋大維和雷必達組成的「後三頭同盟」，史學家們稱其為「前三頭同盟」。

在凱撒的精心部署下，西元前59年，他成功當選執政官。上任伊始，凱撒立即要求元老院通過龐培的議案：將國有土地下發給包括龐培手下退伍老兵在內的兩萬貧民，批准龐培在東方的一切治理措施。元老院不同意，凱撒就將議案直接呈給議會。自此，凱撒獨理國家政務。議會通過龐培議案後，龐培深為感激，當下應允凱撒嫁女之請，娶茱莉婭（Julia Caesaris）為妻；而凱撒也於早先的西元前67年與龐培的女兒、蘇拉（Lucius Cornelius Sulla，前羅馬執政官）的外孫女龐培婭（Pompeia）結婚。

凱撒意識到必須在一年的執政官期限內，為自己卸任後的退路做好鋪路。他若想日後稱霸羅馬，必須擁有一支自己的強大的軍隊，而龐培自然是他達到目的的最好支撐。凱撒已借助通過龐培議案得到了龐培手下軍隊的信任，現在又藉聯姻進一步鞏固了同盟關係，然後他還十分明顯地把元老院的首席發言權轉給龐培。如此這般恩惠過後，曾經叱吒風雲的一代羅馬名將龐培放權於凱撒，使凱撒得以在高盧建立了自己的軍隊。

西元前59年4月，凱撒再度要求元老院把坎帕尼亞的國有土地分配給有三個和三個以上孩子的家庭，並且減免三分之一的租稅。前者令平民歸心；後者則使以克拉蘇為代表的騎士階層站到了凱撒一邊。元老院仍然拒絕，凱撒再度把議案直接呈遞議會並獲通過。

就這樣，凱撒幾乎把元老院晾在了一邊，他儘量滿足人們提出的各種要求，如遇元老院貴族阻撓，便以武力威脅且效果良好。凱撒甚至還命人記錄下元老院的議事日程，將其像今天的報紙那樣張貼在會堂牆壁上，並由信差抄寫記錄傳於共和國各地。

一年的任期馬上要結束了，凱撒開始在羅馬政界安插親信。他利用手中權力，使他的朋友卡爾普尼烏斯・皮索（Lucius Calpurnius Piso Caesoninus）有望當選下一任執政官，然後娶皮索之女卡爾普尼亞（Calpurnia Pisonis）為妻。

借助皮索，凱撒任執政官時的法令繼續執行下去。而搶走他妻子的克洛

與龐培之女離婚

凱撒與龐培女兒的婚姻，於西元前62年解除，那次離婚緣於一場鬧劇。年輕的貴族克洛狄烏斯是凱撒部下，他愛慕龐培婭，在一次宗教儀式上他曾經假扮女人接近她，無奈身份被識破，遭到元老院以「褻瀆聖典」為名的控告。凱撒作為證人被傳出庭，但他不想看到自己的部下身陷囹圄。不過，當被問及為何又要與妻子離婚時，他說：「我的妻子必須不能被懷疑。」這回答相當巧妙，一則並未完全原諒克洛狄烏斯，再則並未肯定他一定有罪。就這樣，凱撒失去了這段政治婚姻，但馬上他又迎來了新的、更有希望的政治婚姻。

狄烏斯（Publius Clodius Pulcher），居然也是他精心扶植起來的人物。西元前58年，凱撒未受醜聞影響，將克洛狄烏斯扶上保民官的位子上，以令其代表自己對平民負責。克洛狄烏斯的確沒讓凱撒失望，一上台便在議會通過一項議案：國家每月免費向平民發放穀類。由於害怕自己保民官任期一到，凱撒的法令會被以小加圖（Cato the Younger）和西塞羅（Marcus Tullius Cicero）為代表的元老院廢除，克洛狄烏斯遊說議會通過兩項決議：一則將小加圖派到賽普勒斯；另則頒佈法令規定未經議會同意不得處死羅馬公民，否則將被放逐。結果，小加圖外派，西塞羅自願流亡（後者未經議會同意便處死陰謀叛變者）。

勝利面前，克洛狄烏斯開始張揚起來，甚至將矛頭反指向凱撒和龐培。鑑於此，龐培利用另一名保民官安尼烏斯・米洛（Titus Annius Milo）與克洛狄烏斯作武力對抗，召回西塞羅。回歸羅馬的西塞羅對龐培和凱撒陣營特別關照，成為元老院裡的「異類」。西元前56年，西塞羅百般利誘元老院，竟給在高盧作戰的凱撒弄來一大筆軍餉。

就這樣，凱撒做好了後方陣地羅馬的部署。而對於自己的去向，他早已胸有成竹：在全部行省中，高盧是他積蓄軍事力量和財力的最佳陣地。卸任前，凱撒吩咐親信、時任保民官的瓦提尼烏斯提出議案：授予凱撒山南高盧、伊利里古姆（Illyricum，巴爾幹半島西部）兩個行省的總督之職，任期五年。元老院知道凱撒不達目的不甘休，與其再次讓他繞過元老院將議案呈遞議會，不如直接通過了事，也可緩和下雙方矛盾。於是，議案通過，不僅如此，凱撒覬覦已久的「尚未被征服的山北高盧」也被納入其權力範圍。至此，凱撒已無後顧之憂，一切已為他準備好，只等他如何大展身手。

征服高盧戰，神留威名

西元前58年，凱撒揮師北上，與赫爾維蒂人（Helvetii）交戰於埃杜維部落首府華布拉克特，結果凱撒獲勝。赫爾維蒂人請求凱撒讓他們返鄉，凱撒在確保他們歸順羅馬帝國後放行。初戰告捷，高盧百姓無不拍手稱快。凱撒有感於高盧百姓的擁戴，還扯起為高盧百姓驅逐日爾曼侵略者的正義大旗，聲討阿里奧維斯都斯（Ariovistus）。到西元前58年，凱撒率部徹底清剿外敵，阿里奧維斯都斯雖逃脫但不久即傳出死訊。

至此，凱撒解放高盧，他乘勝宣佈高盧從此歸入羅馬帝國版圖。凱撒此舉，遭到高盧某些部族的抵抗，他們還搬來救兵——貝爾吉（Belgae）部落，試圖將凱撒趕出高盧。貝爾吉部落由日爾曼人（Germanic）和塞爾特人（Celts）組成，定居高盧北部。面對強敵，凱撒快速出擊，殲敵於埃納河岸，隨即以閃電戰術平息高盧叛亂。羅馬軍隊所到之處，大肆掠奪，戰利品堆積如山，成千上萬的戰俘被賣為奴隸。西元前56年，高盧終被元老院劃為羅馬的一個軍政區。戰事完畢，凱撒返回山南高盧，開始整頓行省內政。

返回高盧後，凱撒出其不意地攻入不列顛，令毫無防備的不列顛軍隊吃了大虧。西元前54年，凱撒再次入侵不列顛，這次軍隊直達泰晤士河。在得到不列顛統治者納貢的承諾後，凱撒才班師回到高盧。

與此同時，高盧部落裡反抗凱撒的叛亂並未停息，他們尋找一切機會欲置凱撒於死地。對此，凱撒不再手軟，先平息高盧叛亂，再於西元前53年馬踏日爾曼，重創敵軍。之後，他把主力軍安插在山北高盧，築起一道軍事防線，僅率剩餘部隊返回義大利北部過冬並休養。孰料，就在凱撒把精力轉移到整頓行省秩序時，一場更大的災難正向他逼來。

西元前52年春，高盧部落裡最強勢的首領維欽托利（Vercingetorix）聯合高盧各部落，組成統一陣線，高呼「為獨立而戰」，誓將凱撒趕出高盧。這幾乎陷凱撒於絕地，因為他的主力軍尚在高盧北部，回師大本營的路途中間又被叛軍所阻。危急之下，凱撒命部將戴西莫・布魯圖（Decimus Junius Brutus Albinus）暫時指揮軍隊，與數量幾倍於己方的叛軍拖延時間；自己則率三兩輕騎，化裝成高盧人模樣，巧過叛軍營地，日夜兼程，與主力部隊會合，隨即以迅雷不及掩耳之勢向叛軍襲來。

在阿瓦里庫姆和西納布姆兩地，凱撒與布魯圖合圍叛軍，然後甕中捉鱉，

・羅馬古城牆・

隨著羅馬的不斷擴張，它的城牆也不斷向外擴展。羅馬古城區的周邊仍保存著相當完整的古代城牆遺跡，包括從古羅馬時代到文藝復興，各個不同時代興建的部分。城牆頂端還保留著1世紀羅馬帝國時代的排水系統；城門採用羅馬凱旋門的形式，用白色石灰石建造。

・西元前52年，高盧首領維欽托利與凱撒的羅馬軍在高盧展開戰役，最後維欽托利不敵凱撒，開城投降。

斬殺叛軍，搶掠財富。但之後，凱撒在攻打阿萊西亞城（Alesia）時遭遇到叛軍的頑強抵抗，無奈只得長期圍困以使其缺乏供應而投降。就在此時，維欽托利統領20萬大軍從四面八方而來。凱撒軍隊腹背受敵，阿萊西亞城戰雲密佈。

敵我雙方力量相差懸殊，凱撒命人繞阿萊西亞城築起兩道土牆，欲藉防禦工事之堅固削弱敵軍在數量上的優勢。戰鬥打響，高盧軍隊內外夾擊，他們一手舉著盾牌，擋住如雨點般的長矛和石塊，一手揮舞刀劍，如排山倒海般向羅馬軍隊的工事衝來。凱撒軍隊畢竟數量有限，面對如此強勢進攻，不由陣腳混亂。眼見羅馬軍隊大旗倒地，部分羅馬士兵驚恐不已，在他們尋找自己的主帥時，才發現凱撒已不見蹤影；此時，陣地右邊的羅馬騎兵亦撤退狂奔而去。羅馬人絕望了。突然，他們聽得耳邊嘶殺聲小了，潮水般的敵人向兩側分開，閃出一條路來。羅馬人定睛觀看，這條血路上馳來一票人馬，不是旁人，正是他們的統帥凱撒領騎兵殺來。原來，凱撒見敵人攻勢甚猛，只能智取，於是也採取內外夾擊之策，帶領右翼騎兵繞到敵軍後方，突襲成功後與裡面羅馬軍隊形成夾擊敵人之勢。

叛軍首尾難顧，一時間陣腳不穩。凱撒部隊士氣陡增，直殺得高盧人全線潰退。不久，高盧人攻堅不下，且軍隊缺乏給養，軍心渙散，最終將其首領維欽托利獻於凱撒，繳械投降。維欽托利被處死，叛軍士兵淪為凱撒軍團的奴隸。就這樣，凱撒出奇兵，又一次救其部隊於水火。阿萊西亞城一戰，高盧軍隊近25萬之眾竟敗在凱撒僅6萬的軍隊手下。凱撒用兵之神，可見一斑。

高盧征戰結束了，凱撒的威望達到了空前的高度。9年裡，他為羅馬擴充了相當於兩個義大利的疆域，給義大利和地中海一帶帶來了長達4個世紀的安定，給高盧這片土地帶來了羅馬古典文明。當然，後者實乃無意為之，因為凱撒的初衷只是在高盧練就一支自己的軍隊，謀得一塊自己的地盤為以後的發展奠定基礎，他沒有想到自己竟然成為古羅馬文明的傳播者、法蘭西文明的締造者。正是他不經意間建立起來的這道「橋樑」，「把希臘和羅馬的榮耀與當今的歷史銜接起來」，因此，他的「豐功偉績」得以「永垂不朽」，而不似那「東方的一些古英雄的建樹，早經中世紀的暴風雨摧毀殆盡」。

征服高盧，成就了凱撒，他把此間所為撰寫成書，名為《高盧戰記》（Commentarii de Bello Gallico）。

羅馬內戰

西元前50年，凱撒的高盧總督任期屆滿，一旦他卸任失去兵權，返回羅馬後，勢必被以小加圖為為首的政敵們攻擊、控告，極可能被流放甚至被謀害。所以，凱撒只能抓住「羅馬法律規定現任官員不受控告」這一護身符，以現任官員的身分出現在他羅馬的同僚中間；並且，在總督之後立即當選西元前48年的執政官，而不留出任何賦閑的時間。如果依據羅馬職位繼承的慣例，這似乎不難做到。因為來接替凱撒任高盧總督的人，肯定是西元前49年的一個執政官，但他只能在年底執政任滿時來到高盧與凱撒交接。這樣一來，凱撒即使在西元前49年3月1日任期結束，他仍可以繼續留任八月有餘。可事情並不那麼簡單。

・羅馬古城區俯瞰・

羅馬的法律規定，執政官候選人必須在選舉前親自到羅馬參加競選登記，否則將被取消資格。此時的凱撒，仍在高盧任上，他不可能前往羅馬。但這點早在凱撒預料之中。早在盧卡（Luca）會晤中，同盟三人便決定由凱撒擔任西元前48年的執政官，這明顯給了凱撒不用親自登記競選的特權；這一特權，在西元前52年由10位保民官聯名擬成法案，並獲元老院通過。

可是，執掌「獨一執政官」大印的龐培，已下定決心與貴族共和派結盟，將矛頭指向凱撒。他授意公民大會通過兩項針對凱撒的法案：一則規定自即日起，執政官和司法官一年滿任，須經五年才能到行省任職；二則規定若本人不來羅馬參加競選，則取消其執政競選資格。很明顯，前者立即剝奪了凱撒那八個多月的過渡期。因為那時候他的繼任者已經在在羅馬待了五年，他會於西元前49年3月初及時出現在凱撒面前；而第二條法律則直接將凱撒拒於執政大門外——此時的凱撒正在高盧戰場上浴血奮戰，哪裡能夠移駕羅馬。萬幸的是，龐培這第二條法律立即遭到保民官的反對，他們行使否決權，致使龐培不得不在此法律上加入一條——凱撒例外。即便如此，凱撒還是要面對那段致命的過渡期。

西元前51年，凱撒致信元老院，要求將西元前48年的執政官委任於他。元老院公然拒絕凱撒所求，附帶否定了他授予波河（Po）以北居民的羅馬公民權。翌年，元老院又藉剿侵略敘利亞的帕提亞軍隊為名，命令凱撒和龐培各出一個軍團以擴充軍力。龐培於是向凱撒要回曾經借出的一個軍團，這樣，凱撒立即失去兩個軍團兵力。但事後凱撒得知，這兩個軍團並未前去東方，而是被元老院收歸己有，以對抗凱撒日漸強大的勢力。

凱撒決定以議和為主。他清楚，只要自己執政官位在手，龐培和元老院自然會被他制服。於是，他儘量向元老院做出讓步，提出不少和解建議，表示如果龐培放棄他在西班牙的兵權，他願意放棄高盧兵權。面對凱撒一次次態度真誠的讓步與建議，元老們竟無言以對起來，只有以小加圖、執政官之一的盧西烏斯·倫圖盧斯（Lucius Cornelius Lentulus）等為首的少數強硬派仍然寸步不讓。對於這些強硬派，凱撒則以安插親信保民官來對付他們。在凱撒的支持

·羅馬劇場·
從凱撒時代開始建造，它是保存至今的古羅馬劇場中規模最大的。

・凱撒派兵驅趕元老院成員・

下，庫里奧（Gaius Scribonius Curio）成為西元前50年的保民官，馬克・安東尼（Marcus Antonius）則坐上了西元前49年的保民官位子。他們作為凱撒的代表，不斷行使保民官的否決權，來抗議和阻止那些欲陷凱撒於危難的措施。

西元前49年1月1日，前保民官庫里奧帶來凱撒給元老院的最後一封信，經過保民官的據理力爭，該信才被當堂宣讀。信中說：如果元老院同意凱撒留任到西元前48年，那麼他願將他的軍團減至兩個。但如果提案被拒絕，便等同於向他宣戰了。宣讀完畢，龐培和西塞羅均同意凱撒提議；但執政官倫圖盧斯、小加圖和西庇阿（Metellus Scipio）等人強烈反對通過此提案，他們認為這無異於凱撒向他們下的挑戰書，他們要求元老院向凱撒發出最後通牒：凱撒必須在西元前49年7月1日前解職並解散軍隊，否則將被定為人民公敵。安東尼立即行使否決權，卻和庫里奧一起被趕出元老院。之後，倫圖盧斯和小加圖、西庇阿等人說服元老院，頒佈敕令：宣佈凱撒為人民公敵，授權現任西班牙行省總督龐培率軍保衛羅馬。敕令公佈後，羅馬城立即全面戒嚴，庫里奧和安東尼化裝成奴隸，逃到凱撒那裡。

此時凱撒正在山南高盧與義大利接壤的拉文納，聞聽庫里奧兩人帶來的消息，凱撒立即召集他的親信部隊第13軍團訓話。他稱呼這些曾經跟他出生入死的士兵們為「戰友、同胞」，先就引起了他們的共鳴。然後，他告訴他們元老院是如何對待這些為了國家安危而奮勇殺敵的功臣們；是如何藐視凱撒授予他們的羅馬公民權；是如何踐踏保民官的神聖權利；是如何一次次拒絕他所提出

· 凱撒凱旋圖 ·
由文藝復興時期義大利畫家曼帖那（Andrea Mantegna）所繪，義大利美術館收藏。描繪率兵征戰亞、非、歐三大陸的古羅馬帝王凱撒大帝，凱旋的場景。

的和平建議，以及元老院最終的敕令，是多麼無視民主和不合情理。他還說，如果繼續任由元老院獨斷專行，那麼羅馬將永無繁榮之日。最後，凱撒號召大家一起向元老院開戰。士兵們群情激奮，無一異議。

西元前49年1月10日，凱撒率第13軍團渡過盧比孔河（Rubicon），第二次羅馬內戰爆發。

凱撒仍以閃電戰術，不等他在山北高盧的主力部隊來到，僅領一個軍團進入羅馬，旨在先發制人。果然，他勢如破竹般攻下皮塞努姆、科菲尼烏姆等城，陸續與其餘軍團會合，並在羅馬人打開城門、夾道歡迎下向羅馬挺進。

面對凱撒如此凌厲的攻勢，龐培兵力雖遠在凱撒之上，但他仍然認為自己應該先往東方去休整軍隊。於是，龐培率領軍隊及那些希望受他保護的元老們撤出羅馬，經布倫迪修姆海港渡過亞德里亞海，往希臘而去。但龐培並沒有忘記一件事，他利用自己控制的羅馬艦隊封鎖了海上糧食運輸線，試圖以此逼迫凱撒投降。

對於龐培此舉，凱撒心知肚明，他清楚龐培的實力。龐培掌控著西班牙、東方各行省的兵權以及共和國的海軍力量。凱撒依舊認為，和解仍不失為上策。所以，進入羅馬城的凱撒，立即宣佈大赦，寬容那些曾加害於他的人。他在短時間內恢復羅馬秩序，在要求和解未果後，他回到羅馬近郊的軍營，開始部署下一步的作戰計畫。

凱撒首先派出庫里奧攻占西西里，以解羅馬糧倉危機。庫里奧迎戰小加圖，攻陷西西里，但在追趕逃亡的小加圖部隊時戰死。與此同時，凱撒將羅馬交與安東尼和雷必達，然後兵發西班牙。

此時的西班牙在龐培的三個副將——阿弗拉尼烏斯、佩特列烏斯和瓦羅控制之下，他們起初給了凱撒些苦頭，並借助河水暴漲一度將凱撒軍隊圍困。凱撒臨危不亂，採取按兵不動、誘敵偷襲的策略。果然，敵軍偷襲之時，被凱撒俘虜。凱撒並未難為戰俘，而是放他們回去。於是，這些感恩戴德的俘虜將凱撒的仁慈寬厚帶向西班牙軍營，一時間，敵軍陣營內部人心浮動，甚至有人提議投降凱撒。這些議論傳到佩特列烏斯耳裡，他軍法處置了製造言論的士兵。但適得其反，這一與凱撒的仁慈相對的暴行更加激起了士兵們的反抗之心。最終，西元前49年8月，三位副將率軍投降，他們都得到了凱撒的赦免。

占領西班牙，羅馬的糧食供應有了保障。凱撒將喀西約留在西班牙任總督，自己班師回羅馬。途中，在馬西利亞，遭遇他的老冤家魯西烏斯・多密提烏斯的軍隊。後者緊閉城門拒不出戰，凱撒只得圍城。在經歷了殘酷的圍城戰役和糧食匱乏的重重危機後，凱撒最終攻下馬西利亞城。

再次回到羅馬的凱撒，地位明顯有所改變。他成功地為羅馬解決了糧食供應問題，也終於獲得了獨裁官（Dictator）的頭銜。他開始整頓羅馬行政。首先，他建議公民大會通過了他曾經授予波河以北居民羅馬公民權的法令。其次在解決當下頗為棘手的債務問題時，他採用折中的辦法，既不似激進分子所要求的那樣廢除債務，也不同意債權人按當時的物價索債。他頒佈法令，規定償還債務的抵用品以戰前物價為標準；還降低貸款利息，允許從本金中扣除已付的利息。這些措施，得到了債權人的擁護，他們慶幸自己的貸款沒有被沒收；而那些激進分子，則因過於失望而背叛了凱撒。

雖然羅馬已在凱撒控制之下，但龐培大軍仍在東方和非洲威脅著凱撒，而且至今仍控制著海上供給線。鑑於此，西元前49年底，凱撒率部繞過龐培戰艦視線，渡過亞德里亞海，於伊庇魯斯（Epirus）登陸。緊接著，凱撒急行軍直撲底耳哈琴（Dyrrhachium）。底耳哈琴是希臘重鎮，那裡屯積著龐培的幾乎所有軍需。龐培聽得戰報，晝夜兼程提前凱撒一步趕到底耳哈琴。兩軍對壘，凱撒因兵力不及戰敗。但龐培此時卻出現了嚴重的策略錯誤，他猶豫不決，因此錯失及時殲滅凱撒殘部的良機。

凱撒那邊，臨陣脫逃的士兵們自覺無顏面對他們的統帥，於是要求凱撒懲罰他們，凱撒不允。士兵們深深感動於首領愛兵如子的同時，發誓一定要打敗龐培以雪前恥。此時凱撒卻命令部隊撤退至色薩利（Thessaly）進行休整，因為他的軍需供應已出現嚴重不足。這在龐培那裡得到了證實。當龐培檢查凱撒部隊的工事時，他發現吃剩下的一些野草主食，他大呼：「難道我是在和野獸作戰嗎？」醒過神來時，他趕緊命手下將它們扔掉，堅決不能讓自己那些錦衣玉食的士兵看到，以免影響他們的士氣。實際上，龐培的擔心有些多餘。此時他的部將及士兵們正沉浸在勝利的沾沾自喜中，這氣氛也傳染了龐培，致使他再度失策，沒有抓住良機打回羅馬，反而聽從部下建議率軍緊追佯裝敗退的凱撒。這正中了凱撒的圈

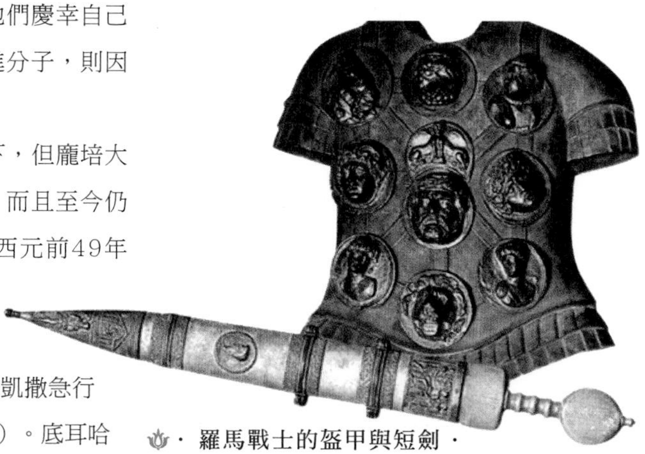

・羅馬戰士的盔甲與短劍・

套，其實凱撒撤走色薩利，還意在引誘龐培遠離其軍需重地，以使其失去地利。

到達色薩利後，凱撒初衷皆得以實現。當龐培大軍到來時，西元前48年8月9日，雙雄於法薩盧斯（Pharsalus）擺開陣勢，欲決一死戰。

·布魯圖像·
布魯圖，他曾參與策劃了暗殺凱撒的計畫。

對比雙方兵力，凱撒明顯處於劣勢，他僅有2.2萬步兵和1000騎兵；而龐培卻有4.8萬步兵和7000騎兵。凱撒仔細觀察龐培的佈陣，他發現龐培將騎兵列於左翼，而右翼的步兵緊貼一條小河。凱撒立即明白，龐培意在出動左翼騎兵繞過他右翼而襲其尾翼。凱撒立即調整作戰方案：挑選以一當十的3000步兵悄悄埋伏在右翼騎兵後面，同時命令騎兵待到龐培騎兵衝過來時立即後撤。此外，凱撒命令不准殺死投降士兵。他還特別提到馬克·布魯圖（Marcus Junius Brutus），活捉不到即放走。

雙方交戰，龐培騎兵果然中計，當他們越過那3000奇兵時，剛剛後撤的凱撒騎兵立刻殺了個回馬槍，而那3000步兵也兜著龐培騎兵尾翼一頓猛攻。龐培騎兵腹背受敵，不多時便四散奔逃。龐培左翼空出，凱撒騎兵乘勢長驅直入，痛擊龐培軍團左翼。龐培右翼和中路士兵見勢不妙，紛紛逃命。至次日清晨，戰鬥結束，龐培逃脫，其殘部投降。就這樣，凱撒僅損失了200多人，卻消滅龐培1.5萬人，收降其2萬人，其餘龐培士兵皆逃走。

龐培逃出戰場後，即會同妻子乘船來到亞歷山卓，準備逃往埃及。當他即將上岸時，卻被人突然刺死。原來，埃及國王托勒密十三世的大臣波提努斯（Pothinus）為了討好凱撒，竟派人行兇。當隨後趕來的凱撒看到呈上來的龐培人頭時，不禁潸然淚下。他懲處了殺人兇手，命人用香料塗抹龐培首級厚葬。

之後的9個月裡，凱撒一直待在埃及首都。在這裡，他平息了埃及政治暴亂，幫助托勒密十二世的女兒克麗奧佩脫拉（Cleopatra VII，即埃及豔后）奪得王位，並與克麗奧佩脫拉共浴愛河，生下兒子小凱撒（Caesarion）。在此期間，凱撒也曾出征東方平亂。

西元前47年6月，凱撒獲悉本都（Pontus）國王法納塞斯（Pharnaces II）入侵羅馬的東方行省，並且教唆東方諸國起來反抗羅馬，凱撒即刻發兵，一路消滅敘利亞、小亞細亞的叛軍，於8月到達本都，8月2日在澤拉（Zela）擊潰了法納塞斯。據說，凱撒在戰後，立即給羅馬寫去捷報，但只有三個字：「Veni,Vidi,Vici」（我到、我見、我勝）。

西元前47年10月，凱撒回到羅馬。此時他得知龐培在非洲的殘留部隊聲勢有所抬頭，而龐培的兒子塞克斯圖斯（Sextus Pompey）也在西班牙組織了一支軍隊，並且截斷了對羅馬的糧食供應。於是，西元前46年春，凱撒進軍非洲。在那裡，他與小加圖、西庇阿和努米底亞（Numidia）國王約巴一世（Juba I）等的聯軍交戰，凱撒獲勝，小加圖和約巴一世自殺，西庇阿後來被殺。西元前45年春，凱撒又在西班牙清剿了龐培的兩個兒子的軍隊。至此，伴隨著龐培被殺、龐培殘餘勢力的消滅，第二次羅馬內戰歷時五年之久，終以凱撒的完勝告終。

凱撒與埃及豔后

克麗奧佩脫拉於西元前69年，出生在埃及皇室托勒密十二世的宮廷裡，她身上流淌著希臘人的血液。她的祖先是希臘人托勒密・索托（Ptolemy Soter），他當年跟隨亞歷山大大帝遠征埃及，之後被任命為埃及總督，並於亞歷山大去世後的西元前305年建立托勒密王朝。當王位傳至托勒密七世時，埃及各地漸漸不安定起來，針對王位的謀殺事件也頻繁發生。之後的幾代國王在治國方面也顯得力不從心。於是，羅馬元老院便經常輔助托勒密諸王為政，並且屯兵保護埃及首都亞歷山卓的安全。

西元前51年，當克麗奧佩脫拉奉父親托勒密十二世臨終囑託，與其異母兄弟托勒密十三世結婚並共同執政時，埃及內部各派勢力便齟齬不斷，兩人也政見相左。西元前48年，克麗奧佩脫拉被波提努斯逐出首都，後者公然干政。此時，正在埃及的凱撒決定幫助埃及平定叛亂。於是，他暗中派人通知克麗奧佩脫拉前來商議大計。

・凱撒將「埃及豔后」送上埃及王位・
凱撒（中）頭上戴著桂冠，拉著克麗奧佩脫拉走向王座，她妹妹阿爾西諾埃（右，Arsinoe）投以憤怒的目光。

克麗奧佩脫拉舉止優雅、聰慧靈敏，更兼其王族血統，令不少人為之傾

・克麗奧佩脫拉利用奴隸來試驗毒藥的毒性。凱撒和安東尼似乎都成了這位據說極具魅力的女王的奴隸，而安東尼甚至不惜犧牲羅馬利益來討好她，最終，安東尼本人也身敗名裂。

倒，甚至爭風吃醋大動干戈。克麗奧佩脫拉也利用其傾國傾城貌，周旋於那些有權有勢的愛慕者中間，為埃及謀得利益和安寧，為自己積累稱霸地中海地區的權力基礎。長此以往，人們便送她「尼羅河畔的妖女」、「尼羅河的花蛇」的稱號，但後人更習慣於稱呼她「埃及豔后」。

當然，在治理國家方面，克麗奧佩脫拉毫不遜色於她的祖先。得知凱撒向她伸出救命稻草時，克麗奧佩脫拉不由大喜。她明白當下的埃及尚不足以擺脫羅馬而獨立，王室只有依靠羅馬的支持，才能繼續對埃及各地政要發號施令。於是，她精心策劃與凱撒初次謀面的方式。

當凱撒命令僕人請克麗奧佩脫拉進屋時，他驚奇地看到一名埃及男僕懷抱一卷華麗的毛毯進來。當毛毯打開時，出現在凱撒面前的竟是幾乎裸體的克麗奧佩脫拉。凱撒立即為這位埃及豔后的美貌與智慧所吸引，他下定決心助她剷除異己並將其扶上王位。

凱撒先是在豔后與托勒密十三世之間斡旋，直到兩人重新把持埃及王政。之後，凱撒先發制人，派人謀殺欲刺殺自己的波提努斯，嚇走波提努斯的同黨、埃及將軍阿契拉斯（Achillas）。後者旋即號召埃及軍隊起義；與此同時，亞歷山卓的羅馬駐軍也加入叛軍行列。

凱撒又一次身陷危境。他一面沉著應戰，一面向敘利亞、小亞細亞等地求援。經過幾次殊死戰，法洛斯半島終被凱撒拿下。這期間，托勒密十三世見叛軍占了上風，竟離開皇宮投向叛軍陣營，結果被殺死於海上。而克麗奧佩脫拉，卻一如既往地支持凱撒。凱撒有感於此，在與援軍聯合打敗叛軍後，他兌現承諾，將埃及政權交予克麗奧佩脫拉及其弟弟托勒密十四世。至此，克麗奧佩脫拉真正成為了埃及女王。

接下來的日子裡，凱撒和克麗奧佩脫拉經常泛舟尼羅河上，又把酒言歡於宴席之間。連年征戰身心俱疲的凱撒，此時徹底地放鬆起來，竟然置小加圖等人在烏提卡城（Utica）的謀反叛亂於不顧，對羅馬城內激進分子擾亂社會秩序置若罔聞。

西元前47年，克麗奧佩脫拉生下一子，凱撒立即承認孩子為自己親生，並給他起名為小凱撒。此時，這位叱吒風雲的軍事家、政治家與權傾朝野的羅馬獨裁官，的確已被埃及豔后攝去魂魄。人們紛紛猜測，這位豔后正試圖讓凱撒稱王，然後與其結婚，最終將整個地中海地區牢牢控制在兩人手裡。

西元前47年10月，凱撒帶著豔后與小凱撒回到羅馬，他將母子二人安置在台伯河（Tiber）對岸他的私人宅邸。此後，凱撒再次被任命為獨裁官，他雖然忙於整頓羅馬混亂的社會秩序，並積極準備對非洲的征伐，但仍時常去看望豔后母子。

更值得一提的是，在凱撒為祭祀其祖先維納斯而建造的神廟裡，克麗奧佩脫拉的黃金雕像赫然豎立於女神塑像旁。人們對此頗有微詞，因為此時凱撒與妻子卡爾普尼亞仍和睦相處。羅馬人開始對豔后懷恨在心，他們認為豔后旨在嫁給凱撒，然後教唆他稱帝並遷都亞歷山卓。

鐵腕獨裁，無冕之皇

西元前46年秋，凱撒自非洲戰場歸來。羅馬頓時萬人空巷，人們紛紛走上街頭，參加元老院為凱撒舉辦的凱旋式。人們清楚地記得，這已是他們於當月第四次在如此盛大的凱旋式上目睹凱撒威儀了。本月的早些時候，羅馬元老院為凱撒舉行了對高盧、亞歷山卓和本都作戰的凱旋式。這樣的儀式還會於明年再舉行一次，那是對凱撒討伐西班牙龐培餘黨的嘉獎。

熱鬧過後，當凱撒放眼國內局勢時，他確定獨裁勢在必行。100年來的戰火已使這個國家滿目瘡痍：農民不堪糧食進口和地主手下奴隸的競爭壓力，大多放棄土地進入城裡，每天被那些激進分子的演說誘惑得激情澎湃，到處滋事；大資本家囤積居奇，或者盲目投資，導致市場紊亂，貨幣流通受阻；成千上萬的壯年男子被迫服兵役，或死在戰場，或致傷殘；而那些誓與凱撒鬥爭到底的保守派分子，則終日湊在一起密謀叛亂。凱撒明白，自己若不果斷行事，為羅馬建立一個比現有貴族寡頭政治更適合羅馬發展的制度，那他現在所取得的一切成績將付諸東流。

西元前44年，凱撒被推舉為終身獨裁官，因此，他擁有了執政官、保民官、大祭司等職權。他控制著國庫，控制著元老院議員的選舉和罷黜權。唯一留有表決權的議會，此時也被操縱在凱撒的副官安東尼和多拉貝拉（Cornelius Dolabella）手裡。羅馬大權終歸凱撒獨掌。

凱撒在貴族保守派眼皮底下，僅用幾個月時間，便將那個傷痕累累、社會混亂、矛盾激化的羅馬，帶進了一個自由平等、思想開明、繁榮昌盛的發展時期，使羅馬成為世界的羅馬，為今後羅馬帝國的長期稱霸奠定了堅實的基礎。於是，有歷史學家認為，凱撒的羅馬帝國當之無愧為今天西方文明的古老基石；而凱撒，雖未正式稱帝，但這些歷史學家更習慣地稱他為羅馬帝國的無冕之王「凱撒大帝」。

就在凱撒為發展羅馬而日理萬機時，他還抽時間著書。《內戰記》（Commentarii de Bello Civili）便創作於此時，它連同早先完成的《高盧戰記》，皆為凱撒對自己親歷戰爭的回憶錄。其行文風格與凱撒演講風格一致，簡潔明朗，深厚有力，不失為拉丁文學作品的典範之作。

當然，凱撒還有一些未竟事業值得一提。他委派瓦羅（Marcus Terentius Varro）建立大型的公共圖書館；主張彙編一部內容詳盡的民法典；授意修建一條連通亞德里亞海和台伯河的大道，開鑿一條穿越科林斯的運河；為了防止瘧疾滋生，命令把旁提納沼澤和富西努斯湖填平用作耕地。他還制定了遠大的拓疆計畫，首先要出征帕提亞（Parthia，即安息）以為老友克拉蘇報仇。然後，他要連續征服黑海地區、多瑙河沿岸地區等。只可惜，這些宏偉事業和計畫慘遭斷送，只因凱撒一系列改革措施大大觸動了保守派貴族的利益，他終歸不能被他們所容。一場刺殺凱撒的陰謀正欲上演。

三月陰謀，凱撒之死

西元前44年2月15日，一年一度的古羅馬牧神節上，執政官安東尼突然把一頂皇冠戴在凱撒頭上。人們一怔，少數人開始鼓掌，大多數人則連發嘆息。凱撒當即取下王冠擲在地上，安東尼連忙拾起皇冠又給他戴上，他又扔掉。一連三次，引得旁邊的元老們無不為之側目。不久，凱撒穿起紫袍，坐在寶座上接見各級官員。再加上時不時從凱撒與那位豔后的愛巢飛出來的謠言，說他將稱王、娶豔后為妻而後遷都東方，這一切，都使那些本來就忌恨凱撒、仇視君主制的貴族們不能再等下去了。

但凱撒對此卻置若罔聞，不僅如此，他還把自己和古羅馬先王的雕像併置；將其肖像印在羅馬硬幣上；在劇場中坐高人一等的座位；當全體元老呈遞決議時，他端坐在維納斯神廟前的寶座上紋絲不動。當然，事後傳聞：當時凱撒癲癇病發，又一說正鬧痢疾，為保羅馬最高長官威嚴，所以不便起身。

這些傲慢言行還不夠，最傷元老貴族們自尊的，當是凱撒那時常施予眾人的仁慈寬容。他重建被平民破壞的蘇拉和龐培雕像，對文人們攻擊他名譽的作品，一笑置之，如此大度，實為罕見。倘只是作戲，恐怕沒這麼持久與自然，更何況，凱撒在戰爭中對待那些不一再反叛的俘虜也是相當寬容。凱撒就這樣一邊狂傲著，一邊仁慈著，而元老們的權力卻在減少著，他們認為這是凱撒對他們的莫大褻瀆、侮辱！於是，一場刺殺凱撒的陰謀開始醞釀。

西元前44年3月，凱撒為了進一步擴大羅馬版圖，也為了像他所言那樣替克拉蘇報仇，加緊了討伐帕提亞的準備工作。備戰進展之快，令元老們想起了一則古羅馬預言：唯有國王方可打敗帕提亞人。難道凱撒要稱王？突然又有傳聞：負責預言書保管的十五人祭司團，將於下次的元老院會議上，宣佈授予凱撒國王稱號，以使帕提亞戰爭早日勝利。

蓋尤斯·卡修斯（Gaius Cassius Longinus）極擅長窺測他人的行動，而且，一旦看到別人高過他，心裡就會覺得不舒服。當然，僅他一人尚難成大事，於是他想到了尊貴的馬克·布魯圖。布魯圖素以才德過人而深孚眾望，有他的加入，刺殺凱撒之事便不足以遺臭萬年，雖然他目前最想要的是合乎理法。

布魯圖有些猶豫，他知道自己乃是母親塞薇麗亞（Servilia Caepionis）和凱撒的私生子，他也多次在戰爭和官場中受到凱撒的赦免和提升。但是，私生子的惡名一直壓得他喘不過氣來，以致性格憂鬱，少言寡語，他不得不在公眾面前時時提及自己的高貴出身以正其名。同時，布魯圖不能容忍國王制度，他曾寫道：「我們的祖先教我們不該忍受暴君的存在，即便他是我們的父親。」

就這樣，有了卡修斯的陰險與狡詐、有了布魯圖的巨大號召力，那些仇恨凱撒的元老和貴族們聚集過來，他們在昏黃的燈光下策劃著具體的行動步驟，

· 凱撒遭刺 ·

「無冕之王」凱撒，集軍事、行政、司法和宗教各項大權於一身，引起了元老貴族的嫉恨和反對。西元前44年，凱撒終於遭合謀刺殺身亡。據說，凱撒死時身負劍傷23處。

最終決定在3月15日的元老院會議上刺殺凱撒。以防萬一，布魯圖前去凱撒家，勸說他去元老院取消這次會議，以免再度因所謂的高傲而授人以柄。凱撒因溺愛這位私生子，便信了他。

凱撒像往日一樣緩步走進龐培議事堂，元老們臉上頓顯惶恐。會議剛要開始，謀殺者們一擁而上，手中匕首紛紛刺向凱撒。凱撒做本能反抗，可當他發現布魯圖手拿匕首刺向他時，他不無悲傷地喊道：「孩子，你也這樣！」之後，他扯起衣袍裹住頭，不再抵抗。最終，身中23刀的一代梟雄轟然倒在昔日老友龐培的雕像前，手裡仍握著那張他未及打開的紙條。

謀殺者本想將凱撒屍體拋入台伯河，沒收他的財產，廢除他的法令，但是他們懼怕執政官安東尼和騎兵長官雷必達，只好丟下凱撒屍體離去。

就這樣，這位不懼死亡，甚至渴望「突然橫死」的一代英豪，竟死在自己滿心喜愛的人手裡。他生前多次拒絕帝王名號，而今卻以暴君之名被誅殺。這一刻，他的絕望、他的放棄、他倒下的地點，都因這個神之後裔的偉大而變得神秘起來，於是乎，世界各地的人們發揮想像力，製造出各種版本的凱撒死亡之謎和解謎觀點來。諸如：「凱撒真的死於私生子之手嗎？」「凱撒為何恰好倒在龐培雕像旁？」

西元前44年3月17日，自認為凱撒繼承者的安東尼聽取西塞羅的建議，宣佈大赦謀殺者，但要求元老院必須通過凱撒生前的法令。次日，元老院同意公佈凱撒遺囑，為凱撒舉行國葬。此外，元老院決定封閉龐培議事堂，規定3月15日為「弒父日」，元老院永不得在這天集會。3月19日，當安東尼在其家中宣讀凱撒遺囑時，他大大震驚，原來凱撒指定自己姐姐的三個孫子為合法繼承人，並未如他所願。震驚之餘，他有些憤怒，但遺囑還是要繼續宣讀下去。

屋大維無疑是最大受益者，作為第一繼承人的他，不但被過繼為凱撒家庭成員並立即擁有凱撒四分之三的財產，更被賜予凱撒的名字，於是，他的全名便成為蓋烏斯・尤利烏斯・凱撒・奧古斯都（Gaius Julius Caesar Augustus）；其餘四分之一財產由魯基烏斯・皮那留斯和克文圖斯・佩狄尤斯分享。凱撒還為自己可能出世的孩子指定了監護人，其中竟然有參與謀殺的兇手。他還指定另一位謀殺者戴西莫・布魯圖為第二順序繼承人。此外，他把台伯河的花園留做大眾公園，並贈予每個羅馬公民300塞斯特爾提烏斯。

這消息立時傳遍整個羅馬城，人們群情激奮，頗感凱撒聖恩，那些被元老們收買而視凱撒為暴君的人悔恨不已，尤其當人們看到第二順序繼承人也參與謀殺時，頓覺此舉有辱神明。所以，當3月20日凱撒的遺體出現在元老院議事廳時，人們以各種方式表達著自己的悲憤及對英雄的無比崇敬之情。他們或號啕大哭，或憤怒呼喊，或四處覓柴，他們將自己心愛或貴重之物投於火葬的柴堆上，作為對英雄凱撒的獻祭。

儘管如此，人們絕忘不了凱撒被刺的血肉模糊的樣子，他們奔上街頭，四處搜尋那些謀殺者。謀殺者們紛紛外逃，惶惶然不可終日，三年之內，均遭報應：有些死於屋大維及其他凱撒部將的圍剿，有些死於饑餓，有些死於海難，有些上吊，有些跳樓，有些用當年刺殺凱撒的匕首自殺。

當然，那些謀殺者們期盼的共和制度並沒有興盛起來，繼之而起的混亂時局終釀成15年的戰爭。後繼者尚不具凱撒能力，不能短期內挽狂瀾於既倒。昔日人們眼中的暴君，此時竟被無數人含淚懷念起來，人們盼望著這個救世主能起死回生解救蒼生。元老們注視著共和體制的乏人問津，他們腦海裡定會不時浮現出凱撒渾身刀口倒地的瞬間，那轟然的巨響不正是一個劃時代的英雄，獻祭於他無比熱愛的羅馬帝國的瞬間永恆嗎？元老們不明白自己為自由而戰，卻加速了共和體制的滅亡，他們已不能正確感知歷史的潮退潮湧，殊不知，羅馬版圖正日益擴大，帝國之貌業已成型，共和體制已不能適應統治所需。

就這樣，元老們不僅背負了千古罵名，更給凱撒鑄造了永垂不朽的豐碑，把他列入眾神行列，成為「神聖的尤利烏斯」；甚至，他們不得不眼看著自己的權力消失得無影無蹤，而凱撒的繼承者屋大維則在他們眼皮子底下建立起羅馬帝國。

雖然凱撒生前並未稱帝，但他在歷史學家們眼裡是不折不扣的羅馬帝國的奠基者和無冕之皇，人們尊稱他為凱撒大帝。他的名字「凱撒」成為羅馬帝國後世君主稱號，甚至，後來的德意志帝國和俄羅斯帝國也以其來稱呼自己的皇帝。

・羅馬一大勝景・ 台伯河上的天使大橋和聖天使堡，橋的兩側排列著雕像。古堡是羅馬莊嚴、巨大的石製鼓形古堡，今天已經闢為軍事博物館。

歐洲之父

── 查理大帝（Charlemagne）

野蠻人的領袖、基督教的武力傳播者、卡洛林文藝復興（Carolingian Renaissance）創造者、歐洲之父，這四大頭銜集於一人之身，鑄就了查理大帝的傳奇人生。作爲野蠻人領袖，他領導法蘭克人（Franks）征服西歐蠻族國家，統一西歐，締造了查理帝國；作爲虔誠的基督教徒，他不惜以武力把基督教福音播向蠻族大地，爲自己的拓疆戰爭和政權統治罩上神聖的宗教外衣；出身尚武輕文的民族，卻大力提倡文化振興，最終彌合了蠻族入侵造成的西歐文化發展斷層。最終，他的文治武功奠定了西歐封建制的形成，也爲他帶來了「歐洲之父」的盛名。

兩王分治

742年，在法蘭克王國的亞琛（Aachen，又稱阿亨）附近，墨洛溫王朝（Merovingian dynasty）的宮相丕平（Pippin）家裡誕生了一個男孩，雖然此時丕平與男孩的母親貝爾特拉達（Bertrada of Laon）尚未跨入婚姻的殿堂，但絲毫不影響這個未來將成為大帝的男孩享有他顯赫的家世。

這時的墨洛溫王朝統治下的法蘭克王國，疆域從大西洋邊的比斯開灣一直延伸到萊茵河畔。但這個王國仍然不足以稱之為統一的封建國家；更確切地說，這是一個以墨洛溫家族和法蘭克人為尊的「諸多蠻族部落領地」的聯合體。到了7世紀中葉，墨洛溫家族的掌權者終日坐在寶座裡充當著傀儡，眼睜睜看著大權落到了他們的宮廷總管 ── 宮相手裡。宮相之中，最值得一提的便是卡洛林家族（Carolingian）。

卡洛林家族是一個法蘭克宮相世家，到查理的祖父查理・馬特（Charles

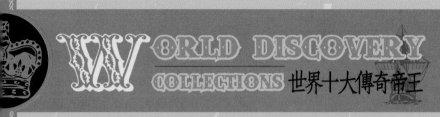

Martel）時，由於他在對內對外的征服戰爭方面所取得的重大成就，而使這個家族居於法蘭克王國權勢巔峰，並且還是王國首富。當查理・馬特於741年10月15日去世時，他的兩個兒子 —— 矮子丕平（Pepin III）和卡洛曼（Carloman），像繼承王國一樣分管了馬特的勢力範圍；而且，他們把父親葬在聖德尼教堂（St Denis）。在這位偉大父親之前，聖德尼教堂內沉睡的只有歷代墨洛溫國王。

・查理大帝・

- **| 姓名 |**：查理
- **| 生年 |**：742年
- **| 卒年 |**：814年
- **| 在位 |**：768年～814年
- **| 父親 |**：丕平三世
- **| 母親 |**：貝爾特拉達
- **| 繼位人 |**：路易一世
- **| 主要政績 |**：征服西歐大部分地區，重視文化教育，引導了卡洛林王朝文藝復興。

矮子丕平的身材雖然不似旁人那般魁梧，但他的遠大抱負、作戰能力及勇氣，足以彌補他在身高上難以形成的震懾力。據說，他曾經與野性十足的獅子與公牛搏鬥並砍下牠們的頭，以此來震懾那些與他背道而馳的王國貴族。自從與卡洛曼分治法蘭克大權之日，丕平在6年之內使自己的兄弟於修道院出家，從而他獨攬宮相大權。751年查理9歲時，丕平將墨洛溫王朝的末代君主請下寶座，並將他和其兒子送入修道院。丕平自己則於同年由羅馬教宗加冕為法蘭克國王，開創了卡洛林王朝時代。就這樣，9歲的查理成為了法蘭克王子。

雖然日耳曼民族普遍重武輕文，就連貴冑們也極少學文，但查理的母親卻極有遠見地為兒子請來不少老師，教授他各領域的文化知識。除了學習文化知識，查理還在父母的薰陶下成為虔誠的基督徒。753年，查理被父王指派迎接來訪的羅馬教宗。當他率領法蘭克王國的教俗貴族們站在西歐的最高宗教神權領袖面前時，年僅11歲的他鎮定自若，彬彬有禮而又不失王者風範。而當他目睹父王竟然為教宗充當牽馬人時，在他年幼的心靈內，便埋下了利用神聖宗教為王權服務的種子。

在參與王國政事的同時，查理還跟隨父王南征北戰。754年，他隨父王大軍征服倫巴底人（Lombards），隨後又兵發阿基坦公國（Aquitaine），均獲全勝。查理也在戰場上磨練了身心意志，積累了實戰經驗和臨陣指揮能力。就在當年的早些時候，即754年1月6日，丕平帶領查理及兄弟卡洛曼一道拜訪了羅馬教宗斯蒂芬二世（Pope Stephen II）。

・法蘭克王國的象牙雕刻・

這次拜訪的目的很明確，丕平請教宗為他們父子三人加冕，這樣，法蘭克王國便有了三位國王。丕平此舉，乃是因循日耳曼民族慣用的「諸子分封制」，意即國王將自己的王國分成幾部分，父子共治天下。如此這般，國家大權牢牢掌握在父子兄弟手裡，不再有王權外泄之虞，但它也極易造成統治者各自為政以致父子異心的蕭牆之亂。甚至，一朝國王駕崩，兄弟之間互相傾軋招致血光之災者，比比皆是。768年，矮子丕平去世，查理和卡洛曼兄弟倆分治法蘭克王國。很快，「諸子分封制」的弊端便在兩兄弟身上充分表現出來。

兄弟紛爭

卡洛曼是個權力欲極強的人，但他在文治武功方面皆與查理相差甚遠，於是，生性多疑的他開始籠絡王國貴族，組織起一個專門反對查理的集團。不只如此，他還經常在人前人後稱呼自己的兄弟為「私生子」，只因他是父母婚前所生。兄弟倆的嫌隙日深，最終演變為白熱化的不合作行為。

768年，一直試圖獨立的阿基坦公國又一次發動叛亂。這個位於法國西南部的公國曾先後被查理·馬特和矮子丕平鎮壓過，此時，阿基坦公爵衛法爾（Waifer）看準查理兄弟分治之機，扯旗造反。查理和卡洛曼一同率軍前去平叛。誰知，卡洛曼未動一刀一槍便領兵回國。查理只得獨自掃平叛亂，但他並未受弟弟撤兵影響，最終打敗衛法爾，重新征服阿基坦公國。而卡洛曼的撤兵之舉，實則將自己推上了怯懦、狹隘的不利地位，使其聲譽大大受損；相反，他的哥哥倒從他這一愚蠢行為中受益匪淺：日耳曼民族一向崇拜勇士，查理獨自平定阿基坦叛亂，在人民心目中樹立了光輝形象。

當查理搬師回國，正穩步籌畫與兄弟的權力之爭時，769年，衛法爾臥病而終，這使阿基坦公國反叛分子再度蠢蠢欲動。終於，衛法爾那已出家多年的父親胡那德（Hunald）重登公爵之位，聯絡公國內所有激進分子，再度造反。查理迅速出動討伐大軍，閃電式擊潰胡那德叛軍。叛軍一路逃至庇里牛斯山下的加斯科尼（Gascony），查理率軍隨後趕到，他立即命令加斯科尼公爵交出叛軍，並且，透過與加斯科尼公爵簽訂條約而將其納入法蘭克王國轄內。

查理兄弟的明爭暗鬥，令他們的母親、攝政的貝爾特拉達再也坐不住了，她出面調和兩個兒子的關係。查理先假意應允母親所求，背地裡卻派遣手下人秘密潛到卡洛曼的地盤，散播卡洛曼將不顧手足之情欲發兵攻打兄長的謠言。與此同時，他還大肆收買卡洛曼轄區內的貴族。沒過多久，卡洛曼轄區一片混亂，人們以訛傳訛，謠言滿布，百姓惶惶然之餘對卡洛曼頓生怨恨。就在這種氛圍下，771年12月，卡洛曼病重猝死，他的妻子攜幼子逃往倫巴底避難，原本一觸即發的內戰煙消雲散。查理立即進入兄弟的領地，旋即完成法蘭克王國的統一，成為這個國家唯一的國王。不過，關於卡洛曼的死因，他是否真患病，是否死於疾病，人們一直有諸多猜疑，至今仍被作為未解之謎來反覆提及。

法蘭克劍橫掃西歐

查理將第一戰指向老岳父德西得流斯（Desiderius）的倫巴底王國。岳父公然收留卡洛曼遺孀及其幼子的行為，一直令查理耿耿於懷。查理在不滿之餘，加上新任羅馬教宗哈德良一世（Hadrian I）的鼓勵下，772年與倫巴底公主蒂塞德拉塔（Desiderata）離婚。倫巴底國王立即做出回應，同年，他武力威逼羅馬教宗哈德良一世為卡洛曼遺孤加冕，並公開申斥查理非法侵占弟弟國土的行為。至此，雙方徹底決裂。

773年，哈德良一世請求查理發兵保護宗教聖地的安全。查理於是發「正義之師」，翻越阿爾卑斯山，直抵波河（Po）流域的倫巴底王國。然後，查理兵分幾路，分別襲擊倫巴底軍隊。法蘭克軍隊強勢推進，倫巴底人潰不成軍，卡洛曼遺孀和幼子終被法蘭克軍隊所虜，從此不知所終。當法蘭克王國各路人馬會合一處時，查理統領全軍直搗倫巴底首府帕維亞（Pavia），將城池裡三層外三層包圍起來。774年4月復活節這天，查理來到羅馬，接受了教宗非法授予的「羅馬貴族長」（Patrician）頭銜。同時，這位基督教虔誠教徒占領羅馬，與教宗哈德良一世共同促成法蘭克劍與十字架的聯姻。從此，他每征服一個野蠻國家，便命令對方必須受洗成基督教徒。6月，帕維亞城無力對抗法蘭克軍隊的圍困，德西得流斯率部向查理投降，被這位前女婿送到了修道院，沒過多久便一命嗚呼了。查理在帕維亞召開加冕儀式，戴上王冠的他自封為倫巴底國王。出征倫巴底，查理喜獲大豐收，當真出乎他意料之外。與此相比，另一場對薩克森人（Saxon）的征服，卻顯得曠日持久且困難重重起來。

・查理大帝畫像・

薩克森人與法蘭克人有著比較接近的血緣關係，他們同屬日耳曼民族，不同的是，薩克森人一直保留

著日耳曼民族的傳統宗教信仰，而不像法蘭克人那樣全面接受了羅馬文明的薰陶。這主要是由於自蠻族大遷徙以來，薩克森人一直盤踞在德國北方，與羅馬鮮有接觸的緣故。薩克森人粗獷彪悍，作戰勇敢，依然崇信原始血親復仇的習俗。他們不時地侵犯法蘭克邊境地區，搶掠財物，甚至殘殺法蘭克人。

772年，查理以此為理由向薩克森人宣戰，開始了他對薩克森人的第一次征伐。當然，查理如此大張旗鼓地出兵薩克森，還有其更重要的理由：將薩克森人占據的廣闊地區納入法蘭克王國版圖，進而一統日耳曼民族所有部落或者王國。為了掩飾這一野心昭彰的目的，查理打起了傳播基督教福音的旗號，宣揚此次進軍薩克森意在為同胞塑造一個文明社會。懷著如此美好的意願，查理揮師北上，然而，令他同樣意想不到的是，他這一次征服工作卻一直從772年延續到了804年，先後進攻次數達18次之多，持續時間之久，難度之大，位列查理所有征服戰爭之首。

初次進入薩克森的法蘭克軍隊，在戰事進展上可謂勢如破竹。貪生怕死的日耳曼貴族們聞聽查理大軍壓境，紛紛開城投降。幾乎沒費多少力氣，查理便在一年內令威悉河（Weser）流域的薩克森人手中都捧起了《聖經》。773年夏，就在薩克森戰事空閒之際，查理接到了當時的教宗哈德良一世的邀請，引兵前往倫巴底。臨行前，查理在薩克森佈置了傳教士和軍隊，以保證自己對被占領區的絕對控制。誰知，他前腳剛走，薩克森人叛亂立即死灰復燃。774年，查理在倫巴底稱王後，馬不停蹄地回師薩克森。在接下來的

・768年查理登上法蘭克王位後，展開了一系列的征服戰爭；畫中所描繪的是查理的軍隊征戰歐洲的戰鬥場面。

數年內，查理把主要精力投入到鞏固征服成果上。

在萊茵河及其右岸支流美因河（Main）之間的軍事要道上，查理命人修造了大量的皇家行宮莊園和軍事工事，著名的帕德博恩（Paderborn）行宮便建造於此時，每當日耳曼有戰事時，這裡就是查理的駐蹕之處。777年，查理開始將薩克森劃分成幾大傳教區，每個教區均設立主教，以此在軍事征服的基礎上進一步加強思想控制。不過事情緊接著又出現了變化。

778年，查理遠征西班牙的軍隊在撤退途中，於庇里牛斯山脈的龍塞瓦列斯山口（Roncesvalles）遭敵伏擊，近2萬人的斷後部隊全軍覆沒。這一消息傳出，先前被法蘭克軍隊征服的各個地區，都彌漫起躁動不安的氣息。本已逃亡丹麥的薩克森人首領威杜金德（Widukind），此時趁機返回薩克森，積極號召薩克森人起來反對法蘭克人的統治。緊接著，他將威悉河入海口處的不萊梅（Bremen）教區的教堂搗毀，將主教驅逐，恢復薩克森人的傳統宗教信仰。然後，他率軍直逼萊茵河，向法蘭克軍隊開戰。不過，令威杜金德失望的是，他的同胞中有一部分貴族已被基督教拉攏到查理那邊，所以，還沒等查理動手，薩克森人中的那些親法蘭克貴族便與當地法蘭克駐軍一起消滅了叛亂軍隊。威杜金德倖免於難，仍舊逃往丹麥，而他手下那些未戰死的4500名起義者，則被交給了查理。這一次，法蘭克國王開殺戒了。779年，在阿勒爾（Aller）河畔的費爾登（Verden），查理命令將這4500名起義者盡皆斬首。

此後，為了進一步預防薩克森人的叛亂行為，查理扶植薩克森人做當地伯爵。同時，他還強制推行《薩克森異教區法規》，設立法庭，以法令的形勢強調基督教教會和法蘭克王國統治的神聖、不可侵犯地位。此外，他還採取了一些比較殘酷的政策，比如，可以接受私人檢舉，不經開庭審理便可置被檢舉者於死地。政策嚴厲了，統治加強了，但薩克森人中仍有不懼死亡者。

782年，威杜金德再度領導其子民與查理對抗，結果，於783年被查理的法蘭克鋼鐵之師兩度痛擊到再無還手之力，以致於日後一提及法蘭克騎兵，薩克森人便膽戰心驚。在查理威懾力的重壓下，威杜金德終於改信基督教。可事情還沒完，792年，查理在討伐阿瓦爾人（Avars）時失利，這一次，薩克森北部邊防先起叛亂，並迅速向南擴展。查理立即用兵鎮壓，直到804年，法蘭克軍隊最終殲滅北方的起義軍。之後，查理向北部地方大量移民，並將所有心懷叵測者流放至邊境處的斯拉夫人（Slavic）那裡。一切妥當之後，歷時32年的薩克森征服戰終於結束了，薩克森最終被收入法蘭克王國的版圖。

就在進行北部拓疆的同時，查理接到來自西班牙的求助信。原來，西班牙國內正籠罩在教派鬥爭中，那些阿拔斯王朝（Abbasid Caliphate）的支持者結成聯盟，支持阿拔斯王朝而反對後倭馬亞王朝（Umayyad Caliphate）的統治。西班牙人這時的求助對於查理正中下懷，他曾經無數次把注意力投向庇里牛斯山脈那邊，認真留意西班牙的風向，以便隨時出兵開拓法蘭克王國在南部的

· 羅蘭之死 ·
778年，查理大帝的大軍撤離西班牙，羅蘭率領的後衛部隊在庇里牛斯山的龍塞瓦列斯山口被伏擊，羅蘭一再拒絕吹號角求援，最後戰死；此事蹟載於法國史詩《羅蘭之歌》。

疆土。接到求助信後，778年，查理帶兵進入西班牙北方。在與當地支持阿拔斯王朝的穆斯林兵合一處後，他們攻占了後倭馬亞王朝的一些城池，不過，法蘭克軍隊也付出了損兵折將的代價。最後，查理圍攻西班牙東北部的重鎮薩拉戈薩（Zaragoza），兩個月有餘尚無任何斬獲，此時又傳來薩克森人起事的消息，國王不得不做出撤兵的決定。

778年8月15日，當法蘭克軍隊行至庇里牛斯山脈的龍塞瓦列斯山口時，遭到加斯科尼人的伏擊。法蘭克軍隊攜帶了大批戰利品，且行軍已久，難免困乏，所以，當加斯科尼人從山上猛衝下來時，法蘭克人立時大亂，旋即只有招架之功並無還手之力。眼看法蘭克大軍有全軍覆沒的危險，查理的外甥羅蘭（Roland）伯爵挺身而出，帶領近2萬人馬斷後，掩護大部隊安全撤離。結果，羅蘭伯爵和他那2萬人馬全部死於加斯科尼人之手。後來，羅蘭伯爵的事蹟不斷流傳，終形成一部描寫基督教與伊斯蘭教開展聖戰的史詩《羅蘭之歌》（The Song of Roland）。龍塞瓦列斯山口一役，的確挫了法蘭克軍隊的銳氣。不過，查理很快便振作起來，在以後的20年中，他6次兵發西班牙，打擊那裡的穆斯林，最終在西班牙北部建立起一個邊境國「西班牙三月國」。

西班牙戰事結束後，查理意識到該將他對巴伐利亞（Bavaria）公爵塔西羅（Tassilo）的不滿作個了結了。從757年年輕的塔西羅向矮子丕平稱臣以來，他一直想著獨立，不過，他的分裂主張受到公國內一部分貴族和教宗的堅決反對，他只得暫時作罷。不久，塔西羅開始將基督教福音向東方的洛文尼亞，直到772年贏得「新君士坦丁」的美譽；這讓查理更增疑慮。

787年，他指揮法蘭克軍隊兵分三路圍剿塔西羅及其黨羽。眼見法蘭克大軍壓境，塔西羅孤立無援、萬般無奈，只得與東方信奉異教的阿瓦爾人結盟。這一近乎瘋狂的行為讓他很快便付出了代價，那些反對他的貴族站在法蘭克軍隊一邊，視他為賣國賊與叛教者。788年，已是孤家寡人的塔西羅最終向查理俯首請罪，他及其兒子被法蘭克國王以叛逆罪幽禁修道院。硝煙散去的巴伐利亞公國正式成為查理的伯爵領地。而那些膽敢幫助塔西羅的阿瓦爾人，此時也引得查理大動干戈了。

阿瓦爾人是柔然人（Rouran）的一支，原本居住在亞洲，與匈奴人有著血緣關係，西遷歐洲後統治著現在的匈牙利一帶。阿瓦爾人能征慣戰，尤其擅長騎射，他們一度侵犯法蘭克王國邊境。對此，查理早就有打擊之意，現在終於有時間了。

795年，查理派兒子小丕平和艾瑞克（Eric）侯爵進攻阿瓦爾公國，不料侯爵中了敵軍埋伏而戰死；次年，小丕平攻破阿瓦爾公國最後的據點。隨同捷報一起傳回法蘭克王國的，還有15輛大車的金銀財寶。當這些載有阿瓦爾財寶的車輛絡繹於途中時，由於超負荷載重，隊伍不得不經常停下來休息。查理開始分配至今為止他得到的最大一筆財富，他先讓國庫充盈起來，然後將一大部分金銀贈給教宗；此外，那些教俗貴族和士兵也是他的賞賜對象。

·查理大帝加冕·

800年耶誕節來臨之際，查理前往聖彼得大教堂做彌撒。他正在做祈禱的時候，教皇良三世突然拿出一頂金冠戴在了查理的頭上，高聲宣佈：「上帝加冕於你，羅馬人的皇帝！」

除了以上所述的這些主要征戰，查理在其46年的統治中，前前後後進行了54次征服戰爭。相對地，法蘭克王國的版圖也迅速膨脹起來。查理初登王位時，他的管轄範圍僅相當於今天的法國、瑞士、比利時、荷蘭以及德國的部分地區。而當他於暮年徹底收起法蘭克劍時，他的帝國已囊括了西歐的大部分地區：東依易北河、多瑙河，南臨地中海並轄義大利北半部，西枕大西洋波濤，北抵北海。

腳踏如此遼闊的疆域，800年12月25日，查理接受教宗良三世（Pope Leo III）的加冕，獲得「偉大的羅馬人皇帝」盛譽。這樣，自西羅馬帝國滅亡後，西歐第一次如此大範圍地統一起來，合併為查理帝國。這些成就連同查理偉大的軍事才能，令他具備了作為「歐洲之父」的武功方面的條件；而他文治方面的天分也絕不遜色，他令法蘭克劍與十字架成功聯姻，已表明他並非只有匹夫之勇。以傳播基督教福音的名義，他一統西歐大部分地區；同樣，手拿十字架的他，將一展其治理龐大帝國的才能。

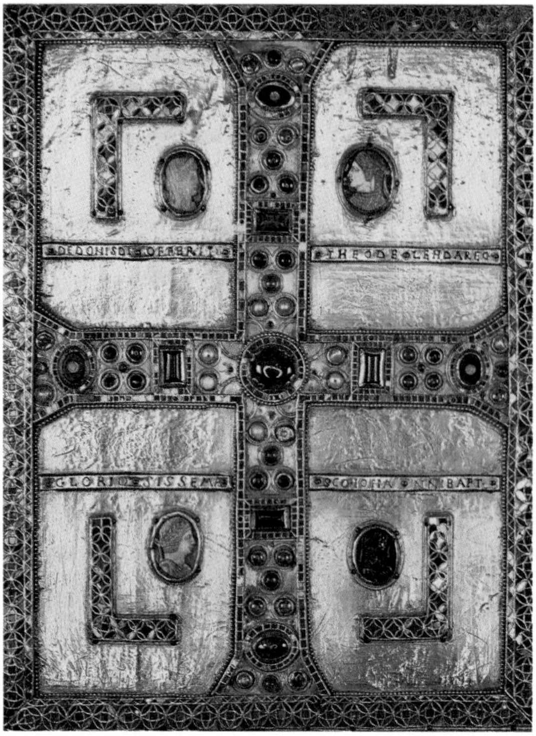

圖為查理時代，祈禱和平的天主教《福音書》封面。

十字架輔助王權

查理在一次次的對外征服戰爭中，越來越意識到基督教對其戰爭的裨益。當他把征服異教徒的觀念灌輸給部下士兵們時，這種光榮與使命感驅使法蘭克人經年累月馳騁疆場，殺得四方敵軍聞風喪膽，查理鐵軍威名一時無可匹敵。與此同時，查理也幫教宗將基督教的福音帶往西歐大地。每一寸臣服於他的土地，都無一例外地受洗於基督教的神聖儀式。不僅如此，查理從沒有忘記他11歲迎接教宗時立下的宏願，當放眼自己龐大的帝國時，他決定繼續將教會與其政權相結合，一方面使基督教文明在各異教徒的「蠻荒之地」廣泛傳播，避免蠻族統治下可能出現的西方文明發展的斷代；更重要的一方面，則是他將利用基督教神權的政治傳統為其統治披上一襲神聖外衣。在基督教「君權神授」的主張下，他將更加合法地向帝國臣民發號施令。

為此，他充當起了教會保護人，不僅饋贈教會大批金銀以助其修建教堂，劃撥土地給主教和修道院長，並且允許他們參與國事，而且他還不惜以武力來教訓那些膽敢觸犯羅馬教宗統治地位的人。799年，教宗良三世被前教宗哈德良一世的兩個侄子拘禁，反對者聲稱要割掉他的舌頭，刺瞎他的雙眼，他急忙向查理求援。查理派使臣前往羅馬將利奧救出，之後他親率軍隊毫不費力地鎮壓了羅馬的叛亂，將良三世重新扶上教宗的寶座。為報答查理大恩，良三世以上帝恩賜的方式加冕查理為「偉大的羅馬人皇帝」。

800年12月25日，在聖彼得大教堂的大廳裡，查理打扮得一如羅馬貴族，短外套和皮帶鞋替換了他的法蘭克服裝，此刻，他正跪在高高的祭壇下禱告。良三世從教宗的法座上站起身，誦讀完福音書後，走到查理面前，在眾人矚目下為這個來自蠻族的國王戴上凱撒的王冠，並塗上聖油，然後他向這位新羅馬皇帝鞠躬致敬。這一刻，查理也即查理大帝之名正式加於這位法蘭克國王頭上，他代表了北方後起之秀與古羅馬傳統文明的結盟，他作為羅馬皇帝繼承人的合法性得到了上帝的認可。從此，查理不再僅僅是日耳曼人的國王，他還必須負責管理西歐基督教世界的所有事務。

坐在帝國寶座上，查理開始大力加強中央集權統治。他首先想到的是建立帝國都城。在日耳曼人的歷史中，他們沒有固定都城，通常是國王和教俗貴族們在王國內到處巡遊，於各地隨時處理政務。這等模式，若在小國尚可維持，但對於疆土甚廣的查理帝國來說，已呈掣肘之勢，更何況，它與王權的神聖與高貴更是格格不入。

查理一直想要建造一座堪與君士坦丁堡比肩的都城，789年，在他出生之地亞琛的荒野上，他的夢想得以實現。794年，查理定都亞琛，雖然這座城市被稱為「新羅馬」，但那座最為顯眼的亞琛大教堂卻有著十足的拜占庭風格。這是一座宮殿和教堂的混合建築，其整體建築模式由查理欽定。它以早期基督教建築式樣為基礎，融入了拜占庭和希臘——羅馬的古典風格，進而創造出一種獨特的「卡洛林風格」：為教堂主建築搭配外部地下室、半圓形後殿，以及帶有塔樓的堡壘式結構。這種宮廷教堂的建築模式一度被歐洲教堂建築奉為圭臬。

此外，就在查理為亞琛賦予政治中心地位的同時，他還極力將亞琛打造成歐洲的文化中心。他創辦宮廷學院，從帝國內外廣納知名學者，向文化底蘊淺薄的法蘭克貴族傳授知識，並且為帝國修訂典籍。皇帝還建立宮廷圖書館等文化機構；亞琛城一時間洋溢起濃郁學術氣息。

・基督教的十字架・

政治中心具備了，查理坐鎮首都，透過帝國逐漸趨於成熟的官僚體制，行使著帝王的職權。他繼續推行自查理・馬特時代實行開來的采邑制。在這種制度下，國王依照各軍事將領或貴族的戰功，將土地分封給他們。擁有采邑者必須絕對效忠國王，逢戰時向國王提供裝備齊整的軍隊；平時也需向國王繳納貢稅等。若有拒不履行職責者，則其采邑將被收回。

這種采邑制催生了騎士制度，成為法蘭克王國的軍事力量基礎，使王國毫無後顧之憂地進行擴張戰爭；同時也加強了各地官僚和教會修道院對國王的依附關係。到了查理這裡，他進一步發展了采邑制度，將更多的教會力量充實進接受采邑者的行列裡。於是，帝國上下所有官員和主教都得到了皇帝的分封，由此，他們也就成為皇帝忠實的臣僕。

為了更有效地管理地方領主，查理經常派遣官員到地方巡視，對地方領主的工作進行監督檢察。他在地方設立若干伯爵區，區內諸如行政、司法、軍事和稅收等大權由皇帝任命的伯爵或主教所有。這樣，帝國上下便形成了國王、伯爵和主教等教俗大封建主、中小封建主的封建等級制度，為西歐社會從奴隸制階段向封建制階段過渡創造出了體制典範。

為了進一步確保帝國上下各級權力層的平衡穩定，保證皇帝的命令有效下達及貫徹實施，查理名文規定了帝國的權力機構組成及各自權責。中央政權主要包括兩大權力機構，它們是樞密會議和各地教俗貴族大會。其中，樞密會議由皇帝親信組成，他們唯皇帝之命是從，根據皇帝命令研究制定出相應各項政策，並監督其有效執行。而貴族大會，顧名思義，則由全國各地教俗貴族組成，大會於每年的3月或者5月召開，討論並通過中央擬定的重大決策。當然，這些權力最終將集中於帝國權力巔峰——皇帝查理的手中。

就在查理不斷地在帝國內部設立教區的同時，他從未疏忽對於這些教會的掌控。查理是一個虔誠的基督徒，他親自主持所有的宗教盛典，和唱詩班一起輕聲歌唱。儘管如此，他絕不允許羅馬教宗干涉帝國內部的教會事務。關於在帝國內部設立教區的時間、地點、數量，以及教區主教和修道院長的任命，完全由查理一個人做出決定，被任命者只向皇帝一人負責。此外，帝國內的教士不能違背國家法律，而且必須按時參加貴族大會，為帝國事務盡責。這樣看來，查理完全把羅馬教宗置於帝國教會事務之外，而教宗鑑於自己無力對抗各方勢力威脅，唯有借助查理強大武力作後盾，來維持羅馬教廷在西歐的統治地位，也就只有默許查理越俎代庖了。

・查理大帝銀幣・
隨著貿易量的銳減，這一時期的金幣已無用武之地，銀幣開始大量使用。

查理很清楚自己的行為已經將教宗置於了被支配地位，他也清楚自己的統治在極大程度上得益於羅馬教宗及帝國教會的支持，於是，他時刻不忘給予他們以極大利益。他不僅以其武力保護他們的地位與權益不受任何侵犯，還在對外征服過程中，將大量財富賜予教宗及教會。更有甚者，他以法律的形式規定，每一個帝國臣民都有義務繳納什一稅，而這什一稅正是歐洲基督教會向百姓徵收的一種宗教捐稅，它大大加重了農民的負擔。就這樣，在查理帝國內，王權與教會權力之間的政治聯盟依舊緊密，而且，王權始終在教會權力之上處於至高無上的地位，教會也承認了查理作為最高權力擁有者的地位。查理在加強中央集權方面的努力，可謂收效巨大。

僅有這些權力制衡措施還不夠，為了切實維護國家穩定，查理還親自主持帝國的立法工作。他嚴令樞密會議成員在制定法律時必須以皇帝的旨意為準，統一國家法律，使其頒布於帝國各地。此外，查理還完善了帝國的司法體系，引入了公訴人制度、陪審團制度等。

至此，查理當年用武力傳播的基督教，在成功推進了法蘭克人的軍事征服後，其作為帝國境內唯一的宗教信仰，又輔佐查理出色完成了加強中央集權統治的國家大計。從此，查理帝國得以執西歐早期封建國家之牛耳，並且帶動了封建制度在西歐的發展。

查理將世俗政權與教會相結合的統治模式，主要展現了他在國內為政的才能；而當他放眼帝國周邊，面對東方的拜占庭帝國、阿拉伯帝國以及西北部不列顛島上的默西亞王國（Mercia）時，作為新興帝國君主的他，不得不考慮到武力征服以外的手段，來確保查理帝國的長足發展。此時，查理作為偉大的歐洲之父的氣度與風範，將再次向世人呈現他於外交領域的卓越才識。

外交風雲

隨著查理帝國的日益昌盛，查理大帝的英名遠播，人們從四面八方聚來，在氣勢恢弘到足以與君士坦丁堡媲美的亞琛宮裡盡情享受主人盛情的招待。花費之巨，使那些宮廷官員深為擔心起來，因為這也已經成為整個帝國的負擔。儘管如此，查理還是認為這種負擔可以忽略不計，因為相對於由此而帶來的好客美名，哪怕這種負擔再嚴重些仍然不足掛齒。

除了好客，查理還不遺餘力地開展慈善救助工作。不僅國內貧苦百姓蒙他恩惠，領到他發放的救濟物或者救濟金，就連那些遠在與帝國隔地中海相望的敘利亞、埃及等地的貧

・查理是法蘭克卡洛林王朝的第二個國王，查理帝國的創立者、首任皇帝。

困基督徒，也得到了來自查理帝國的財物，只因為他們的悲慘境遇傳到了查理大帝的耳朵裡。

查理開始與海外的國王建立友誼，他希望借此為海外的貧困基督徒們贏得一些救助。拜占庭帝國作為從羅馬帝國分裂出去的東羅馬帝國，一直自視為羅馬帝國的唯一合法繼承者，時刻以復興羅馬帝國為己任。

當拜占庭統治者眼見蠻族中的法蘭克人一統西歐且與羅馬教廷結盟時，他們感覺到了來自查理帝國方面的兩大威脅。其一，查理不知疲倦地擴大疆域，使拜占庭帝國在西歐的勢力範圍日益縮小；其二，查理與羅馬教廷結盟，而羅馬教廷一直是拜占庭帝國內的東正教教會的攻擊對象。自從基督教分裂為東正教和羅馬公教後，兩個教派都自稱是基督教的正統，一直競相爭奪最高教主地位，矛盾衝突不斷。由此看來，查理帝國與拜占庭帝國本該水火不相容，可偏偏拜占庭帝國統治者又感覺到了阿拉伯人和斯拉夫人的虎視眈眈。所以，拜占庭帝國不敢輕舉妄動。

查理洞若觀火，他決定利用拜占庭統治者的顧慮，主動提出與其結盟，如遇外敵入侵則提供各方面的援助。查理此舉，也暴露了他想重建羅馬帝國的企圖，他也想使兩個帝國合而為一，重振昔日羅馬帝國的輝煌。為了儘快實現目標，800年，他來到拜占庭帝國，向攝政的皇太后伊琳娜（Irene）求婚。

伊琳娜是前任拜占庭帝國皇帝利奧四世（Leo IV）的妻子，當時他的兒子君士坦丁六世已去世三年，據傳他是被伊琳娜弄瞎雙眼並殺害。雖然伊琳娜心腸可謂狠毒，且已年過半百，但她仍不失為美女，而她對權力的欲求，更是令人驚嘆。當他看到統治西歐的查理帝國皇帝向她求婚時，作為攝政的她，也想到利用這一有利時機進一步充實自己的權力基礎，使拜占庭帝國擁有更大的勢力範圍。

那些拜占庭王室貴族唯恐查理和伊琳娜的聯姻會給他們及其帝國帶來災難，擔心之至，他們不惜發動宮廷政變，將伊琳娜囚禁於孤島，直至其抑鬱而終。當昔日攝政的皇太后的死訊傳至亞琛皇宮時，查理深為感慨，本來

・查理大帝視察教堂修建工程，此教堂位於今日的亞琛。

成功在望的重建羅馬帝國宏願就這樣錯過了。不過，這件事後，拜占庭的統治者開始向查理伸出橄欖枝。812年，兩大帝國代表終於坐到談判桌前，簽訂了永不為敵的友好協議。查理那「偉大的羅馬皇帝」稱號也被拜占庭皇帝認可。

和與拜占庭帝國的邦交相比，查理帝國與阿拉伯阿拔斯王朝的友好關係要更加順暢一些，雖然後者是異教國家。與阿拉伯阿拔斯王朝的合作可以上溯到矮子丕平時期。那時候，西班牙的後倭馬亞王朝與阿拔斯王朝對抗，後者便有意與矮子丕平統治下的法蘭克王國交好，最終其願望實現。同樣的情形延續到了查理統治時期，為了幫助阿拔斯王朝對付後倭馬亞王朝，查理也曾出兵西班牙。當然，查理還考慮到阿拔斯王朝踞於東方，完全可以用來阻止拜占庭帝國西進。權衡利弊之後，再伴以父一輩、子一輩的合作經歷，兩國不但正式建立邦交關係，而且兩國皇帝還成為了親密的朋友。於是，人們便經常看到連接查理帝國與阿拉伯帝國之間的道路上，總會有兩國皇帝互致的禮物絡繹於途。

表現查理大帝日常生活的繪畫

參拜主教（左上）；與皇后一同視察紡織坊（左下）；和士兵在一起（右）。

當出訪阿拔斯王朝的使團臨行時，查理將對方皇帝哈里發（Caliph，伊斯蘭教最高統治者的稱號）—哈倫（Harun al-Rashid）視為珍寶的日耳曼獵狗，親自交與使團，並檢查西歐駿馬、騾子和袍服等是否均在禮品之列。一段時間後，阿拉伯使團回訪了。他們帶來了哈里發—哈倫親自為查理挑選的東方香料、絲綢、寶石以及猴子等，最令法蘭克人震驚的是，他們帶來了法蘭克人從未見過的大象。當消息傳出時，亞琛的大街小巷擠滿了前來觀看大象的人，人們紛紛讚嘆唯有查理大帝才能讓他們如此大飽眼福，能在有生之年一睹這等神秘動物的尊容。

如果說查理的54次征服戰爭為他開拓了一個疆域遼闊的帝國，那麼，他積極與其他國家建立外交關係，便為其帝國穩定發展創造了有利的外部環境。

國家安定了，人們開始有閒暇時光來從事軍事戰爭以外的事情。這時，一向尚武輕文的法蘭克人，開始在其皇帝的帶領下發展文化事業了。

卡洛林文藝復興

當查理帶領著被稱為野蠻人的日耳曼民族創造帝國輝煌時，為徹底完成君臨天下的重任，他開始大興文化教育事業。

昔日的蠻族人搗毀羅馬人的建築，從羅馬人手中奪下拉丁著作並將其踩在腳下時，他們不僅滅亡了西羅馬帝國，而且親手斬斷了西方文明發展之路。在古羅馬帝國的殘垣斷壁間，盛極一時的古希臘羅馬文明如孤魂野鬼般，哀哭著自己的命運。慶幸的是，它們尚可以在基督教文化裡保留僅有的棲息之地。原來，基督教會為了方便傳教，特意保留了一批古羅馬文獻。這些不絕如縷的古羅馬文化殘留同樣引起了教會人士的興趣，他們借閱讀這些文化殘留來提高自身素質，不經意間，他們及其宗教成為了延續西方古典文化的重要乘載。儘管如此，在蠻族當政的天下，崇武輕文的思想被塞滿每個角落，這不可避免地使神職人員的那點文化積澱長久停滯，難以有機會得以加深、加厚。更何況，在查理不斷的征服戰爭中，教會在帝國內遍地開花，神職人員也一夜間數量猛增，於是，他們在文化層次上良莠不齊，甚至文盲者比比皆是。

・《馬太福音》・
9世紀卡洛林王朝《埃蓬主教福音》書中的插圖，現藏於德國的圖書館。

偉大的蠻族人領袖查理大帝意識到了這些，作為一位聖明君主，他不能坐視他的泱泱大國還像過去那等蠻族小國一樣只知殺戮；他很清楚他的帝國是建立在武力征服基礎上的，這樣的帝國倘若不能發展起統一的思想和文化體系，不能令帝國各地的百姓都始終保持統一的信仰，則遲早會面臨分崩離析的局面。就這樣，為了維護自己的統治，保持基督教信仰的權威性，查理開始致力於發展文化事業。

首先，他把全國的教會作為實驗基地。為了培養素質高的神職人員，查理於803年頒布《米索羅敕令》，規定教會上下所有人等必須參加文化考試，考試過關方能接受神職任命。此舉引發了帝國教會上下一股學習文化知識的熱潮。不僅如此，查理還請那些散佈各地的神學大師出山，修訂統一版本的《聖經》。這樣，教會便有了一個統一的傳教工具。接下來，查理趁熱打鐵，命令全國各教會和修道院創辦學校。當教會學校開始授課時，學生們不僅在這裡學習宗教知識，還被授以文法、辯論術、修辭、數學、幾何、音樂、天文這古代七藝的知識以及拉丁文課程。由此，文化教育事業已不僅僅局限於維護基督教權威的框框，展現在查理面前的，是愈益寬廣的天地。

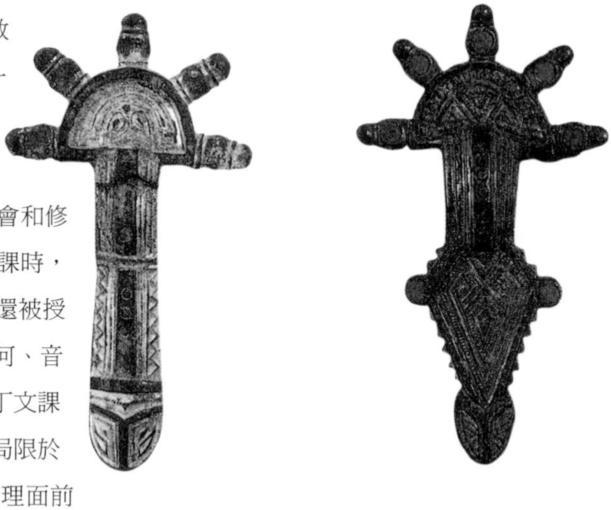

・兩枚法蘭克王國時代的裝飾銀質別針，造型別緻，做工精美。

當目不識丁的帝國人民逐漸擺脫蒙昧，當拿慣了鐵劍的手捏起小小鵝毛筆時，當亞琛宮內聚集了越來越多的各文化領域巨擘時，查理也按捺不住地開始學習起來。他幼年時就曾在母親的授意下練習書寫，不過，據他的傳記作家艾因哈德記載，他在書寫方面的成就不大。於是後世歷史學家猜測：對於他那自幼便揮舞法蘭克鐵劍的手來說，小而輕的鵝毛筆拿在他手裡的確會有被捏碎的可能，所以，書寫練習在他看來是一項比練武更難的工作。儘管人們對查理的書寫能力還莫衷一是，但不能否定的是他為此做出的努力。即便在他幾十年的征戰途中，他也隨身帶那些用來寫字的紙張和薄板，他把它們放在枕頭下面，一有空閒便拿出來練習寫字。

當查理不用再南征北戰時，他便開始招賢納士，把那個時代各領域最著名的人才盡皆招到亞琛宮，給予他們最高的尊敬和榮譽。同時，他痴迷於從他們那裡學習知識。其中，那位才學出眾、譽滿義大利比薩（Pisa）的副主祭彼得（Peter），除替皇帝管理教會學校外，還教授皇帝文法科目；另一位來自不列顛的著名學者阿爾昆（Alcuin），作為當時最負盛名的學者，也被查理請來幫助策劃帝國的教育事業。當然，他在七藝方面的造詣也令皇帝拜他為師並且受益匪淺。

為了擴大國家文化事業發展的規模，查理還在亞琛設立專門的文化機構，使那些慕名而來或者被邀請來的著名學者們會聚一堂，共同籌畫帝國的文化發展大計。查理一面跟隨學者們潛心學習古代七藝，一面熱衷於舉辦一些小型研討會。研討會上，皇帝與眾學者談古論今，互通有無。皇帝曾經向學者們請教「虛無」一詞的含義，學者們回答：那是一種非常大的物質，上帝就在其中創造整個

✿・作為西歐中世紀初最強大的統治者，查理大帝一生征戰無數；圖為查理大帝指揮大軍長驅直入西班牙的孔波斯特拉（Compostela）。

宇宙。這一問一答道出了查理帝國時代的文化特色，那時的世界仍然彌漫著各種神秘氣息，科學和宗教纏繞在一起，並且被用來闡釋上帝如何創造萬物。

經過長時間與學者們的學習和交流，查理精通了拉丁文、古法語、古德語、古代七藝，藉此大大增強了自身的文化修養，而且大大提升了他的治國能力。此時的他，更加醉心於發展文化教育事業，他在修道院設立圖書館，大量收藏早期基督教作品以及古希臘羅馬著作。就在人們進出圖書館翻閱這些承載古典文明的作品時，拉丁文得到了全面範圍的推廣。為了用一種全國統一的文字來抄寫拉丁文和希臘文的作品，進一步方便全國範圍的文化傳播，查理主持創造了「卡洛林小草書體」（Carolingian minuscule），這是一種娟秀優雅的拉丁字母，後人對其略作修改後沿用至今。此外，查理還請來歐洲最出色的畫家、雕塑家和建築家，在帝國的廣闊土地上建造修道院和教堂。

相對於這些使帝國文化在當時繁盛起來的措施，查理也沒有忽略對下一代的教育。他時常親臨考場，關心孩子們的學習狀況。一次，他令貴族子弟與貧民的學生同堂考試。當成績公布後，他大大讚揚了那些成績優異的貧民學生，然後毫不留情地批評了那些不安心學習的貴族子弟，告訴他們：即便現在他們可以憑藉父輩為其創造的富裕生活而養尊處優，但最終他們必須靠自己來謀生，所以，如果現在不好好學習文化知識，那麼他們將一事無成。

就這樣，在查理一系列文化政策的帶動下，帝國的文化教育狀況發生了翻天覆地的變化，日耳曼人的文化修養得以大幅度提升，古希臘羅馬文明也不必再於古羅馬帝國的殘垣斷壁間哀哭自己不幸的命運，此時，整個查理帝國到處皆可作為它們的棲息之地。偉大的查理大帝親自鑄造了「卡洛林文藝復興」，刺激了中世紀歐洲各種文化的溝通與融合，親自接合了其同胞用利劍斬斷的西方文明發展之路。至此，查理徹底完成君臨天下的重任。

卡洛林文藝復興

814年「2月朔日的前五天」，法蘭克國王、查理帝國皇帝、偉大的羅馬人皇帝查理在亞琛溘然長逝，享年72歲，在位46年。

正如他在世時人們無比尊敬他一樣，查理駕崩後人們從未忘記過他，甚至視他為聖人。多年以後，他被尊稱為神聖羅馬帝國皇帝，這一稱號一直保持到1806年神聖羅馬帝國被拿破崙打敗而解體為止，前後達千年之久。直到今日，查理大帝仍以其卓越成就而躋身世界偉大帝王前列。

各個時代的人們以各種方式來傳頌這位偉大帝王的事蹟，並且為他創作出不少畫像和雕塑來，這些作品中的查理在長相、體態上不盡相同，但都一如艾因哈德（Einhard）所形容的那樣神采奕奕且雍容華貴。艾因哈德筆下的查理，身材魁梧，身高將近200公分，這在當時人均身高只有160公分的情況下，無異於巨人。查理另一個十分獨特的體貌特徵要屬他那修長的鼻子，比常人的鼻子大一些。他還有著一雙炯炯有神的大眼睛，目光犀利，能洞察一切。這些體貌特徵令他無論坐立行走都散發出讓人肅然起敬的魅力，而且使人對其過目不忘。

他曾奉母親貝爾特拉達之命，與倫巴底公主蒂塞德拉塔結婚，後因岳父收留了卡洛曼的遺孀和幼子，所以當他決定討伐倫巴底時便與妻子離婚。之後，他娶士瓦本族（Swabian）的赫德嘉（Hildegard）為王后。這位高貴的王后為他生了九個子女，其中小查理（Charles the Younger）、小丕平

・查理大帝原本打算去世後，把帝國分給三個兒子們管理，可是沒想到，其中的兩個兒子卻先他而去世，最後只好讓路易繼承了王位。圖為查理大帝與其中的一個兒子正在對話，書記官在一旁記錄。

（Pippin of Italy）和虔誠者路易（Louis the Pious）這三個男孩最為有名。

在小查理和小丕平均去世後，虔誠者路易最終成為王位繼承人。在赫德嘉之後，查理娶日耳曼人法絲特拉達（Fastrada）為妻，他們生有兩個女兒。法絲特拉達死後，他又有一個妻子名叫露蒂嘉（Luitgard），是阿勒曼尼族人，但他們並沒有生下一男半女。等到露蒂嘉過世，查理又娶了四個妻子，她們也都為他生下了子女。

查理非常重視兒女們的教育問題。他除規定孩子們必須學習古代七藝外，還命兒子們掌握騎馬、打獵和使用兵器的本領，令女兒們學習紡織技術。每逢他空閒下來時，便會出現在孩子們聚集的任何場合，他們一同吃飯，一同外出巡遊。這些安享天倫的舉動令他在孩子們眼裡一直是一位慈祥的父親。但他一直把漂亮高貴的女兒們留在身邊而不允許她們出嫁的行為，卻為他光輝的形象加上了品德缺陷的污點。不過，查理毫不理會這些猜疑，他依然自得其樂地在兒女們中間享受天倫之樂，一直到他去世，他的女兒們仍圍繞膝前。當死神奪走了他的長子小查理，和被其立為義大利國王的次子小丕平時，他極為傷感。他指定小丕平的兒子承襲父位，又把小丕平的女兒接到宮中與自己的女兒同住。

查理不僅對家人感情至深，對朋友也無比忠誠和尊重。當他聞聽好友兼羅馬教宗的哈德良一世的死訊時，他淚如泉湧，哭得不能自抑。他這種真摯感情的迸發，經常被人們用來與他在戰場上的殘忍相對比，人們盛讚他在前表現出來的高貴品質，卻又對他於後一種情形中展現的勇氣而膽寒，人們會想知道他到底是一位仁慈的君主還是一位嗜殺成性的帝王。不過，無論怎樣，在各時代人們的心目中，查理依然是聖主典範。

即便戰爭和國事等讓查理日理萬機，但他仍然擁有常人不及的健康體魄。他有著游泳和泡溫泉的習慣，並且常叫朋友甚至侍從同往。可是，自從810年起，他便常被發燒困擾。醫生告誡他不要再吃烤肉，雖然那是他鍾

＊查理的後繼者

路易於814年登上皇帝之位時，他先是決定將帝國分成三部分交由第一個妻子所生的3個兒子繼承。829年起，他又想立第二個妻子所生的小兒子（即後來的「禿頭查理」，Charles II）為大部分帝國的統治者，此舉引發了年長兒子們的多次造反。840年路易死後，他的兒子們為爭奪王位公然發動內戰。843年8月，路易的三個兒子終於在凡爾登達成協議，簽署了《凡爾登和約》（Treaty of Verdun）。該條約將帝國一分為三：長兄洛泰爾（Lothair）得到中法蘭克王國，即縱貫帝國南北的狹長地帶，包括今天的義大利大部和法德邊界地區；日耳曼人路易（Louis）獲得東法蘭克王國，指原查理帝國在萊茵河以東的地區；禿頭查理分得西法蘭克王國，也即萊茵河以西的今法國部分地區。大體上形成了今日西歐主要國家義大利、法國和德國的雛形。

愛一生的美食，但他哪裡肯聽從醫生的這一忠告。他一生都沒有在飲食方面放縱欲望，甚至很少飲酒，因為他極其憎惡那種醉酒醜態。他在飲食方面的最大樂趣，便是享用獵人們奉上的烤叉上那香噴噴的烤肉。每逢那時，他會命人朗誦古代偉人的事蹟，其中最令他百聽不厭的當屬著名教會作家聖奧古斯丁（St. Augustine）的代表作《上帝之城》（De Civitate Dei），他幾乎每次必讓人誦讀其中章節。

雖然他仍然堅持外出打獵，但他自知身體已是大不如前，所以他把當時的阿基坦國王、三子虔誠者路易召回身邊，然後在所有法蘭克貴族參加的會議上，鄭重宣布將由路易作為查理帝國的皇位繼承人。儘管路易因個性軟弱而被貴族們認為難當大任，但其兩個兄長已然過世，而且查理又是如此深愛他這個兒子，所以，當皇帝把皇冠加在路易頭上時，貴族們都按皇帝的要求齊聲稱呼路易為奧古斯都，向他表示祝賀。

當帝國後事安排妥當後，亞琛迎來了又一個寒冬，但查理的感冒卻開始嚴重起來，他已不能下床。不得已，他只能禁食，放棄自己心愛的烤肉，以換來身體的痊癒。可是，在他與病魔繼續奮鬥了七天以後，生命垂危的他按基督教儀式接受了聖餐，在814年「2月朔日前五天天亮後的第三時」與世長辭。由於查理生前未指明自己的墓地所在，所以，經過臣屬們再三權衡後，皇帝的遺體最終被安葬在亞琛大教堂（Aachen Cathedral）。

・查理大帝的夢想・

雖然法蘭克王國最終還是被劃分為三部分，但查理大帝作為一個龐大帝國的開創者，其榮耀和光輝將永遠地留在史冊中。

俄國帝國之父
——彼得大帝（Peter I the Great）

他是帶領俄國步入帝國時代，並且躋身歐洲強國的改革家、政治家，同時又是木匠、鐵匠、泥瓦匠、炮手、水手、船長和海軍少將；他是不惜以令人戰慄的手段將俄國牢牢控制在手中的獨裁者，卻簡衣素食，勵精圖治，視自己為普通臣民，甚至將膽敢冒犯國家利益的兒子處以死刑；他用大炮、戰艦為俄國打開通往西歐的出海口的軍事家，卻又殘酷鎮壓國內的農民起義。他是矛盾的：他在戰爭中冷靜地尋求反敗為勝的策略，卻於改革路上急於求成；他對屬下的工作吹毛求疵，卻又和他們稱兄道弟；他對保守勢力暴戾無情，卻對俄國的發展殫精竭慮。他，就是俄國歷史上最偉大的君主 — 彼得大帝。

遊戲謀政的少年沙皇

1672年5月30日，莫斯科宮廷內響起了新生兒清脆的啼哭聲，瞬間，莫斯科以聖母升天大教堂（Dormition Cathedral）為首的各教堂，以及修道院內的數百大鐘齊鳴。鐘聲不絕於耳，正在酣睡的莫斯科人睜開惺忪的睡眼，馬上意識到他們的沙皇陛下又喜得皇子。

此時的沙皇阿列克謝・米哈伊洛維奇（Alexei Mikhailovich）急切地盼望見到新皇子，他扭頭看了一下身旁的另外兩個兒子：長子費鐸爾（Feodor）年僅10歲，卻病魔纏身；次子伊凡（Ivan）愚鈍不堪，智力較其他6歲兒童相差甚遠。這就是前皇后瑪莉亞・米洛斯拉夫斯基（Maria Ilyinichna Miloslavskaya）為他留下的子嗣。沙皇不禁一聲長嘆，又想及早年夭亡的三個兒子更是心下淒涼。不過，他很快眼放光芒，因為抱到他面前的這個新生兒看起來非常健康，就像他的母親、沙皇現在的皇后娜塔莉亞·納雷什金（Natalia Kirillovna Naryshkina）一樣，神采奕奕。

·彼得大帝·

- **｜姓名｜**：彼得
- **｜生年｜**：1672年
- **｜卒年｜**：1725年
- **｜在位｜**：1689年～1725年
- **｜父親｜**：阿列克謝·米哈伊洛維奇
- **｜母親｜**：娜塔莉亞·納雷什金
- **｜繼位人｜**：凱薩琳一世
- **｜主要政績｜**：制定西化政策，使俄國躋身世界強國之列。

1676年，彼得將近4歲時，老沙皇阿列克謝溘然長逝。費鐸爾在領主們的擁護下登基，但旋即於1682年4月撒手人世，身後無子。於是，伊凡和彼得兩位皇子背後立刻聚集起兩大陣營：米洛斯拉夫斯基家族和伊凡的同胞姐姐索菲婭（Tsarevna Sofia Alexeevna）公主支持伊凡；納雷什金家族的人則擁立彼得繼承沙皇之位。對比兩派勢力，很明顯，前者在朝中根基又深又穩，而且索菲婭公主一向有很強的權力欲，她對沙皇之位垂涎已久。兩位繼承人一個呆頭呆腦，一個幼不經事，索菲婭公主及其母后家族故意製造納雷什金家族與射擊軍（當時的禁衛軍）之間的矛盾。結果，納雷什金家族陣營中的多數人死於射擊軍之手，納雷什金家族於是提出「伊凡和彼得同為沙皇，但由索菲婭公主來治理國家大事」的協議。

·彼得大帝畫像·

少年彼得在皇宮形同傀儡，但在普列奧布拉任斯科耶（Preobrazhenskoye）的皇村卻如魚得水。鐵匠、木匠的工作聽起來與沙皇相去甚遠，但彼得卻做得不亦樂乎。他備齊了各種工具，並虛心向老工匠求教。很快，他就熟練掌握了多種手工藝。

彼得不只投身於手工藝事業，軍事遊戲同樣令他癡迷不已。只要他一聲呼喚，那些匠人、家奴的兒子便會從四面八方趕來。從軍事遊戲開始，彼得只是其中一兵，衝鋒陷陣，勇不可擋，他也不介意被別人指揮。時光荏苒，遊戲軍團裡的孩子們漸漸長大，他們的兵器也從木製玩具變成真槍真炮。當年的遊戲軍團儼然已成為一支正規化軍隊，而彼得也於不經意間擁有了日後親政的軍事支柱。

彼得漸漸長大，娜塔莉亞覺得應該為他娶一個妻子了。

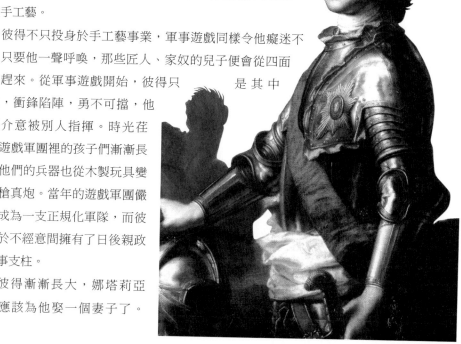

◈・復活節彩蛋・
復活節是基督教的重大節日，紀念耶穌基督在十字架受刑死後第三天復活；復活節的民俗因地而異，吃復活節彩蛋是最流行的活動，有「再生」的寓意。圖為俄國珠寶工匠用黃金珠寶為沙皇製作的彩蛋。

她認為，一旦兒子成親，他勢必變得成熟起來，再也不會不務正業了。再則，根據俄國風俗，男孩娶妻說明他已成年，所以彼得自然再不用姐姐來庇佑，他完全可以擔起沙皇重任了，這樣，彼得母子便可離開皇村成為克里姆林宮（Kremlin）的主人。於是，未滿17歲的彼得與美麗的葉芙多基婭・洛普西娜（Eudoxia Lopukhina）結婚了。可是，新婚僅一月有餘，彼得便又開始忙他的航海事業去了，把妻子一個人丟在家中。事實證明，他們夫妻的關係一直到離婚都很冷淡，雖然葉芙多基婭於1690年產下兒子小阿列克謝（Alexei Petrovich），但仍沒能挽回彼得的心。

皇村這邊，娜塔莉亞為彼得入主克里姆林宮著急；而皇宮那邊，索菲婭也在積極籌備政變事宜，她欲將彼得及其隨從一網打盡，從而加冕稱帝。1689年8月初，索菲婭召集射擊軍頭目密謀政變。8月7日，就在她發動政變前幾個小時，幾名擁護彼得的射擊軍士兵將索菲婭欲發動政變的消息透露給了彼得。彼得聞訊逃往聖三一修道院（Trinity Lavra of St. Sergius），8月9日，他的母親和妻子在普列奧布拉任斯科耶軍團和部分射擊軍軍官的保護下，也來到修道院。得知政變計畫已經洩露的索菲婭不得已向彼得伸出橄欖枝，但是知道事情真相的莫斯科軍隊內部卻開始鬆動，大部分軍人倒向了彼得一邊。就連被索菲婭派往聖三一修道院尋求和解的大主教也臨陣倒戈，留在了彼得身邊。

眼看莫斯科軍方勢力幾乎一邊倒地擁護自己，彼得趁勢寫信給伊凡，表明自己欲與兄長聯合除去索菲婭的權力。最終，索菲婭被強行押往新聖母修道院（Novodevichy Convent）成為修女，其同黨也或被流放或被處死。1689年10月6日，彼得成功入主克里姆林宮。年僅17歲的彼得，因7年類似流放的生活歷練，已成長為一個性格堅定、遇事冷靜、智慧與冷酷並存的帝王。至於伊凡，他並未廢黜這位形同虛設的「第一沙皇」，而是向國人宣稱他將視皇兄如父親。

1694年1月，娜塔莉亞去世，彼得傷心欲絕。他一個人來到普列奧布拉任斯科耶的皇村，在那裡，他一邊沉痛緬懷自己的母親，一邊向過往的軍事遊戲生活道別。從此，彼得將真正撐起俄國興國大業。

開拓海路，遊學西歐

彼得沙皇清醒地意識到俄國必須向西歐發達國家看齊，不只要學習其先進的科學文化，還要從地域上消除彼此的隔閡。若要消除這隔閡，最便捷的方式便是打通海路。

俄國雖然在東部、北部與太平洋、北冰洋（Arctic Ocean）相依，但尚貧瘠的遠東和西伯利亞大地根本不可能作為經濟中心來與他國開展貿易；遼闊的海岸線上僅開通了阿耳汗格爾斯克海港，它與國內的經濟中心及西歐國家距離遙遠，更何況每年9個月的冰凍期讓它難擔大任。這種形勢讓彼得深深感到俄國若不及時向西面的海洋發展，那麼建設世界強國純屬美夢。彼得立即想到北面的波羅的海和南面的黑海，這兩個海岸一直是俄國對西歐國家貿易往來的瓶頸。其中，黑海海岸被土耳其和韃靼汗國（Tatarstan）控制，這兩個國家一直騷擾俄國南部邊境，並且封鎖了俄國在南部的貿易線。於是，彼得決定對土耳其宣戰，用炮火打開通向黑海的大門。

1695年3月，彼得率3萬大軍向土耳其進發。5月末，俄軍兵分三路，由戈羅文（Avtonom Golovin）、戈登（Patrick Gordon）和列福爾特（Franz Lefort）指揮，直撲南方要塞亞速（Azov）。本來此次出擊為秘密行動，結果俄軍內部出現奸細，以致土耳其那邊早早做好了迎戰準備。俄軍突襲未果，將亞速包圍時卻因己方沒有海軍而無力阻擋土耳其艦隊運來的大批增援部隊。9月末，俄軍又向亞速發動進攻，雖然以彼得這個「第一炮手」為首的俄軍作戰英勇，但他發射的炮彈不但對敵方的城牆毫無損傷，反而炸響在己方的戰陣中。這樣，在軍事裝備上俄軍已遜色於土耳其人。而在軍隊的指揮上，俄軍各軍團也表現出極不統一的弊端。11月，彼得懷著第一次遠征失利的心情率軍回到莫斯科。

失敗的情緒並未影響彼得進取的決心，他迅速投入到調整軍隊指揮

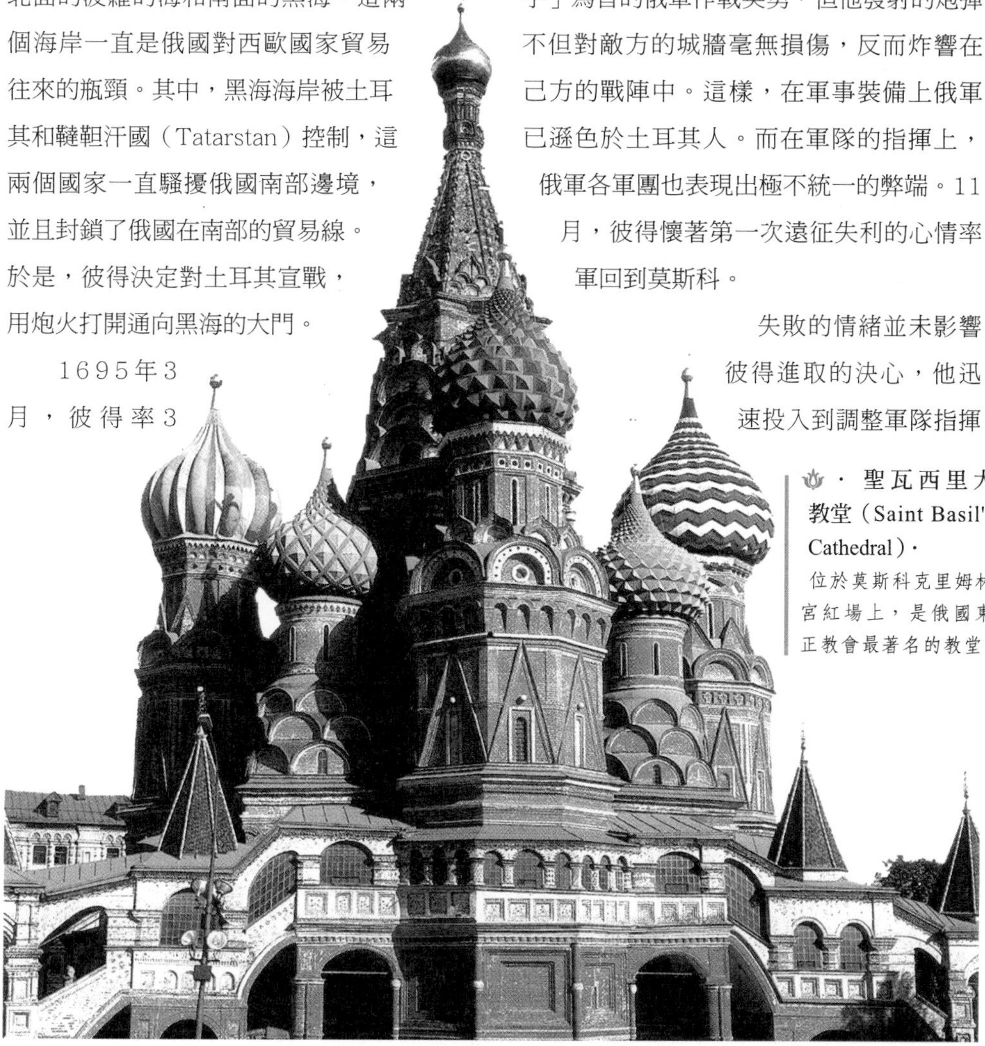

· 聖瓦西里大教堂（Saint Basil's Cathedral）·
位於莫斯科克里姆林宮紅場上，是俄國東正教會最著名的教堂。

系統的工作中。他任命阿列克謝・舍英（Aleksei Shein）為陸軍最高統帥，而將尚未建立起來的海軍交給列福爾特管理。1696年2月，彼得親往沃羅涅什（Voronezh）造船廠部署造船工作，他要創建俄國海軍。由於對此寄予了厚望，心急的彼得甚至拿起工具與工匠們一起工作。到5月份時，沃羅涅什便聚集起一支由26個艦隊組成的俄國軍隊。彼得立即再度兵發亞速城。這次，彼得的海軍在亞速海上成功攔截了欲進城的土耳其增援部隊，最終，被俄軍圍困的亞速守軍因孤立無援投降。

亞速大捷，彼得深知這距掌控整個黑海制海權還相差甚遠，他決定暫時回師首都。1696年8月，彼得親自策劃了凱旋儀式。9月，當遠征軍來到彼得預定地點時，那裡早已按彼得的意思矗立起了一道凱旋門。

安靜下來的彼得，又開始思忖怎樣守住南方的戰果，他立刻透過杜馬會議（Duma，即下議院）向亞速遷移了3000名射擊軍官兵及其家屬。接下來，彼得全身心投入到建設海軍的事業上。為了培養專業造船專家和訓練有素的海軍隊伍，彼得果斷下達諭旨：組團訪問西歐以考察先進的海軍模式，派遣留學生前往西歐國家學習先進的科學技術。當然，在動身前，這一目的又被大大擴充，彼得意在學習借鑑西歐各國在政治、經濟、軍事、文化等領域的先進模式，並且，遊說各國與俄國組建一個反土耳其聯盟。1697年3月2日，由外交官和留學生組成的俄國代表團一行二百餘人自首都北上，向瑞典的里加（Riga，現於拉脫維亞境內）前進。

・英國畫家丹尼爾・麥克里斯（Daniel Maclise）所繪《彼得大帝在船塢》，生動記錄了17世紀末，沙皇彼得大帝微服出行，學習造船知識的情景。

在里加，初出國門的彼得對一切都很好奇，他十分留意這裡的軍事設施，經常趁對方不注意偷偷觀測瑞典軍隊的軍事及市政建設設施。

1697年7月，彼得一行自德意志邦國的庫爾蘭公國（Courland）來到另一邦國布蘭登堡（Brandenburg），在那裡，他與布蘭登堡的選帝侯——腓特烈三世（Frederick III）秘密會晤。在彼得的促成下，俄國代表團與腓特烈三世進行了外交談判，結果達成的卻是反對瑞典的聯盟協定。8月，俄國代表團來到此行的目的地荷蘭。彼得從荷蘭造船業的中心城市薩爾丹趕到荷蘭首都阿姆斯特丹，在薩爾丹城，他已經先行領教了荷蘭造船業的發達。從8月末直到9月初，彼得和留學生們潛心學習造船技術。除了荷蘭首都，彼得還來到海牙，學習荷蘭海軍建制模式之外，他還四處遊覽名勝古蹟，或者到劇院欣賞芭蕾舞劇，到醫生的解剖室裡學習人體解剖等醫學知識。

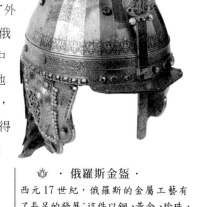

・俄羅斯金盔・
西元17世紀，俄羅斯的金屬工藝有了長足的發展；這件以鋼、黃金、珍珠、寶石製成的頭盔工藝精湛，是該時期的代表作之一。

1698年1月11日，彼得率領16名留學生乘船來到英國倫敦。一踏上英國土地，彼得便走火入魔似的不放過任何提升他造船水準的學習機會。於是，人們常常看到一個身材高大的人，有時打扮成工人，出現在造船廠，潛心學藝；有時又混在水手群中，細心觀看英國皇家海軍的軍事演習。彼得唯恐浪費分秒時間而虛了此行，所以，除了研究造船業，他還到英國皇家學會、格林威治天文台、牛津大學等地參觀。這時，他以學者自居，竟與當時的著名科學家牛頓和數學家弗哈森結交，更有甚者，他使弗哈森同意移居俄國，將其數學理論應用於航海學校的教學上。此外，彼得也接觸到英國宗教界人士，從他們那裡，他了解到英國政府如何處理政權與宗教間的關係。這時的他對俄國宗教改革方案已成竹在胸。

1698年7月15日，當彼得即將率團奔赴威尼斯時，他收到被派往亞速的射擊軍發動叛亂的消息。沙皇馬不停蹄地趕往莫斯科，中途被告知射擊軍叛亂已平定，所以他決定順道訪問波蘭。正是這次未列入計畫的拜訪，使彼得沙皇與薩克森（Saxony）的選帝侯——波蘭國王奧古斯特二世（Augustus II）締結了反對瑞典的軍事同盟，雖為兩國首腦口頭承諾，但為後來結成「北方同盟」打下了堅實基礎。鑑於西歐之行未能與任何國家建立反土耳其聯盟，彼得決定更改他的外交政策，轉而尋求與其結成反瑞典聯盟的同盟者。這樣，他決定暫時停止奪取南方出海口，而將矛頭對準了控制波羅的海海岸的瑞典。

1698年8月25日，滿載而歸的俄國代表團回到莫斯科。當中增加了許多

・1907年俄羅斯現實主義畫家謝羅夫（Valentin Serov）所繪的《彼得一世》局部圖，表現的是沙皇彼得一世親自帶領使團出訪歐洲的情景。

新面孔，那是彼得不惜重金聘請來的各領域專家，他們為俄國的改革帶來了先進的科學技術。此外，代表團還帶回大量的先進武器及科學儀器。如果說這些是有形的成果，那麼，彼得此行增長的見識則可謂最大收穫。見識了西歐資本主義如火如荼的發展情勢，彼得已燃起了對俄國大加改革的烈火，這烈火因他意識到的俄國與西歐強國的差距之大而越燒越旺，他甚至迫不及待了。但俄國的封閉守舊畢竟積習已久，新舊觀念相觸，急於求成的彼得在改革之初，便不惜採取激烈甚至是野蠻的措施，來清除擋在改革道路上的舊習與守舊分子。

鐵腕除舊，改革布新

回到莫斯科的彼得很快來到普列奧布拉任斯科耶的皇村，聞聽消息的領主們紛紛前來拜見。宴席間，彼得突然拿起大剪刀剪起了領主們的大鬍鬚。這些領主們在猝不及防的情形下馬上失去了威風八面的鬍鬚。這還不算完，沒過多久，「彼得幫」內所有人都露出了光禿禿的下巴。

對於人們的不滿，彼得不予理會，他認為改革要先從人們的外貌、思想觀念改變起，與那些高貴文雅的西歐人比起來，俄國人的大鬍子實在有礙觀瞻，而且已經成了因循守舊的象徵。彼得當然知道自己的民族有著崇拜鬍鬚的傳統，所以，他將全民剪鬍鬚作為命令頒佈全國。《剪鬚令》明確規定剪鬍鬚是所有俄國人的義務，若拒不履行該義務，則須交納保須稅。

鬍鬚沒有了，人們以為彼得可以放下剪刀了，可他們萬萬沒想到，彼得的剪刀又向他們的寬袍長袖伸過來。在一次各權貴參加的宴會上，彼得手拿剪刀挨個兒給來賓剪掉袍袖。彼得還命人把更改服裝的敕令貼滿全國的各個角落，敕令規定俄國男子統一穿著短上衣、長腿褲，戴法國式禮帽，穿長靴或皮鞋；女子則需穿裙子，戴高帽子，穿歐洲樣式的皮鞋。

剪鬍鬚換服裝之後，俄國人在外貌上與西歐人日益接近，彼得此時又做出了令保守派大跌眼鏡的事情。從西歐回來沒多久，彼得便把皇后葉芙多基婭送進了蘇茲達爾（Suzdal）的修道院，從此，昔日皇后變為葉蓮娜修女。在徹底了斷了這段母親一手安排的婚姻後，1711年3月，他娶農奴之女瑪爾塔（Marta）為皇后，並為其改名為葉卡捷琳娜・阿列克謝耶芙娜（Yekaterina Alexeyevna，亦稱「凱薩琳一世」）。

從索菲婭發動政變時起，射擊軍一直是彼得心頭隱患。於是，彼得命令

・俄國著名畫家蘇里科夫(Vasily Surikov)的《近衛軍臨刑的早晨》，反映了彼得大帝在鎮壓射擊軍兵變後，將他們在皇宮廣場上處死前的情景；圖右為親自督刑的彼得大帝，圖左是臨刑前和親人告別的人們。

將全部射擊軍叛亂分子押回莫斯科，派親信大臣連日審訊，他自己也不時出現在審訊室內。在彼得的暴怒與嚴令下，案件審理從1698年9月17日一直持續到1699年2月，最終有799人被推上絞架或斬首，而且有一半的人並未受審便送了命；射擊軍其餘人等和其家屬或遭判刑或被流放。至此，射擊軍徹底從俄國軍隊中消失。就在首都呼吸著濃郁的血腥氣味時，彼得還提審了被關在新聖母修道院的索菲婭。雖然一切努力都沒能使她遂了彼得心願——承認自己與射擊軍有關聯，但彼得還是強令她改名，不准許她步出修道院半步，而且截斷她與外界甚至是家屬的一切聯繫。

射擊軍既除，彼得又將目光轉移到教會勢力上。一直以來，俄國的東正教都有自己的封地、農奴，以及一套獨立的教會法律，主教、大主教和各地區的主教在封地內儼然一國之君。而且，教會成員魚龍混雜、思想守舊，與彼得推行新政時有矛盾產生。彼得每欲根治教會弊病，但念在教會的確給仍未開化的俄國人民以宗教信仰的寄託，所以一直沒有對其大加討伐。現在，他決定使教會徹底服從於皇權統治，剝奪其染指世俗事務的權力。

1700年12月，莫斯科大主教阿德利安（Patriarch Adrian）去世，彼得沒有同意這位保守派人士生前選定的繼承人赴任，而是委任梁贊（Ryazan）教區主教雅沃爾斯基（Stephen Yavorsky）為「聖座御前守護者」，並且將其職權限定在處理教會日常事務範圍內。1721年，彼得徹底廢除主教制，以

沙皇直接管轄的「神聖教務委員會」取而代之；同時，彼得還設立國家宗教事務局，起用支援新政的教會人士管理國家宗教事務。

改革後的教會，真正被納入皇權統治之下。這之後，彼得還以法令的形式頒佈《宗教事務管理條例》。按此條例，修道院再無買賣土地的權力，教會人士必須通過勞動來獲取薪俸，而且，他們的子女也只有在通過拉丁文測試後方能接任神職。

在將鐵腕對準舊勢力的同時，彼得亦掀起了從中央到地方的全國政治體制改革。1699年，彼得設立「近臣衙門」，其成員皆為彼得親信，他們將原本由貴族杜馬掌管的國家大事接手過來，從而使貴族杜馬有名無權。彼得對貴族杜馬仍不放心，他隨後又設參政院，其下設12個院，分管國家各領域大事；彼得和他的參政院成為了貴族杜馬的終結者。為確保新體制運行萬無一失，彼得在參政院建立監察署，專門負責監督12院的工作進展以及各級官吏的能力及作風。

中央的政治體制改革完成後，彼得下令在全國重新劃分行政區，分為11個省，由沙皇直接任命的各省總督為最高長官，集全省司法、行政和軍事大權於一身，直接向沙皇彙報工作。彼得同樣在總督們身邊安插了「監視器」—— 參議會。省以下是州，全國共有50個州。除這兩種行政區外，彼得

・克里姆林宮和紅場夜景・

還在外省設立地方自治署，由市民和商人代表組成，負責當地的稅收及維持治安等工作。

與新體制相配套的人才選拔也頗具新意。彼得親自擬訂《官秩表》，確定宮廷、民政、軍事三類官吏，三類中各自又從上到下分出14個等級，各級官員無論出身貴賤均唯才是用。這樣，彼得新法便打破了過去的貴族世襲制，而且將一大批新式人才聚集到自己身邊。幾年下來，從中央到地方，彼得建立起沙皇專制統治、各級官吏職權分明有序的新式政治體制。

> **彼得大帝的監察署**
>
> 監察署直接對沙皇負責，堪稱沙皇安裝在參政院的監視器。有一次，彼得被告知他一手提拔的諾夫哥羅德（Novgorod）省首席法官收受賄賂，他便問其原因。那位法官說是因為自己的薪俸不夠養家，萬般無奈才犯下瀆職罪，彼得問他需要多少薪水才夠養活家人，並且立即滿足了其要求。同時，彼得鄭重警告他不得再犯錯誤，否則定當不饒。此事看出了彼得改革中循循善誘的一面。可惜的是，這位法官後來又犯了罪，終送了性命。

1699年12月，在即將除舊迎新的歲末，彼得敕令全國，採用西歐國家通用的「儒略曆」（Julian calendar），也即新的一年將從「耶穌降生之日」的1月1日算起，而不再是過去的9月1日起。更改曆法之舉，開啟了俄國與西歐各國交流的新紀元。

北方大戰（Great Northern War）

1699年11月，俄國與丹麥和薩克森建立「北方同盟」，三國炮口一致對準瑞典國王查理十二世（Charles XII）。1700年，西班牙國王查理二世無嗣而終，西歐列強對西班牙王國在歐洲內外的遼闊疆域垂涎三尺，西班牙國內的王位繼承戰也是一觸即發。經彼得大帝改革後的俄國正是血氣方剛之時，這一西歐列強無暇東顧的大好時機，彼得怎能輕易放過。8月，俄國與土耳其簽訂了和約，俄國至此可以放心大膽地進行爭奪波羅的海出海口的北方戰爭。

1700年8月30日，俄國正式對瑞典宣戰，沙皇彼得身兼普列奧布拉任斯科耶軍團的炮兵上尉及軍隊實際統帥的職位。當俄國先遣部隊於9月23日兵臨納爾瓦（Narva）城下時，彼得獲悉瑞典國王查理十二世已先行拿下丹麥。11月19日，彼得軍隊與年僅18歲的查理十二世的軍隊在納爾瓦開戰。一經實戰，雙方軍隊戰鬥能力的差距即顯露無遺，俄軍在人數上雖然占有明顯優勢，但其缺乏實戰經驗且多為新兵，碰到久經沙場、訓練有素的瑞典正規軍，很快便潰不成軍。納爾瓦一戰俄軍大敗，傷亡7000多人，被瑞典人繳獲大量兵器。

彼得並未就此一蹶不振，而是愈挫愈勇。他意識到必須儘快解決財政赤字、補充軍費和進一步加強軍隊改革。

為了彌補納爾瓦一戰損失的槍炮，彼得甚至命人將教堂中的銅鐘搬來以鑄銅炮，他又從國庫中抽取大量資金建立兵工廠。很快，當一門門大炮亮相於沙皇面前時，他那因奔忙而佈滿血絲的眼睛重又煥發神采。

雖然彼得這段時間忙著完善軍隊建設，但他並沒有疏忽與盟國的聯繫，而且查理十二世怎會留給彼得這麼長時間縫合戰爭傷口。與彼得會晤後，波蘭國王奧古斯特二世一直與瑞典軍隊糾纏，他也得到了彼得在金錢、物資與兵力上的支持，但他根本不是查理十二世的對手。1701年，里加城一戰波蘭軍失利，次年，波蘭首都華沙被查理十二世攻破。

就在波蘭軍隊吸引住查理十二世的炮口時，重整旗鼓的俄軍開始出擊，並於1703年5月贏得涅瓦（Neva）河口的寧尚茨堡海戰的勝利。這之後，整個涅瓦河流域都被俄軍收入囊中。為防止到嘴的肥肉被瑞典人搶走，彼得嚴令俄軍加強涅瓦河口的防禦工事，並決定在此修建一處城堡，以將這一地區徹底納入俄國版圖。城堡於5月16日正式動工，其名稱定為聖彼得堡（Saint Petersburg）。

當門希柯夫（Aleksandr Danilovich Menshikov）接受彼得親命的聖彼得

・宏偉、華麗的冬宮（Winter Palace）廣場・

冬宮廣場位於俄羅斯第二大城市聖彼得堡，昔日是沙皇的皇宮，現在是艾米塔吉博物館（Hermitage Museum），為18世紀中期巴洛克建築中的傑出典範。

堡省省督一職時，俄國人正在這樣一個四處泥濘、變幻莫測的涅瓦河地區辛苦工作，誰也沒想到這個建設中的城堡將成為他們的新首都；與他們一樣，彼得當時從專為他搭建的簡陋木屋「彼得小舍」的視窗望出去時，他也只是憧憬著不久的將來這裡變成與阿姆斯特丹比肩的海港城市，因為他也是到了1704年秋天，才萌生了遷都於此的念頭。

彼得親自參與聖彼得堡的城市規劃，經常與工人們一起工作，尤其在他有了遷都的想法後，他越覺得以莫斯科作為舊勢力的陣營，在許多方面已是積重難返，是時候徹底跟過去作別了。當然，彼得也看到了聖彼得堡的優勢：它與西歐隔波羅的海相望，極大便捷了俄國與西歐各國在經濟、文化等領域的交流，而且，它本身也是天然軍港。權衡之下，聖彼得堡在彼得眼中儼然天堂。所以，聖彼得堡工程的最後一批工人前腳剛走，彼得便連哄帶騙地讓那些王室貴族、親信大臣先行搬至聖彼得堡，之後從1711年到1714年，他親自制定搬遷戶名單，派人按名單催促莫斯科的部分貴族、商戶等按期限遷移至聖彼得堡，不得有誤。

·彼得大帝青銅騎像·

當然，遷都聖彼得堡並不是短期內可以完成的。就目前而言，彼得甚為擔心瑞典軍隊對聖彼得堡及其周圍的俄軍占領區用兵，所以，1704年，他率軍接連攻克了波羅茨克、尤利耶夫、納爾瓦等地區。其中的納爾瓦會戰中，彼得聽從門希柯夫的建議，令一支俄軍士兵穿上瑞典軍隊制服，佯裝納爾瓦的增援部隊以引誘納爾瓦守軍出城。為將戲演得真實，彼得還親自指揮俄軍與那支冒牌「瑞典」軍隊作戰。轟隆隆的炮聲終於使納爾瓦守軍出城接應增援部隊，結果被俄軍一舉殲滅。第二次納爾瓦戰役以彼得大勝告終。就在俄軍歡呼勝利之時，他們真正奪取了俄國通向西歐的波羅的海出海口，彼得實現了在西北的軍事目的。

在俄軍那裡栽了跟頭的查理十二世把復仇之劍對準了膽敢冒犯他的奧古斯特二世。1706年7月，查理十二世將炮口對準波蘭。瑞典大炮在波蘭首都炸響時，震落了奧古斯特二世的波蘭王冠，這位俄國盟友為保住他的薩克森王冠，向瑞典人揮舞白旗。就這樣，彼得失去了北方同盟的最後一位盟友。再無腹背受敵之患的瑞典國王及其部下，充分享受著薩克森的美酒佳餚，他隨時可能兵發俄國。

•1709 年 7 月，波爾塔瓦戰役後，瑞典士兵向俄國沙皇彼得大帝繳械。

彼得已感覺到硝煙氣息，但他仍試圖通過外交途徑來和平解決兩國爭端。於是，他遣使赴丹麥、普魯士、法國和英國等國家，希望這些國家能出面從中斡旋，以達到俄國與瑞典簽訂和約的目的。但各國都不想趟這渾水，無奈，彼得只得迎接1707年8月遠道而來的瑞典軍隊和他們的槍炮。

面對這樣一支歐洲勁旅，彼得決定不與其硬碰硬，而是採取堅壁清野、避實擊虛的戰術，令小部隊不時出現在瑞典大軍前，拖動其疲於追趕俄軍；同時，俄軍一路燒毀莊稼糧食，不留任何牲畜等可食用之物，還在沿途設下許多鹿砦。

就在彼得對付查理十二世的大舉入侵時，1708年4月8日，突然傳來後院起火的消息，頓河（Don）起義死灰復燃。頓河流域本是哥薩克人（Cossacks）聚居區，這裡實行自治，沒有農奴制，從而吸引了大批逃避苛捐雜稅的俄國農民至此。自從俄軍占領亞速後，頓河流域劃歸俄國中央政府管轄，自此便不斷受到各種政策壓制，而且還被命令交出逃亡至此的農奴。頓河人自古便有不出賣自家地盤內的任何人的傳統，再加上逃亡農奴給當地哥薩克富戶帶來大量廉價勞動力，而那些農奴更是不肯再跳回火坑受罪。在這種情勢下，頓河百姓曾於1707年7月起義，但於11月被鎮壓下去。誰知，就在這對抗外敵入侵的緊急關頭，頓河起義再次爆發。

彼得命令部下對起義者「斬盡殺絕，或車裂，或是釘在尖樁上」，將「參加起義的城鄉一律夷為平地，要燒得片瓦無存」。即便如此，這場起義仍持續了兩年多，終因起義隊伍組織不夠嚴密而被消滅。

此時的查理十二世也疲於尋找與俄軍決戰的機會，不知不覺間已是1709年4月，瑞典軍隊來到波爾塔瓦城下。查理十二世到這時還是壓根兒看不起俄軍，他甚至放言說城中俄軍一聽到瑞軍炮聲便會獻城投降。但不管怎樣，他這次還真等到了與彼得決一雌雄的機會。彼得一方面命令波爾塔瓦守軍務必不惜一切代價守住城池，一方面積極部署作戰方案。他先派出門希柯夫率軍撲向奧波什尼亞，以牽引查理十二世派兵馳援，然後俄軍大部隊趁瑞軍精力分散之時進駐沃爾斯克拉（Vorskla）河畔，以為波爾塔瓦（Poltava）守軍補充糧草彈藥。

彼得之計果然奏效。1709年6月20日，彼得率軍渡過沃爾斯克拉河。決戰在即，彼得走到佇列前面進行一度被後人奉為經典的戰前演說：「此刻俄國的生死存亡繫於你們手中，你們並非為彼得而戰，而是為這個國家而戰……你們應該了解彼得，只要託付於他的這個國家能永世長存，能國富民強，那麼他完全可以將其生命置之度外。」

1709年6月27日淩晨，瑞軍偷襲俄軍大營。門希柯夫早已等候多時，他率軍截擊敵軍騎兵。得手後，門希柯夫按原定計劃撤退。這讓查理十二世誤以為俄軍因畏懼而退卻，於是他命令瑞軍追擊俄軍，直到他們毫無遮攔地出現在俄軍霰彈炮射程內。這樣，一部分瑞典人死於俄軍炮口下。彼得見決戰時刻來臨，遂發起總攻命令。彼得帶頭衝鋒陷陣，連毯帽被子彈擊穿也不去理會。與俄軍如泄閘洪水般的進攻相比，已甚為疲憊的瑞典軍隊漸漸招架不住，最終潰敗。彼得指揮軍隊乘勝追擊，除查理十二世率幾百人逃往土耳其外，其餘瑞典軍隊或陳屍波爾塔瓦城下，或逃亡路上，或被生擒活捉。

伴隨戰場勝利而來的是彼得在外交上的成功。北方同盟各國再續前緣，

•18世紀中葉油畫中的俄國聖彼得堡；涅瓦河左岸為冬宮，右岸為科學院。彼得大帝於1703年開始修建聖彼得堡，徵召了無數勞工，幾萬人在修建中死去。為了充實新首都的人口，還把本不願來的貴族和其家庭成員全都遷來，使其定居於此。

且奧古斯特二世又把波蘭加進來。之後，彼得又與普魯士國王會晤並簽訂了聯合防禦協定。波爾塔瓦會戰的勝利使西歐各國再不敢小覷俄國。

接下來，彼得指揮軍隊占領了包括里加、雷瓦爾（Reval，現在的Tallinn）、維堡（Vyborg）等在內的不少地區。另一邊，查理十二世也終於說服土耳其蘇丹對俄宣戰。1713年，因被圍困而有被俘危險的彼得與土耳其簽訂《普魯特和約》（Treaty of the Pruth）。1718年，查理十二世死於和挪威軍隊的戰鬥中，自此，俄國與瑞典兩國邊作戰邊和談。最終，兵力再難與俄國相抗衡的瑞典政府終於妥協，於1721年9月與俄國簽訂《尼斯塔德條約》（Treaty of Nystad），北方大戰至此硝煙散盡。和約使俄國徹底占有了在兩國戰爭中攻克的土地，自此，俄國人通過波羅的海頻繁與西歐各國進行貿易往來、文化交流。正是沙皇彼得，使得俄國稱霸波羅的海，躋身於歐洲強國之林，從此被稱為俄國帝國。

過往200多年來歷任沙皇夢寐以求的事情一朝成真。這樣的功勳將彼得推向榮譽的巔峰，他被元老院授予全俄國皇帝彼得大帝的稱號，彼得大帝成為俄國帝國之父。

宵旰圖治

1712年8月，彼得曾給他的皇后葉卡捷琳娜寫信道：「托上帝的福，我身體很好，但總是感到生活不便，因為你知道，我左手不夠靈活，所以我只能用右手同時拿劍和筆。」彼得信中的「劍」和「筆」就精準地概括了他在軍事與治國方面的繁重事務。

彼得一直盼望戰爭早些結束，因為相對於戰爭他更喜歡透過政治手段來達到某種目的，而且，他無時無刻不在掛念著經濟、文化等領域的徹底改革。可是，眼下戰事頻仍，使他不能全心投入到改革事業中。儘管如此，馳騁疆場的彼得還是沒有停止改革之事，他經常穿梭於戰場與莫斯科、彼得堡、沃羅涅什造船廠和其他地方。他還不停地執筆寫下各種敕令、外交文件，以及法律條例等。他為國家日夜操勞，要求屬下也要兢兢業業。

彼得力圖做到事必躬親，以致於他本來健壯的身體開始遭到病魔的侵襲，而北方大戰硝煙遲遲不散，所以，他只得在戰爭間隙來進行經濟、文化、政治等領域的改革。

彼得一邊繼續加大國內工業生產規模，建立工業生產體系，一邊帶頭在國內大興節儉之風。一次，海軍上將阿普拉克辛（Fyodor Apraksin）看到彼得贈給外國使節和皇親們的禮物實在微薄，便走到彼得跟前說：「陛下的禮物令我們這些大臣都覺得臉上無光。」彼得立即駁斥道：「你認為我很小氣嗎？

我這樣做是有原因的，第一，只有減少需要才能真正破除陋習，我就是要先做出個榜樣來；第二，我的收入並不比你們多，花錢的地方也不比你們少，理智告訴我必須慎重花錢。」彼得言出必行，他對自己的生活毫不講究，一天三餐並不比大臣們的豐盛，只是麵包、牛肉、火腿、白菜湯和稀飯等再普通不過的食物。他無暇顧及自己的身體，狂熱地採取各種措施，欲在短期內使俄國成為經濟發達的國家，甚至不惜讓造幣廠日夜生產貨幣，雖然這樣做從長遠來看的確對國家發展不利，但是彼得眼裡只有國家的迅速崛起。

在發展國家工業的同時，彼得還推出多項發展商貿的政策。他令大量農奴開鑿運河，修建通商口岸；限制進口而加大出口量；與西歐國家簽訂貿易協定；大力發展聖彼得堡的對外貿易，將國家大的貿易公司遷往聖彼得堡。此外，為了增加國庫收入，他還向貴族、領主們出售某些產品的專賣權，以從中收取高額的賦稅。與此相類似，彼得還在很多方面立了不少稅收名目，並且以法令的形式保護商人不受貴族、領主們的侵犯。雖然這些措施造成了一些負面影響，但俄國經濟確實在短期內達到了一定高度。

彼得還注重科技興農。在俄國這個農業大國，彼得獎勵東部墾荒，在黑海和頓河地區廣置農場，引進國外優良畜種，發展養殖業。彼得還改進生產工具，極大地提高了農業生產效率。

經濟上去了，彼得繼續他在文化領域的改革。為普及文化教育，彼得一方面在全國創辦新式學校，另一方面親自參與改進俄文字體的工作。俄國一直通用的是教會式的斯拉夫字體，這種字體筆劃多、發音難，不利於大眾傳播。

1710年，彼得下令全國採用新式字體，這種簡潔的字體帶動了俄國出版業及印刷業的發展，俄國人不再總是面對單一的宗教類書籍，他們隨時可讀到多學科書籍，包括那些翻譯過來的外國出版物。彼得十分關心外版書的翻譯工作，他經常告誡那些翻譯者要使用意譯，翻譯者務必先讀懂原著，領悟其內涵，然後將其用俄語清晰流暢地敘述出來。彼得還拿出自己校訂的農耕類譯文，告訴翻譯人員他如何將譯文去蕪存菁，刪去多餘段落以避免「浪費讀書人的時間」。

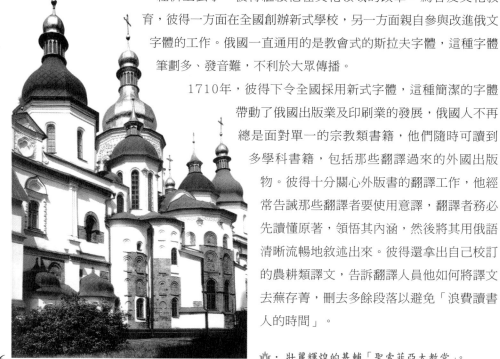

・壯麗輝煌的基輔「聖索菲亞大教堂」。

為使全俄國洋溢起濃郁的文化氛圍，彼得下令在各地廣建博物館、圖書館、專業研究機構等文化組織，還花重金從國外買進各類文物增加博物館館藏。他創辦的俄國科學院，更是集結了全國頂尖的科學人才。為使聖彼得堡不負新首都的威名，彼得在聖彼得堡建立起全俄最大的圖書館，其館藏可與西歐同類圖書館相媲美。

·16世紀時俄羅斯鑄造的大炮，重40噸，長5.38公尺，口徑89公分，號稱「炮王」；現存放在克里姆林宮。

在此期間，彼得還撰寫歷史著作《北方大戰史》，本就為國事宵衣旰食的他，當真把自己忙得毫無喘息之機了。不過，就在1717年冬天的大雪覆蓋上俄國大地時，彼得坐上雪橇前往闊別已八年之久的莫斯科，他的歸來，使長子阿列克謝面臨著末日裁決。

長子之死

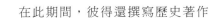

1718年2月3日，彼得在莫斯科克里姆林宮召見了逃亡歸來的長子小阿列克謝。就在群臣、將軍們聚集的大廳內，小阿列克謝跪在彼得面前，乞求父親饒他一命。彼得扶起小阿列克謝，答應了他的請求，但卻宣佈他已沒有繼承皇位的資格。

小阿列克謝生於1690年2月18日，他的母親便是前皇后葉芙多基婭。由於彼得對葉芙多基婭的冷落，以及他多年來戎馬倥傯，勤於政務，對小阿列克謝一直少有照顧，因此小阿列克謝從小便在感情上和他的這位威嚴的父親有所疏離。

小阿列克謝的早年教育，有點糟糕。雖然天資不錯，但他實在是太貪玩，最終學無所成。後來，小阿列克謝去國外留學三年，回國後，被彼得叫去詢問學習情況。他自知無法交差，並且害怕父親讓他當場繪製圖紙，竟然開槍打傷了自己的右手，由此才躲過考試。

除了熱衷於玩樂，小阿列克謝還積極參加「阿列克謝幫」的活動。所謂「阿列克謝幫」就是由舊貴族、落魄官員，以及一些反對彼得新政的人組成的小團體，他們聚攏到他身邊來，期望有朝一日小阿列克謝登基廢除新法、恢復舊制。這些人藉助小阿列克謝對彼得的怨恨，終日教唆他與彼得作對。日復一日，在「阿列克謝幫」的薰陶下，成年的小阿列克謝竟然變成了一個酗酒成性的人，與彼得的關係更是僵化到了極點。

雖然彼得對小阿列克謝的放浪形骸頗為不滿，但他仍希望兒子在國家大事方面好好鍛鍊一下，以便為日後做沙皇奠定基礎。1707年，瑞典軍隊大舉進犯俄國，彼得派小阿列克謝為前線輸送糧草。雖然前線戰事吃緊，但他卻依舊吃喝玩樂，對父親交待的事情置若罔聞，以致最後貽誤軍情。彼得對兒子的這種做法實在忍無可忍，他立即寫信痛斥小阿列克謝，並對其表示失望。

1716年11月10日，小阿列克謝逃到奧地利首都維也納，直到1718年1月31日才回到莫斯科。當彼得得知是「阿列克謝幫」唆使兒子出逃時，非常生氣，立即下令將這些人逮捕。小阿列克謝親眼目睹了手下親信被處死的慘狀，內心十分恐懼，於是他開始編造謊言誣陷旁人。可是，在大量的事實面前，終於供認出自己的叛國罪行。直到這時，彼得才恍然大悟，原來自己的親生兒子竟然是個叛徒，他逃亡的目的是為了謀反。彼得怒不可遏，在他的授意下，一個審判小阿列克謝的法庭成立了。1718年6月24日，法庭宣判小阿列克謝死刑。可是，還沒有等到劊子手動手，就因為肉體和精神上的雙重折磨，死了。

小阿列克謝的死給彼得帶來了沉重的打擊，可是禍不單行，1719年，他與葉卡捷琳娜年僅4歲的兒子小彼得也不幸夭折。這接連的打擊讓彼得鬱鬱寡歡，原本就因操勞國事而疲憊不堪的身體再也撐不住了。終於，彼得又

・阿列克謝主張恢復舊制度，反對彼得大帝的改革，此舉惹怒彼得大帝（右），圖為正在審問兒子阿列克謝（左），由俄國畫家尼可拉・蓋伊（Nikolai Ge）所繪。

病倒了。

・彼得一世銅像・

巨人長逝

彼得將自己關在房中，三天不吃不喝，等他走到群臣中間時，大家發覺沙皇已不再神采煥發，而是動不動就大發雷霆。

確立皇位繼承人是彼得的心病。1722年，他強制推行王位繼承法，宣佈從此以後長子不再是王位的當然繼承人，沙皇有權指定王儲，而且，一經發現王儲不堪重任可立即取消其繼承權。當彼得環視他的女兒和孫子時，他並沒有找到合適的王位繼承人。兩個女兒一個已與霍斯丁（Holstein）公爵訂婚，一個尚未成年；孫子更是讓彼得舉棋不定，雖然他剛剛9歲，但天資聰穎，很討彼得喜歡，但彼得總擔心他長大後會和他的父親一樣。

彼得決定親自為葉卡捷琳娜舉行女皇的加冕儀式。彼得對這位皇后一直恩寵有加，這不僅因為她能及時化解彼得的憤怒，還因為她能將彼得的親信視為自己的親信，這讓彼得堅信，如果皇后成為國家的統治者，那麼她一定能繼續貫徹他的改革政策。1724年3月，彼得親自為葉卡捷琳娜戴上王冠，他宣佈葉卡捷琳娜女皇自此有權獨立進行政務活動。

隆重的加冕典禮令彼得的身體有些吃不消，儘管如此，他仍然於1724年6月前往梅勒的烏果德工廠。在那裡，他打鐵，並用賺到的工錢買了一雙鞋。同時，他在那裡發現了一種對他的身體很有好處的礦泉水。1724年10月前，彼得一直拖著病體四處巡查工作、出席活動典禮。可進入10月，彼得再也經受不住病毒的攻勢，不得不與病榻為伴了。

彼得預感自己將不久於人世，便急忙擬定給維圖斯・白令（Vitus Bering）的敕令，任命他為遠東地區勘察加半島（Kamchatka Peninsula）考察隊隊長，並為俄國在遠東地區的擴張提供建議。關於具體的擴張指示，彼得隨後召見海軍上將阿普拉克辛時說：「病痛使我不能到處走動，終日待在家裡，心一靜倒使我想起了很早以前的一個心願，那就是開發一條穿過冰海到中國和印度去的道路。」

1725年1月28日，在與病魔抗爭了數日後，俄國歷史上最偉大的君主彼得大帝在痛苦中與世長辭。3月8日，在聖彼得堡的彼得保羅大教堂（Peter and Paul Cathedral），俄國人民為彼得舉行了盛大的葬禮。從此，一代巨人長眠在涅瓦河畔他一手建立起來的「天堂」裡。

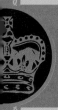

「開明君主」

——凱薩琳大帝（Catherine the Great）

「要是我能活到200歲，整個歐洲都將匍匐在我的腳下！」是誰有這等霸氣，敢說出如此豪言？她就是俄國女皇葉卡捷琳娜二世（Yekaterina II，又稱「凱薩琳二世」）。她帶領俄國三分波蘭、兩侵土耳其、奪取黑海霸權、開疆拓土，使俄國躋身歐洲強國之列，也就此改變了歐洲格局和版圖分布。她不僅政績卓著，頗具傳奇色彩的情史也一直爲人們津津樂道。她還曾是自由、平等、博愛的啓蒙思想推崇者，因將啓蒙思想作爲治國武器而獲「開明君主」的殊榮，但掌權之後卻成爲維護特權階層利益的「貴族女皇」，因此，她又被稱爲最虛僞的「開明君主」。

多舛命途下的宏願

1729年5月2日，索菲婭・腓特烈・奧古斯特（Sophie Friederike Auguste）出生在德國安哈爾特—策布斯特公國（Anhalt-Zerbst）的沒落親王，克里斯提昂・奧古斯特（Christian August）的家中。4歲那年，索菲婭跟隨父母出席普魯士國王腓特烈一世（Frederick I of Prussia）舉辦的宴會，母親喬安娜（Johanna Elisabeth）把她帶到國王面前令她親吻國王的袍服。誰也沒料到，小小年紀的索菲婭竟拒絕了這一宮廷慣例，還不卑不亢地大聲說：「我怎麼能摸得到他那麼短的衣服。」索菲婭的倔強顯露無遺。正是從這件事起，喬安娜開始重新審視自

・俄羅斯國花，向日葵・

己的女兒，女兒的倔強讓她深為苦惱，因為她認為女孩子的未來完全取決於「是否能有一門好親事」，而要獲得好姻緣則必須具備溫順的性格。於是，喬安娜開始更加嚴厲，甚至是粗暴地管教女兒。

索菲婭非常喜歡她的法國老師，學習法語和法國文學時簡直如醉如痴。她時而享受著高乃依（Pierre Corneille）的悲劇、莫里哀（Moliére）的喜劇、拉封丹（Jean de La Fontaine）的寓言詩，時而又痛快淋漓地與老師流利地大講法語，這為她後來與法國啟蒙主義大師伏爾泰（Voltaire）、狄德羅（Denis Diderot）等人的交流打下了堅固基礎。

雖然親王一家並不富裕，但喬安娜很喜歡交際，於是索菲婭得以跟隨家人一起周遊四方。在這期間，她認識到原來自己的血管裡流淌的不只是德國人的血液，更有著高高在上的瑞典親王的血液。這血統的延伸，讓她見識了歐洲各皇室間錯綜複雜的家譜和維繫它的姻親關係，更意識到自己的婚姻將如這等高貴姻親一樣，自己也將是統治人民的人選。

1739年，索菲婭與家人參加了她母親的表兄弟舉行的宴會。在這裡，10歲的索菲婭與11歲的彼得・烏爾里希（Peter Ulrich）相遇。這個彼得雖然其貌不揚，但他卻是俄國王位或者瑞典王位的最大可能繼承人，他是彼得大帝的外孫，也是後來的俄國女皇伊莉莎白一世（Elizaveta Petrovna）的親外甥、霍斯丁─哥道普公爵（Duke of Holstein-Gottorp）查理・腓特烈（Charles Frederick）的兒子。這樣高貴的出身足以令其有礙觀瞻的外貌大放異彩，有多少名門之女等著與他攀親！所以，當喬安娜看到女兒與彼得牽手交談時，她簡直激動得要暈倒了。但喬安娜還有一個遺憾，她那風流倜儻的哥哥曾與伊莉莎白定親，若不是因為哥哥死於天花，那麼，這兩家早已結成親家了。儘管如此，喬安娜還是從女兒身上看到了希望，尤其當一位精於手相的神父，從索菲婭手上看到了三頂王冠時，喬安娜和女兒的心更是一刻也不曾離開那遙遠的俄羅斯宮廷。

・凱薩琳大帝・

- **｜姓名｜**：索菲婭・腓特烈・奧古斯特
- **｜生年｜**：1729年
- **｜卒年｜**：1796年
- **｜在位｜**：1762年～1796年
- **｜父親｜**：克里斯提昂・奧古斯特
- **｜母親｜**：喬安娜・伊莉莎白
- **｜繼位人｜**：保羅一世
- **｜主要政績｜**：使國際格局和國家版圖發生重大變化，為俄國的現代化打開大門。

一波三折的大公夫人之路

1741年12月6日，俄羅斯宮廷傳來消息：彼得大帝的小女兒伊莉莎白發動宮廷政變，成為了俄國女皇。這種情形在俄國已是家常便飯，但對於遠在德國的喬安娜母女卻是十足的福音。緊隨其後的是1742年1月女皇把彼得・

烏爾里希接到聖彼德堡的大好消息，女皇同時把彼得立為皇位繼承人。

1744年1月的一天，正在進餐的喬安娜接到了來自俄國女皇的信件，在她顫抖著雙手打開信件不久，母女兩人便坐上馬車奔馳在了東歐平原的驛道上。

到了聖彼德堡，母女倆受到女皇極盡奢華的接待，但索菲婭一下便發現了除她之外還有其他的太子妃候選人，特別是那個波蘭國王的女兒薩克森公主，她的美貌在所有人裡堪稱第一。很快，索菲婭便摸清了薩克森公主的來歷，原來，她的後台便是俄國宮廷的當權人物貝斯杜捷夫（Alexey Bestuzhev）。貝斯杜捷夫是個徹頭徹尾的「親英奧派」，他竭力勸說女皇與波蘭國王結親，這樣就能與波蘭、英國和奧地利締結反普魯士和法國的同盟，得以使俄國稱雄歐洲。與「親英奧派」相對立，俄國宮廷內還有一個「親普法派」，主張俄國與普魯士和法國結成聯盟，其領袖便是彼得・烏爾里希大公宮廷的最高統帥布魯默爾，也正是他使索菲婭有機會得到太子妃寶座。

洞悉了此次政治婚姻的內幕，索菲婭開始積極尋找自己相貌以外的制勝法寶。很快，她便從彼得身上有了重大發現。彼得自小在德國長大，即便現在作為俄國皇儲，他仍然鄙視落後且愚昧的俄國人。他堅決不學俄語，時常在人前炫耀他的德國氣焰，這大大傷害了俄國人的民族感情。看到這些，索菲婭立即苦學俄語和東正教教義，而且宣佈自己的宗教信仰由路德教改為東正教。

在俄語和東正教教義老師的眼裡，她可不是個一般勤奮的學生，而且領悟力極強。她經常半夜起床，赤腳僅穿內衣背誦俄語單詞，結果還感冒了。喬安娜怕此事影響到女兒的選妃大事，便嚴令不得洩漏絲毫生病的事情。就這樣，索菲婭的病情惡化成了急性肺炎，致使她昏厥在地。這下可不得了，「親英奧派」立即在女皇面前煽風點火，而「親普法派」亦不甘示弱。這時候，伊莉莎白女皇站出來宣佈：無論如何，薩克森公主都不會成為她的太子妃。同時，女皇安排醫生為索菲婭實施放血治療。可憐的索菲婭在27天內被放血16次，但她一聲不吭，異常堅強，這給一直在身邊守護她放血的女皇留下了深刻印象。

可索菲婭的病情一直不見好轉，喬安娜便提議請一位路德教牧師來為女兒祈禱。當女兒的確說她「寧願聽西蒙・肖多斯基來說東正教教義」，這事讓女皇及所有知情的俄羅斯人深為感動。就在聆聽東正教教義的過程中，索菲婭一天天康復起來，她成功地博得了女皇和權貴們的喜愛和支持。

1744年6月28日，伊莉莎白女皇親自為索菲婭舉行了受洗東正

・俄羅斯民族眾多，各民族在服飾上各有特點。俄羅斯男子多穿西服、戴禮帽。女子多穿連衣裙、高跟鞋，冬季戴呢帽或皮帽，穿高筒靴。

・18 世紀後期莫斯科街景・　圖中左側是聖母升天大教堂，建於 1475 年至 1479 年，它雅致的拱形結構上有 5 個金色圓頂；右側是高聳的伊凡大帝鐘塔（Ivan the Great Bell Tower），建於 16 世紀而毀於 1812 年，後修復。

教的儀式。至於改東正教教名一事，索菲婭對女皇說一切請女皇做主，這讓伊莉莎白一世頗為受用，因為她不想自己的太子妃仍然沿用索菲婭的名字，那樣會使女皇想起曾經與自己父親爭權的姑姑。最後，女皇為索菲婭起名為葉卡捷琳娜・阿列克謝耶芙娜（Yekaterina Alekseyevna）；翌日，俄羅斯的權貴們又參加了彼得大公與葉卡捷琳娜的訂婚儀式。1745年8月21日，葉卡捷琳娜終於正式成為大公夫人。

童貞八載忍辱負重

葉卡捷琳娜大婚之後，喬安娜回德國了，16歲的大公夫人不得不獨自面對接下來的生活，但她越來越發覺那並不是她想像中的生活。17歲的彼得仍像孩子一樣玩他的玩具，在走廊上大玩軍事遊戲，還經常喝醉。他們從未有過正常的夫妻生活。

由於無力改變現狀，葉卡捷琳娜將精力轉移到讀書上，對法國啟蒙思想大師們表現了日益加深的欽佩，而且決定日後有機會一定將這一思想引入俄國。轉眼間，葉卡捷琳娜已經在俄國宮廷住了8年，同時也做了8年的童貞夫

・凱薩琳二世和丈夫彼得三世。

人。這時，風流英俊的宮廷侍衛謝爾蓋・薩爾蒂科夫（Serge Saltykov）走進了她的生活，並且讓她有了身孕。這讓葉卡捷琳娜在初享男女之歡的激動之餘，又深為擔憂起來，因為彼得不能生育的缺陷盡人皆知。謝爾蓋不愧為情場老手，他靈機一動，竟說服女皇為彼得做了外科手術，使彼得成為一個正常的男人。躲過了一劫的葉卡捷琳娜又在情人的安排下，與貝斯杜捷夫暗地裡走動起來，這位重臣甚至早早為大公夫人制定起了日後政變奪權的計畫。

1754年9月20日，大公夫人生下兒子保羅・彼得洛維奇（Paul Petrovich）。女皇高興得無以復加，大賞葉卡捷琳娜後便不再注意她了。偏偏這時候，謝爾蓋也與大公夫人分手。葉卡捷琳娜只覺得自己如行屍走肉般地過活，但她旋即身陷政治危境。

俄羅斯人的忌諱與迷信

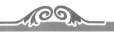

俄羅斯人有很多忌諱，與迷信連在一起則顯得異常詭秘。他們特別忌諱「13」這個數字，認為它是凶險和死亡的象徵。有些俄羅斯人認為，鏡子是神聖的物品，鏡子裡的影像是本人靈魂的化身，打碎鏡子意味著靈魂的毀滅，個人生活中將出現疾病、災難等種種不幸。俄羅斯人通常認為馬能驅邪，會給人帶來好運氣，農民一向喜歡在屋脊上釘一個馬頭形木雕飾物，保佑四季平安。

陸軍統帥阿普拉克辛（Stepan Fyodorovich Apraksin）在1758年對普魯士作戰時臨陣脫逃，俄國人懷疑他與普魯士人串通賣國。阿普拉克辛和其靠山貝斯杜捷夫一併被捕，而這兩人又恰恰是葉卡捷琳娜的支持者，他們之間的密信被反對派送到了女皇那裡。這下，葉卡捷琳娜就面臨著被流放、逐出國境或受囹圄之災。危境之下，葉卡捷琳娜鎮靜異常，她獲悉阿普拉克辛暴病而亡，貝斯杜捷夫也對指控他的事矢口否認，而自己又一次懷孕了。於是，葉卡捷琳娜決定自動要求面見女皇，看能否得到女皇的原諒。

整個覲見過程，雖然受到了彼得的百般破壞── 他竟然教唆女皇置自己的妻子於死地，但女皇最終還是念在大公夫人產子有功的份兒上饒恕了她。女皇做出這樣的決定，或許是因為一方面大公夫人有孕在身；另一方面，當她看到彼得竭力搞垮妻子時，做妻子的竟然一言不發，這讓她覺得葉卡捷琳娜所受的詰難，絕大部分緣於夫妻矛盾。經過此事，葉卡捷琳娜進一步意識到了自己的丈夫想讓其情婦取代自己的位子的想法。

至於葉卡捷琳娜腹中的孩子究竟是誰的，人們都心照不宣，因為連女皇都知道大公夫人此時有一個情人叫史丹尼斯洛・波尼亞托斯基

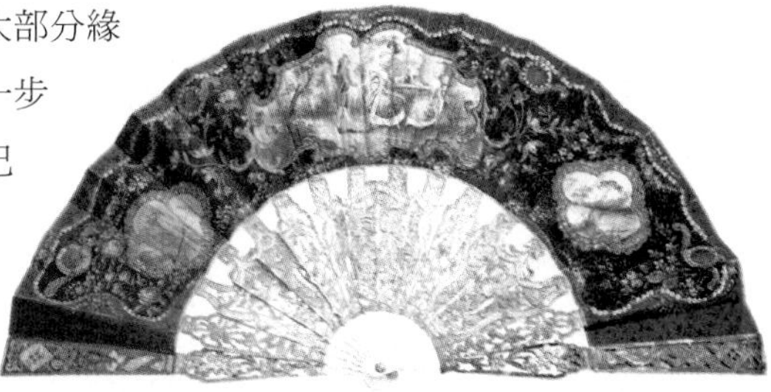

・俄羅斯的摺扇極富民族特色，做工細膩，色彩豐富，扇上所繪人物栩栩如生 這種製作精美的摺扇多為貴族婦女所用。

（Stanislaw Poniatowski），他是英國大使的隨員。英國大使來到俄國是為了恢復兩國的正常化關係，但大使在女皇那裡吃了閉門羹，於是，他想出了讓自己英俊的隨員勾引大公夫人的計策。心知肚明的女皇在大公夫人於1759年4月生下女兒安娜（Anna Petrovna）時，便將波尼亞托斯基逐出了俄國。承受戀人離別之苦的葉卡捷琳娜，又接連受到了女兒夭折、母親離世的打擊，痛苦之餘，她驀然發現女皇已行將就木了。於是，她又滿腔豪情地開始計畫未來大計了，她已很清楚自己若想與彼得大公爭奪大權，必須靠情夫和其他支持者。

不久，年輕的中尉格利哥里・奧洛夫（Grigory Orlov）出現在了葉卡捷琳娜的視線中。他不僅一表人才，還立過赫赫戰功，最主要的是他們兄弟5人都服役於禁衛軍，若得到他們的支持，那麼整個禁衛軍將成為她的堅強後盾。葉卡捷琳娜不費吹灰之力，就使格利哥里拜倒在她的裙下。奧洛夫家族並不是望族，大公夫人的垂愛使他們5兄弟感到無上光榮，而大公夫人對軍隊、東正教和俄國的尊重和熱愛更使他們對她死心塌地，並開始在軍中為她造聲勢。

1761年12月，女皇病危。彼得大公很順利地繼承了沙皇之位，在伊莉

・冬宮內景・

冬宮初建於1754年至1762年，是一座蔚藍色與白色相間的建築；宮內以各色大理石、孔雀石等鑲嵌，並裝飾有精美的壁畫、雕塑，富麗堂皇。18世紀下半葉，凱薩琳二世曾下令將部分房間用於收藏世界各地的藝術珍品。

莎白女皇於1762年1月5日駕崩後，新沙皇彼得三世君臨天下。

宮廷政變

當沙皇與皇后在行為舉止上產生日益嚴重的分歧時，沙皇對皇后的迫害也在一天天加強。1762年2月10日，在彼得的生日宴會上，彼得突然命令葉卡捷琳娜把當初女皇授予的那枚勳章，交給他的情婦，這舉動讓現場所有人都大為吃驚，因為只有皇后或皇儲夫人才能擁有這枚勳章。看來，彼得是在向外人展示他要廢掉現任皇后、另立自己的情婦為新皇后的決心了。

葉卡捷琳娜雖然惱怒，但為了不讓彼得發現自己日益大起來的肚皮，不得不忍了這口氣，於是他遵照沙皇的旨意將勳章交了出去；此舉立即博得了在場人士的同情。眼看自己產期臨近，葉卡捷琳娜別無他法，便假稱韌帶扭傷，躲在自己的寢宮內靜待分娩。同時，她的僕人還給她想出了躲開彼得注意的分娩好辦法：當皇后生產時，在皇宮附近放一把火，彼得愛看熱鬧，必定會被救火現場引開，這樣，他就不會注意到這邊皇后產子的事情了。果然，此計奏效，葉卡捷琳娜順利生下一個男孩，也即後來的鮑布林斯基伯爵（Aleksey Bobrinsky）；孩子被迅速帶出宮撫養。這時候的葉卡捷琳娜再無顧慮，但她不得不面對彼得新一輪的侮辱與迫害。

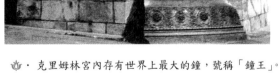

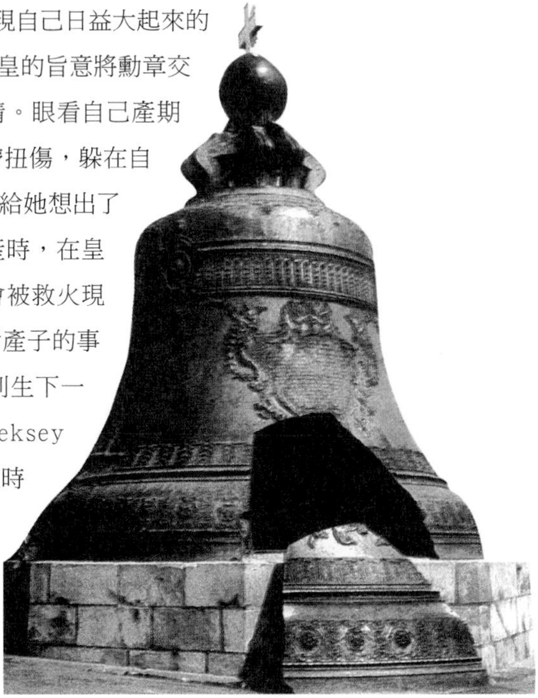
克里姆林宮內存有世界上最大的鐘，號稱「鐘王」。

1762年6月9日，彼得為慶祝俄國和普魯士所簽訂和約的生效，特意舉辦盛大的宴會。在這個400多人參加的宴會上，他的裝束令現場人跌破眼鏡。人們看到的彼得一身普魯士軍裝，身上的普魯士黑鷹大綬帶異常顯眼，以致於那些俄羅斯軍界人士恨不得鑽到桌子底下去。彼得自然不理會在場人的感覺，他端起酒杯要大家首先為腓特烈大帝的康泰乾杯，然後才是為俄國皇室成員的健康乾杯。現場400多人唯有葉卡捷琳娜沒有響應他的號召，仍坐在那裡不動。當被彼得粗暴地質問時，她答道：「難道我不是皇室成員嗎？我在等待大家來向我敬酒。」惱羞成怒的彼得竟然當眾大罵妻子是個白痴，還大放厥詞，說除了他自己和兩位霍斯丁親王外，再沒有什麼人是皇室成員。

宴會後，彼得還氣急敗壞地要把葉卡捷琳娜囚禁起來，幸虧他的叔叔、霍斯丁的喬治親王及時阻止了他。這件事讓葉卡捷琳娜徹底意識到她再也不能等了，於是，她和手下的人開始活動起來。此時，葉卡捷琳娜正在遊說軍界人士；已當上炮兵軍需官的格利哥里也利用職務之便，用手中的錢財物資大量收買下層軍官，他的四個兄弟也在禁衛軍中擴張勢力。此時，哥薩克首領西里利・拉祖莫夫斯基（Kirill Razumovsky）也加入她的陣營。當然，還有那位足智多謀的尼基塔・帕尼（Nikita Panin）。葉卡捷琳娜更四處籌集政變款項，最終，她從一名英國商人那裡借得10萬盧布，她感激之餘也對英國的態度發生了大轉變。

就在皇后準備政變的過程中，彼得沙皇卻和情婦於1762年6月12日到奧拉寧堡（Oranienbaum）去避暑了。曾有人提醒他嗅一嗅聖彼德堡的內戰氣息，勸他此刻應該待在宮中。彼得才不信這些，他還打算幾天後去波莫瑞（pommern）攻打丹麥人。被人們勸得煩了，他終於命令葉卡捷琳娜搬到與自己相鄰的彼得霍夫宮（Peterhof）去。葉卡捷琳娜明知彼得不懷好意，便將保羅託付給帕尼，自己一個人前往彼得霍夫宮。到了那裡，她在海邊選擇了一個僻靜的小房子住下來，暗中與支持者聯繫。不久，她得知彼得將於6月29日來彼得霍夫，這使葉卡捷琳娜極為忐忑。恰在此時，奧洛夫五兄弟的夥伴（一名上尉）被捕了，假如他忍不住酷刑而招出政變密謀，那麼一切將毀於一旦。葉卡捷琳娜的心都快跳出來了，她旋即下令，立即行動。

6月28日深夜，格利哥里的弟弟費爾多・奧洛夫趁著夜色來到西里利・拉祖莫夫斯基的家裡，他要求擔任國家科學院院長的拉祖莫夫斯基趕快去科學院印刷廠廠長家裡，快速印刷廢黜彼得三世，而由葉卡捷琳娜登基的告示。與此同時，五兄弟中的阿列克謝・奧洛夫徹夜來到彼得霍夫宮，叫醒葉卡捷琳娜，帶她回到聖彼德堡。葉卡捷琳娜被支持者簇擁著在軍中行走，拉祖莫夫斯基拿出告示宣佈葉卡捷琳娜為女皇。女皇佇列所到之處，神父開道，軍官和士兵們紛紛表示效忠於她。6月29日一大早，葉卡捷琳娜一行前往教堂，一路上，市民爭先將自己對女皇的擁戴告訴葉卡捷琳娜，以致於女皇的馬車時走時停。到達目的地後，由諾夫哥羅德（Novgorod）的大主教正式宣

・俄國的教堂均位於十分遙遠的北方，蛀蟲在寒冷的氣候下很難存活，才得以保存。

佈葉卡捷琳娜為女皇，稱葉卡捷琳娜二世（俗稱「凱薩琳大帝」）。

至此，葉卡捷琳娜政變成功，但她還不能安枕，因為彼得尚有海軍和與丹麥交戰的部隊撐腰。於是，她決定親率軍隊前往彼得霍夫宮。

當彼得來到空無一人的彼得霍夫宮時，暴怒的他又獲悉葉卡捷琳娜稱帝的消息，頓時呼天搶地，說要興兵討伐。當他終於被手下人勸住，欲前往部隊求援時，又在軍隊那裡碰了一鼻子灰，被他整慘了的軍隊拒絕了他的命令。這時候，彼得身上膽小怕事的本性充分流露出來，在昔日皇后的大軍來到時，他立即在退位詔書上簽了字，隨後被軟禁在洛普沙（Ropsha）的別墅。7月14日，葉卡捷琳娜二世勝利凱旋，回到聖彼德堡。7月18日，她在杜馬（下議院）再次詔告天下：彼得退位，葉卡捷琳娜登基。就在當天晚上，彼得三世神秘死亡。葉卡捷琳娜再下達第三份公告，宣佈彼得三世因病去世。

・俄國畫家彼羅夫（Vasily Perov）的《送葬》（Last Journey），用寫實的筆調表現了俄國農村百姓的悲慘生活。

對於彼得三世的突然離世，俄羅斯人有不少猜疑，但畢竟這位死去的沙皇並沒有留給他們好的印象，所以，他們沒有太多悲傷，僅等著看新任女皇要實施怎樣的新政了。

開明君主與貴族女皇

1762年9月22日，葉卡捷琳娜在莫斯科舉行了隆重的加冕儀式，正式成為俄羅斯女皇和東正教最高領袖。她上台後第一件事便是站穩腳跟。

葉卡捷琳娜出乎意料地保留了那些前朝大臣。隨後，她除掉了心腹之患，將當初被伊莉莎白女皇廢黜的伊凡六世（Ivan VI）秘密處死。至此，她再無帝位被搶之虞，可以放開手腳實行新政了。

面對國庫的財政赤字，她果斷下令，廢除一些達官顯貴手中握有的大企業壟斷權，以使其他行業或個人可以從辦企業中獲利。這等於斷了望族們的財路，而將高額利潤劃歸了國家和其他中小企業。葉卡捷琳娜當然知道，這樣一來勢必招致望族們的反抗，於是，她立即在議會上宣佈不再持有「議會資金」，也即放棄女皇的個人預算資金。「議會資金」一直來源於貴族大企業家，此時，女皇表示不再要他們的錢了；過去，這項資金占國家總預算的1/13，所以貴族們便默認、接受了。女皇如此以身作則，竟將鉅資推之門外，讓那些議員願為女皇肝腦塗地。當然，這些錢尚不夠填滿國庫，葉卡捷琳娜又推出了一系列政策：嚴格規範國家稅收制度；向高收入者發行公債券；加大徵收彼得大帝時制定的保須稅和其他稅；創辦國家銀行。最後一項，也是最重要的一項政策，女皇隨時控制著銀行何時印製貨幣，以及貨幣的發行量。這事若在別的國家，早就引起了通貨膨脹、銀行倒閉等嚴重後果，但在俄國卻奇蹟般地圓了女皇使國庫充盈之夢。

當俄國國庫裝得滿滿之時，那些對女皇治國持觀望態度的國內國際人士再不敢小覷她了，昔日的冒險家，此刻已成為他們眼中的治國奇才了，因為他們看到她在處理國事時是那樣的孜孜不倦。女皇每天工作時間達到12個小時至14個小時，宮女們每次都看到疲憊的女皇頭一挨枕頭，便沉沉睡去。她不停地出席御前會議和杜馬會議（下議院），簽署和審批大量政令和文件等，繁雜的事務在她的手中往往處理得井然有序。當百官們對這個工作狂越發地刮目相看時，女皇開始向他們提出要求了。

18世紀的歐洲是啟蒙思想的天下，「自由、平等、博愛」的大旗飄揚在

・俄國著名畫家蘇里科夫的《女貴族莫洛卓娃》(Feodosia Morozova)；畫中莫洛卓娃高舉右手，向舊教徒示意她的信仰至死不會動搖。

英、德、法等國的領土上；葉卡捷琳娜早年就曾接受過啟蒙主義思想的薰陶，一向主張自由的葉卡捷琳娜也開始與啟蒙主義思想家們交往起來。伏爾泰、狄德羅都是女皇的摯友，尤其是狄德羅，他曾經受到女皇的資助而不必賣掉自己的藏書，他還得到女皇特發的薪俸。1773年，狄德羅被女皇請進宮廷，俄羅斯頓時迎來了撲面的啟蒙主義新風潮。但葉卡捷琳娜並非一味地跟流行，她考慮到俄國當下的落後局面，並不適合立即徹底廢除農奴制，實現根本性轉變，於是，她做出了在俄國推行「開明君主制」的重大決策——它是啟蒙思想結合俄國國情的產物。

克里姆林宮

克里姆林宮是「城堡」或「內城」的意思，它的雛形是12世紀初多爾戈魯基（Yuri Dolgoruki）公爵建造在莫斯科河畔的城堡。內部有沙皇的宮殿，宮殿中心有舉行加冕儀式的大教堂、塔樓和鐘樓、列寧居住過的閣僚會議室、凱薩琳大帝的武器庫等。在俄羅斯的不少城市都有古老的「克里姆林」，但從1547年以後，只有在莫斯科的城堡才稱「克里姆林」。

既然是開明君主，那不可避免地要帶給百姓平等地位，即便她同時又要強調貴族特權。於是，女皇寫下了《法典起草指導書》，以期改變俄國私刑氾濫、法律陳舊的局面，並且作為她利用啟蒙思想為其專制主義服務的探索之舉。當這一「指導書」發到立法委員會的貴族代表手中時，他們在制訂法典的大討論中，始終無法就農奴制、貴族特權和稅收等問題達成一致。就這樣，葉卡捷琳娜女皇創立新法典的努力付之東流，但她也從中吸取了教訓，那就是在今後為政期間，絕不可以心慈手軟。

儘管制定法典一事泡湯，但女皇還是在司法程式正規化方面做了一些改革。她嚴令禁止未經選舉者擔任法官，而且所有案件辦理不許沓拖。隨著各地法院數量的增加，司法腐敗的減輕，葉卡捷琳娜又展現了她作為貴族女皇的一面，她允許農奴主人隨意處置自己的農奴，卻不接受農奴直接向她告狀；另一方面，她又盡可能地發揮其最高法官的特權，來降低法庭判決的殘酷性。

在教育領域的改革，葉卡捷琳娜女皇獲得了豐收。面對貴族子弟可就學卻不讀書，窮苦百姓想上學又沒錢的現狀，女皇從啟蒙思想家盧梭和洛克的思想出發，確定了「男女兒童教育總則」，在莫斯科建立起孤兒學校，後又創建斯「莫爾尼女子學校」和其他專業院校和師範學校。這樣，在1780年以前，她在聖彼德堡和莫斯科進行初級教育實驗大有斬獲。在此之後，她號令全國進行教育改革，聘請奧地利教育專家參與制定俄國教育發展大計，逐步確立起小學、中學、大學的教育機制。到19世紀初，俄國已有各種學校達

・俄國名畫《騎馬的女子》(Rider)，由布留洛夫（Karl Briullov）所繪。

550所，在這些學校裡，啟蒙主義思想為俄國塑造了一批新興人才。

從葉卡捷琳娜的改革中可以看出，她沒有廢除農奴制，反而處處彰顯著對貴族特權的強化。在葉卡捷琳娜統治下，農奴的生活較之以前更加潦倒，終於，1773年，俄國爆發了一場大規模的農民起義。起義軍領袖伊凡諾維奇・普加喬夫（Yemelyan Pugachev）本是一名退伍軍人，離開軍隊後便流離失所，多次被捕入獄，生活無著。最後，他冒充彼得三世，和80個哥薩克人共同舉事。很快，起義軍隊伍人數倍增，至1774年3月已達5萬人之眾。葉卡捷琳娜聞訊派兵鎮壓，1774年9月9日將義軍殲滅，之後，對義軍進行了大屠殺。對被俘獲的普加喬夫，葉卡捷琳娜恨之入骨，命令將其斬首並砍下四肢。

經過這場大規模的農奴起義，葉卡捷琳娜並沒有表現出對農奴力量的畏懼，反而更加大力度確保貴族的特權，欲以此來鞏固自己的統治根基。1775年，女皇下發了《頒發給貴族的特權書狀》，宣佈「貴族退役後，無論其在軍中有無職銜都將獲得軍官身分，以突出其高於平民的特權。」另外，「農奴主人的財產和領地受法律保護，不受外來侵犯，農奴必須服從農奴主人的領導，如有對主人進行上訴的情形，則其將被以誣告罪終身流放。」諸如此類的敕令，葉卡捷琳娜頒布過不少，正是因為這些政策，使她得到「貴族女皇」的稱號。

在商業經濟改革方面，葉卡捷琳娜同樣做得相當出色。就在她剝奪了貴族對大企業的壟斷權後，俄國的民族工業開始大力發展起來。她在全國推行重商政策，通過商業委員會來管理與歐洲各國的貿易往來。她提倡原料和產品的大量出口，而一律不許進口本國能夠自給自足的產品，以保護本國的經濟生產不受衝擊。當然，她不會阻止進口國內短缺的商品，反而對其免稅。自1782年後的六年間，她與奧地利、丹麥、法國和葡萄牙等國陸續訂立了貿易協定。同時，她還花重金從國外引進各領域的專家，使他們為俄國培養了一大批技術人才，為俄國經濟的發展做出了貢獻。

經過葉卡捷琳娜的一系列改革，俄國終於走出了彼得大帝以後幾十年的低谷，經濟有了長足的發展。這些成就，使葉卡捷琳娜女皇的野心日益膨脹，她終於有條件謀求俄國的國際地位了。

1763年，波蘭國王逝世，葉卡捷琳娜趁機以武力威脅波蘭國會，命其將波蘭王位拱手獻於她的情夫波尼亞托斯基。這之後，女皇還派兵打壓波蘭國內的改革圖強派。俄國侵吞波蘭的企圖，立即被奧地利和普魯士國王看破，兩國王提出抗議，於是，葉卡捷琳娜改變政策，與奧、普兩國結盟；三國於1772年第一次瓜分波蘭，俄國所獲土地最多，包括白俄羅斯和拉脫維亞的一部分。1791年，波蘭國內的愛國人士一致通過《五三憲法》（Constitution of May 3），宣佈廢除「自由選王制」和「自由否決權」，這與葉卡捷琳娜對波蘭的政策背道而馳，於是，葉卡捷琳娜發兵攻占華沙。勝利者立即廢止《五三憲法》，俄國和普魯士兩國第二次瓜分波蘭。本來，葉卡捷琳娜不想徹底剝奪情夫的王國，但波蘭國內的復興運動此起彼伏，為免除後患，她與奧、普兩國第三度瓜分波蘭。三次下來，俄國共得到土地超過46萬平方千公尺，而波蘭也便於三國瓜分下徹底滅亡了。

葉卡捷琳娜向西擴張領土的目標實現。與此同時，她一點兒都沒放鬆向南打通黑海出海口的軍事行動。當年彼得大帝雖與土耳其簽訂合約，但並沒完成徹底奪取黑海出海口的宏願，如今，葉卡捷琳娜欲將這一願望變為現實。

1768年，俄軍入侵土耳其，長驅直入戰無不勝，最終迫使土耳其投降，並於1774年7月簽訂和約。根據和約，俄國得到了「刻赤海峽（Strait of

·（左圖）1773年至1775年，普加喬夫以彼得三世的名義領導農民起義，對俄國資本主義的萌芽產生了重大的影響；圖為一工廠送大炮給普加喬夫。

·（右圖）普加喬夫像·
普加喬夫是俄國農民起義的傑出領袖。

Kerch）和南布格河（Southern Bug）與第聶伯河（Dnieper）之間的大片土地」，從此，俄國商船可以通過刻赤海峽自由出入於黑海。這之後，一方欲壑難填，一方欲雪國恥，終於，1787年，俄土兩國再燃戰火。俄軍在蘇沃洛夫（Alexander Suvorov）將軍的指揮下勢如破竹，戰爭的結局仍以土耳其敗北而告終。1792年1月，俄土兩國再簽和約，俄國兼併克里米亞（Crimea）和喬治亞（Georgia）的事實終被土耳其承認。這樣，葉卡捷琳娜女皇便為俄國奪取了在黑海的霸權。

伴隨著對波蘭和土耳其侵略的屢屢得手，女皇意欲使俄羅斯成為世界上最強大國家的野心一發而不可收，她派自己的情夫朱波夫（Platon Zubov）遠征波斯，並企圖入侵中國和埃及；甚至，當法國大革命爆發時，她還想派兵援助法國國王。儘管這些擴張計畫未能實現，但她仍然為俄國一共開拓出了63萬平方千公尺的領土，並徹底打通了黑海出海口，她使俄國一躍而為歐洲強國，使俄國在歐洲國際事務中扮演起相當重要的角色。

・莫斯科紅場是許多歷史事件的發生地。

風流女皇香消玉殞

晚年的葉卡捷琳娜依然保持著良好的作息，指揮著自己眾多的情夫或為其南征北戰，或為其處理政務，無論怎樣，最終的決策權都在她這裡。提到女皇的情夫，這一曾為她奪取政權並發揮了決定性作用的角色，從沒在她生活中消失過，直到晚年，她仍然享受著與皇孫亞歷山大（Alexander Blagoslovennyi）同齡的英俊小夥子們的愛情。一代風流女皇的後宮生活，與她為俄國做出的卓越功勳一併被人們津津樂道。

格利哥里・奧洛夫之後，獨眼將軍格利哥里・普坦金（Grigory Potemkin）成為女皇的新寵，而且在女皇所有情夫中占據著至高無上的地位。普坦金被形容為一個「渾身散發著野獸氣息」的粗獷男人，他在歷史、文學和神學領域均有較深造詣，這使他的陽剛外表下又散發著睿智理性的成熟魅力，還有他那閃爍著靈光的幽默，都牽動著女皇的心。當然，他同時還是個情愛高手。沒用多久，葉卡捷琳娜女皇便被這個男人迷得不惜放下女皇的尊嚴。普坦金前腳剛離開她，她便魂不守舍，直把那熱辣辣的情書如雪片般投向情人。人們一度盛傳他們曾經秘密結婚，甚至經常在情書中稱普坦金為「最親愛的丈夫」。女皇開始與普坦金共議國事，兩人共同謀劃對土耳其作戰和其他開疆拓土之事。

普坦金成為一人之下、萬人之上的頭號朝臣。作為將軍，他的確為女皇的對外戰爭立下了汗馬功勞；在其他方面，他也想方設法討女皇開心。一次，女皇巡幸那些新征服的地區，普坦金就像變魔術一樣，在女皇所到之處為其佈置起繁華城鎮和莊園，令女皇大悅。很顯然，這奇蹟般的「普坦金莊園」正折射了葉卡捷琳娜晚年愈益嚴重的好大喜功的性情。

與此同時，她也變得越來越保守，昔日那個深受啟蒙思想影響而滿腔激情的葉卡捷琳娜也變了個樣子，她轉而禁止啟蒙思想在俄國傳播，敵視法國大革命的資產階級，並欲出兵干涉。對那些膽敢反抗的農奴，她更是毫不留情地殘酷鎮壓。誰敢反對她的中央集權，誰敢覬覦她的帝位，那便是真的不想活了。

俄羅斯食物

俄羅斯人以麵包、牛奶、馬鈴薯、牛肉、豬肉和蔬菜為主要食物。對早、午餐很重視，晚餐較簡單。他們口味重，愛吃黑麥麵包、奶油、優格、番茄、酸黃瓜、魚子醬、鹹魚等，喜歡烈性酒。用麵粉、蜂蜜和香料做的蜜糖餅乾是傳統的節日食品，但由於俄羅斯地域寬廣，民族眾多，各民族飲食習差異也比較大。

當普坦金漸漸不能勾起女皇的情欲時，他便開始為她挑選更年輕的情夫。別以為這情夫只要是年輕英俊就可當選，想被女皇相中可不是簡單的事。外貌和氣質出眾只是最基本條件，情夫必須出身名門，不能是碌碌之輩。不過光靠說還不行，還必須經過試驗合適才能成功入選。女皇專門養了一群宮女，負責考核情夫候選人的情愛實力。所以，即便皇宮周圍有許多雙眼睛盯著情夫的位子，但他們大多也只有望洋興嘆罷了。當然，這些人想入宮來做情夫，並不是出於對女皇的愛慕，他們貪圖的是女皇的賞賜和可能被授予的各項權利。

女皇對情夫們出手極其闊綽，諸如扎瓦多夫斯基（Zavadovsky）、馬莫諾夫（Alexander Dmitriev-Mamonov）等等，雖然在女皇身邊時間並不長，但他們也因此而腰纏萬貫、加官晉爵，還得到了不少的農奴。普坦金也從這些情夫那裡獲得了不少實惠，1791年他病亡，聞此噩耗的葉卡捷琳娜頓時昏死過去。

在與情夫們纏綿的同時，葉卡捷琳娜最關心的一件事就是立嗣的問題了。她一心想讓皇孫亞歷山大來繼承沙皇之位，於是她寫好立儲密詔，決定於1796年11月24日這天將真相公之於眾。可是，她沒能等到這一天。

1796年11月的一天，女皇的宮女發現她在更衣間裡暈倒在地，她中風了。幾天後，葉卡捷琳娜二世駕崩，長子保羅趕來，找到了母親藏起來的密詔並將其燒成灰燼，登基成為俄國又一代沙皇。因為痛恨母親，並且對父親彼得三世懷有崇敬，保羅命令將彼得三世的靈柩挖出來，與葉卡捷琳娜合葬於彼得保羅大教堂。新沙皇的政權並沒有維持多久，1801年，保羅被刺殺，亞歷山大繼承沙皇之位，葉卡捷琳娜二世的遺願終得實現。

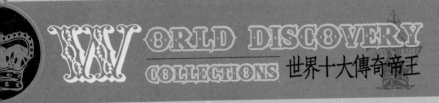

是征服者，也是戰神

—— 拿破崙（Napoleon I）

軍事學家可以從他這裡學到出奇制勝、以少勝多的戰略戰術，研究爲何幾乎所有的戰略部署，在他這裡都會被輕易攻破；歷史學家可以從他這裡明白資產階級新思想，是何以傳播到歐洲大陸，他怎樣用其軍隊和軍事征服解放遭到奴役的民族；思想家可以從他這裡了解到自由、民主、平等思想能徹底鞏固的過程，以及他這個皇帝與其他封建帝王的不同；藝術家在他這裡可以盡情呼吸法國新古典主義的典雅高貴氣息；文學家或者傳記作家可以無數次描述他傳奇的一生。而且，隨意拈來其中一段經歷，便可著成長篇大論。他就是法國人民心目中的民族英雄 —— 拿破崙。

·青年時期的拿破崙·

科西嘉走出的軍事天才

1769年8月15日，拿破崙出生在科西嘉島首府阿雅克修（Ajaccio）的律師卡洛·波拿巴（Carlo Buonaparte）家裡。這時的科西嘉島已歸順法國一年了，波拿巴家的人也都成為了法王路易十五的子民。

1779年，拿破崙被送到法國東部的軍事學校就讀；在那裡，拿破崙培養起堅韌的意志和超常的自信。1784年，拿破崙以優異成績畢業，並保送到巴黎皇家軍官學校學習。1785年9月，拿破崙被任命為炮兵少尉。當別的軍官都啜著咖啡玩樂時，他卻將節省下來的錢寄回老家，一個人在簡陋的小屋裡沒日沒夜地鑽研炮兵知識，總結自己的戰術系統。

1789年7月14日，法國大革命爆發了，拿破崙回到了科西嘉。他站在革命黨雅各賓派（Jacobin Club）那邊，組織起一支國民軍，積極進行科西嘉島的民主戰爭。

1794年7月，以巴拉斯（Paul Barras）為首的資本階級熱月黨派（Thermidorian）上台，羅伯斯庇爾（Maximilien Robespierre）等人把進行恐怖統治的雅各賓派領袖送上了斷頭台。由於拿破崙支持雅各賓派的激進思想，一度被捕，但很快獲釋。熱月黨人廢除了雅各賓派的激進措施和進步政策，削弱了平民與民主人士的權利，這使保王黨勢力有所抬頭。

・拿破崙・

|姓名|：拿破崙・波拿巴

|生年|：1769年

|卒年|：1821年

|在位|：1804年～1814年

|父親|：卡洛・波拿巴

|母親|：蕾蒂西亞・拉莫利諾

|繼位人|：路易十八

|主要政績|：使法國大革命的思想得到了更為廣闊的傳播，制定了影響至今的《拿破崙法典》。

保王黨人從沒停過復辟波旁王朝（Maison de Bourbon）的念頭，此時，他們重新聚攏在巴黎市中心發動武裝暴亂。沒多久，保王黨分子便占領了巴黎的20多個區；巴拉斯趕忙調拿破崙來；拿破崙分析當前形勢，叛軍以人數4萬之眾要對抗巴黎政府軍的區區5000人，占絕對優勢，但他卻果斷下令，在國民公會駐地杜樂麗宮（Tuileries，於1871年遭焚毀）等叛軍極有可能攻

・巴黎市民攻打巴士底監獄。

擊的地方部署大炮，只待叛軍前來，便以密集火力擊退他們。

果然，拿破崙這一在巷戰中使用大炮的作戰方案奏效。1795年10月5日，政府軍只用了幾個小時，便在拿破崙的指揮下粉碎了各路叛軍的進攻。國民公會保住了，新政權也安全了，拿破崙一躍成為共和國的救星、法國人的英雄。新成立的督政府授予拿破崙少將軍銜，委任他為法國內防軍司令兼巴黎衛戍司令。

既然已躋身貴族行列，拿破崙便經常被巴拉斯等人邀請參加貴族們的晚宴和舞會，這期間，他結識了約瑟芬・博阿爾內（Joséphine de Beauharnais）。博阿爾內是約瑟芬前夫的姓，博阿爾內子爵被熱月黨人送上斷頭台後，約瑟芬也曾受到牽連。出獄後的約瑟芬開始混跡於巴黎上層宴會，並成為巴拉斯的情人。當她發覺自己已失寵於巴拉斯，同時也該找個終身依靠時，拿破崙出現了——他的軍事威名和遠大抱負，使約瑟芬認為眼前這個小個子定會成就一番偉業。於是，她對他展開了愛情攻勢。

・在花園裡的拿破崙和妻子約瑟芬。

儘管約瑟芬已有兩個孩子，而且比拿破崙整整大6歲，但拿破崙最終還是被她征服。1796年3月9日，拿破崙與約瑟芬結婚。新婚兩日後，年輕的新郎便肩負著義大利軍團總司令的重任，踏上征途。他這一去，竟掀開了歐洲歷史上新的一頁。

阿爾卑斯山突降奇兵

1796年3月11日，拿破崙率領義大利軍團向盤踞在義大利北部的奧地利進攻。在對奧地利的兩個主要戰場中，萊茵戰場的奧軍實力明顯比義大利北部戰場要更強大，因此難以快速突進。於是，拿破崙認為可先使法國的萊茵軍團從正面牽制住奧地利軍隊，使其難以與薩丁尼亞王國（Sardinia，義大利的一個小國）軍隊聯手，這樣他的義大利軍團便可拿下薩丁軍隊，占領義大利北部地區。這時，奧軍便是孤軍一支，法國兩大軍團可以合圍之勢消滅在義大利的奧軍，進而直搗奧地利首都維也納。這樣，不僅解除了奧地利對法國的威脅，而且，可以將法國新思想帶到義大利北部地區，擴大法國的政治影響。

1796年4月9日，拿破崙的義大利軍團越過阿爾卑斯山，突然出現在奧地利和薩丁尼亞王國軍隊面前。法軍走的是阿爾卑斯山脈最險要的驛道，但也是最短的進軍路線，所以，當法軍突然出現時，奧軍和薩丁軍竟然來不及組織起有效防禦。4月21日，法軍在與薩丁軍的作戰中奠定勝局，同時也殲滅了奧地利的兩支軍團，拿破崙占領蒙多維（Mondovi）。4月28日，拿破崙與薩丁人在皮埃蒙特（Piedmont）簽訂停戰協定，5月15日，巴黎方面又與薩丁尼亞王國締結最終和約。兩次議和之後，法軍從薩丁人那裡得到了兩座堅固的要塞；法軍可以自由出入阿爾卑斯山隘口，其他國家軍隊一律不許通過；薩丁國王承諾從此不再與任何國家結盟，他還同意修改法國與薩丁兩國邊界，割讓尼斯（Nice）和薩伏依（Savoy）給法國。至此，拿破崙的義大利軍團使奧地利軍隊徹底陷入孤立。

拿破崙乘勝東進，一路將奧軍追趕到波河。在這裡，拿破崙身先士卒，跳入河中與士兵們一起強奪艾達河橋（Adda），開始了使他聲名遠播的「羅迪戰役」（Battle of Lodi）。羅迪一戰，奧軍大敗，急忙向曼圖亞（Mantua）方向逃跑。拿破崙此時已成為軍團的英雄，士兵們親切地稱呼他為「小伍長」。拿破崙見全軍士氣正盛，於是號令軍團向重鎮米蘭前進。5月15日，當米蘭人沿街歡迎法軍的到來時，拿破崙在義大利人心目中已經成為解放者了。

占領米蘭後，拿破崙又攻下了一些地區，於5月30日兵臨曼圖亞城下。曼圖亞要塞設在波河和明喬河（Mincio）的交匯處，易守難攻，戰略地位十

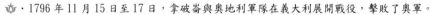

・1796年11月15日至17日，拿破崙與奧地利軍隊在義大利展開戰役，擊敗了奧軍。

分重要。奧軍勢在守住這個有「義大利鎖匙」之譽的戰略要塞，以阻止法軍東進；而拿破崙也要奪取它來控制義大利北部地區，進而打通向奧地利國內進軍的道路。1797年2月2日，70多歲的老將軍維姆瑟（Wurmser）率曼圖亞守軍向法軍投降。為避免使老將軍尷尬，年輕的拿破崙並未出席從降將手裡接受寶劍的儀式。至此，曼圖亞戰役歷時9個月終以法軍獲勝而硝煙散盡。當奧熱羅（Pierre Augereau）奉拿破崙之命將繳獲的60面奧軍軍旗獻給督政府時，巴黎人民沸騰了，他們無不視拿破崙為民族英雄。

曼圖亞大捷後，整個義大利北部地區都被法軍占領。1797年2月19日，拿破崙在托倫堤諾（Tolentino）與羅馬教皇簽訂協定，教皇同意站在法國這一邊。隨後，拿破崙揮師北上，於3月進入奧地利國境。一路上，法軍所向披靡，4月初抵達萊奧本（Leoben）。4月18日，拿破崙與奧地利代表簽訂累歐本停戰協定，10月17日又簽訂了《坎波福爾米奧條約》（Treaty of Campo Formio），最終，奧地利承認法軍對義大利北部地區、比利時和萊茵河左岸地區的占領。就這樣，拿破崙以自己的義大利軍團打敗了強大的奧地利。

拿破崙取得的偉大勝利使督政府害怕起來，督政府要求握有重兵的拿破崙回到巴黎，接受下一個任命。1797年12月6日，拿破崙凱旋。隨即，他接受對英作戰總司令的任命，開始部署作戰方案。拿破崙認為對付英國並不一定要遠征其本土，當下應該攻占埃及、馬爾他（Malta，地中海島國），以此來斷掉英國通往中東和遠東的海上生命線，進而撼動其在印度的統治地位。海上生命線被切斷，英倫三島將被徹底孤立起來，當然不攻自破。拿破崙的作戰計畫旋即被通過，督政府命他為法國東方軍團總司令。

雖然拿破崙的東征並未達到撼動英國海軍的目的，但也取得了不菲的戰果；尤其是在科學文化傳播與探索方面取得了重大進展。

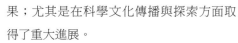

從執政官到法蘭西皇帝

1799年10月16日，拿破崙回到巴黎。他認為自己應先在督政府中爭取到一個位置。為此，他做了充分的準備。他先拉攏塔列朗（Talleyrand）、富歇（Joseph Fouche）等大資產階級代表，

1709年11月10日，拿破崙把法國議會(元老院和五百人院）全部解散，奪取了議會大權，並宣佈成立執政府；圖中描繪了拿破崙在五百人院上遭到議員們的推擠。

·《拿破崙一世加冕大典》·
這幅畫為法國畫家大衛（Jacques-Louis David）奉拿破崙之命創作的一幅加冕場景；為了掩蓋他自己戴上皇冠的這個事實，畫中他煞費苦心地選了自己給妻子約瑟芬加冕的場面。

然後，他考慮從現任五位督政官中選一個當合作夥伴。督政官中唯有巴拉斯和西哀士（Emmanuel-Joseph Sieyès）不好對付，拿破崙原本想選擇巴拉斯與自己聯手，但此君的貪污腐化惡名早已名聞遐邇，法國人對其屢有詬病，都不屑與之為伍。這樣，就只剩因撰寫《什麼是第三等級?》（Qu'est-ce que le tiers état ?）而出名的西哀士了。

10月31日，西哀士被邀請到拿破崙的弟弟呂西安（Lucien Bonaparte）的家中。呂西安藉哥哥威名，已被選舉為五百人院（Council of Five Hundred，當時的下議院）主席。在這裡，他們三人秘密策劃政變。最終，他們決定於政變當天散布雅各賓派大搞陰謀的謠言，以使元老院和五百人院遷到巴黎近郊的聖克魯鎮；同時為以防萬一，還令元老院委任拿破崙為巴黎武裝部隊總司令。密謀之後，拿破崙又爭取到軍方高官或中立或支持者的表態；而西哀士也遊說督政官杜科（Roger Ducos）參加政變，巴拉斯那邊則以賄賂方式令其不會礙手礙腳。

11月9日，即共和曆霧月18日，拿破崙發動「霧月政變」（18 Brumaire）。雖然五百人院代表們多有不服，但軍隊一到，他們也不得不宣布解散議會。至於督政府，因為西哀士和杜科參與了政變，所以他們自行解職，巴拉斯和另兩名督政官也很快辭職。這樣，督政府不存在了。當天晚上，元老院宣布建立共和國最高權力機關——執政府，選舉拿破崙、西哀士和杜科為三大執政官，行使法國的最高權力。

正當人們對拿破崙的執政能力多有懷疑時，他已經開始修改憲法草案了。1800年初，拿破崙的憲法草案經全民投票

拿破崙法典

拿破崙所有的內政措施中最值得稱道的是他制定了公民法典，這部俗稱「拿破崙法典」的《法國人民法典》於1804年3月正式公布實施。而此前，各項法案經過了3年多周詳充分的討論，拿破崙不時參與其中。草案擬定後，參政院先後召開了100多次討論會，拿破崙儘管要務纏身，還是參加了其中過半數的會議。法典共有2281條，宣佈保護私有財產權，否定封建等級特權，規定所有公民平等，保證自由買賣、等價交換和契約自由等原則。其中也有不合理之處，如它限定了婦女的地位，並規定工人沒有罷工和結社的權利等。不過就時代而言，拿破崙法典是先進的，它是資產階級國家最早制訂的一部人民法典，為法國資本主義發展奠定了法律基礎，並成為歐美各國民法的範本。

表決，結果壓倒性獲得通過，這就是著名的「共和八年憲法」。八年憲法確定第一執政的政治體制。作為第一執政的拿破崙可謂大權獨攬，無論是軍政高官，還是法官或者駐外使節，都可由他任命並且對他負責。

拿破崙是靠軍事起家，他當然知道軍隊的力量。所以，他一上台便任命親信貝赫爾為軍政部長，把國家的軍權牢牢控制在手中。他還創立了一支完全屬於自己的預備軍團，為其配備最好的裝備。這支軍團成為他平內亂、攘外寇的有力武器。

1800年8月，拿破崙主持並親自參與起草《法國民法典》（Code civil des Français），到1804年3月，這部法典正式頒布施行，又稱《拿破崙法典》。它以法律條文的形式保護法國人民享有自由、平等、民主的權力，鞏固了法國大革命的勝利果實。

在推行新政的同時，拿破崙還採取一系列措施加強社會秩序的治理。他設置警務部和司法部，大力鎮壓國內保王黨人的叛亂，粉碎各種潛在的對國家構成威脅的陰謀活動。很快，法國國內又恢復了和平穩定。

當國內政局穩定下來時，拿破崙開始著手對付第二次反法同盟的進攻。這一次拿破崙又將第一打擊目標鎖定在奧地利身上，因為它地處英、俄之間，消滅這個結點，則英、俄兩國連接樞紐斷裂，必會各自退兵。1800年5月，拿破崙再披戎裝，親率4萬大軍南下義大利北方戰場。在那裡，奧地利軍隊正在梅拉斯（Michael Melas）的統領下圍攻在熱那亞（Genoa）由馬塞納（Andre Massena）率領的法軍。梅拉斯萬萬沒想到拿破崙會領兵通過阿爾卑斯山的聖伯納德隘口，所以，他並沒有在那個天險地段設置重兵把守。

拿破崙大軍輕易通過隘口，緊接著一個急行軍，於6月2日攻下米蘭。然後，法軍一路勢如破竹，在6月14日時，與梅拉斯的奧軍遭遇於馬倫哥（Marengo）一帶。戰鬥之初，人數不占優勢的法軍一度處於下風，但拿破崙鎮定自若，要求將士們必須戰鬥到最後一刻。正在生死關頭，德賽（Louis Desaix）將軍帶領一支法軍趕到。原來，他是被拿破崙派去切斷奧軍在熱那亞的退路之軍隊。德賽軍宛如神兵天降，給了那些因勝利而大大懈怠的奧軍以致命一擊。奧軍敗退了，但德賽將軍卻不幸犧牲。拿破崙為此流下了熱淚。

1802年8月2日，法國議會選舉拿破崙為法蘭西共和國終身執政。1804年5月18日，議會又通過決議建立法蘭西帝國，以確保法蘭西共和國的成果不被保王黨分子攫取。拿破崙成為法蘭西帝國第一任皇帝，即拿破崙一世。12月2日，拿破崙一世及皇后約瑟芬在巴黎聖母院大教堂舉行了盛況空前的加冕典禮。

帝國神話

1805年4月，英、俄、奧地利等國又組成第三次反法同盟。拿破崙立即制定作戰部署，大量徵兵，準備在歐洲大陸進行帝國戰爭。8月29日，一支17.6萬人的法軍從英吉利海峽岸邊出發，穿過整個法國，向巴伐利亞的奧軍撲去。從巴黎趕往前線的拿破崙獲悉奧軍正向多瑙河畔的烏爾姆（Ulm）要塞逼近，而俄軍尚未趕來，這就使俄、奧兩軍之間在烏爾姆要塞處形成了一個缺口。拿破崙發現戰機，立即命令部隊急行軍必須在俄、奧兩軍會合前拿下烏爾姆要塞，一則阻止俄、奧軍隊會合，再則斬斷奧軍與維也納的交通線。10月15日，法軍以密集火力攻下烏爾姆要塞。

1805年12月2日，奧斯特里茨（Austerlitz）戰役打響。這次會戰有三位皇帝參加，除拿破崙外，還有俄國沙皇亞歷山大一世（Alexander I）和奧皇弗朗茨（Francis II）。在人數上，法軍處於劣勢，但拿破崙事先掌握了俄奧聯軍的作戰部署，在開戰之初，他又施了一計，立刻便為法軍奠定勝局。拿破崙知道俄奧聯軍會竭盡全力切斷法軍向維也納和多瑙河的退路，他們想仗著人多勢眾將法軍包圍起來。於是，拿破崙將計就計，故意調離法軍左翼，當敵軍通過

・1805年12月2日的「奧斯特里茨戰役」成為戰爭史上的經典之筆。拿破崙親自勘察、確定戰場的位置，並定下了誘攻的計策；奧俄聯軍果真中計陷入包圍，被驅逐到冰凍的湖上。在法國炮兵的轟擊下，聯軍陣腳大亂，狼狽不堪。

這個空當時，他命令普拉琴高地的法軍發起衝鋒，把中計的敵軍趕到了冰冷的池塘中。奧斯特里茨一役俄軍傷亡慘重，亞歷山大一世、弗朗茨和俄軍統帥庫圖佐夫（Kutuzov）幸虧逃跑及時，否則定會成為法國皇帝的階下囚。

12月3日，奧地利皇帝發出停戰請求，拿破崙表示只要俄軍退回波蘭便同意與奧地利和談。12月26日，法奧簽訂《普雷斯堡和約》（Peace of Pressburg）；和約中，奧皇承認拿破崙為義大利國王。至此，第三次反法同盟被徹底擊碎。

為了鞏固法國對德意志西部和中部部分地區的統治，拿破崙決定建立「萊茵邦聯」（Rhine Confederation）。1806年7月12日，拿破崙將德意志各國君主拉進自己的「萊茵邦聯」，他被盟友們推舉為保護者。8月，奧地利皇帝在拿破崙的授意下，宣佈「神聖羅馬帝國」不復存在，同時廢除「德意志皇帝」的稱號。

奧皇的頒令餘音未散，拿破崙便大肆任命他的家人和親信們做這一地區各邦的公爵、君主。這樣，拿破崙治下的帝國的勢力範圍迅速擴展至德意志腹地，眼看就要觸及到普魯士（Prussia，布蘭登堡選帝侯，後稱腓特烈一世，在18世紀建立）的疆界線。這立刻掀起普魯士國內的抗法熱潮，普魯士正式要求法國從德意志領土上撤離，結果遭到拿破崙的無視。不僅如此，拿破崙還在萊茵河兩岸屯兵20萬。拿破崙幾次三番的行為，使普魯士國王下定決心參加下次的反法同盟。

很快，普魯士人的願望實現了。英國外交大臣福克斯（Charles James Fox）逝世，英法談判化為泡影。7月24日，普魯士與俄國達成一致抗法的秘密協定，緊接著，以普魯士、俄國、英國為首的第四次反法同盟誕生了。

· 1807年6月25日，沙皇亞歷山大一世與拿破崙在提爾西特城外的尼曼河中的木筏上會談。

10月，拿破崙率軍於耶拿（Jena）大敗普魯士軍隊，同時達武（Louis-Nicolas Davout）統帥的第三軍也在奧爾斯塔特（Auerstedt）殲滅了另一支普軍。10月27日，拿破崙進入柏林。隨後直到11月8日普魯士的最後一個要塞馬德堡（Magdeburg）被攻陷，法軍與普魯士之間的戰爭僅用了不到一個月便告結束。

1806年11月22日，拿破崙發布封鎖大陸的「柏林法令」（Berlin Decree），法令禁止歐洲大陸國家與英國進行任何政治、經貿和文化上的往來。要達到這一目標，拿破崙必須將整個歐洲大陸踩在腳下。12月26日，法俄軍隊在普圖斯克開戰，雙方打了個平手。1807年2月8日，雙方又在艾勞（Eylau）展開激戰。雖然拿破崙的近衛軍將敵人逼退，但法俄軍隊皆傷亡慘重，拿破崙一時也無兵力擴大戰果。6月14日，法俄軍隊在弗里德蘭（Friedland）決戰，俄軍大敗，向法國求和。第四次反法同盟在拿破崙的炮口下偃旗息鼓。

6月25日，拿破崙與亞歷山大一世會晤於尼曼河（Neman）上。7月7日和9日，法國分別同俄國和普魯士簽訂了《提爾西特和約》（Treaties of Tilsit）。根據和約，俄國與普魯士之間成立了一個華沙大公國，以對兩國進行牽制。普魯士失去了大片領土，而俄國卻寸土未失反有所得。當然，兩國必須參加法國的大陸封鎖，俄國還負有出面斡旋法英關係的責任。

從提爾西特回到巴黎後，拿破崙審視了一下自己的帝國疆域圖。此時，他的勢力範圍涵蓋了歐洲大陸西部和中南部，他既是法蘭西帝國的皇帝，還是義大利國王、「萊茵邦聯」各國的保護者、荷蘭和瑞士的統治者。1807年10月，拿破崙派遣朱諾（Jean-Andoche Junot）統帥率領大軍2.7萬兵進攻葡萄牙。11月30日，法軍進入里斯本，葡萄牙淪喪。

1807年末，拿破崙便命令法軍陸續進入西班牙境內，到1808年3月，西班牙的法軍人數已達10餘萬之眾。拿破崙眼看時機成熟，一聲令下，法軍直逼西班牙首都馬德里；3月23日，繆拉（Joachim Murat）率兵進入馬德里。西班牙國王卡洛斯四世（Charles IV）因企圖逃跑而被人民囚禁，他的兒子斐迪南七世（Ferdinand VII）繼承王位。拿破崙命令新舊國王帶領其王后前往法國的巴約訥（Bayonne），結果他們皆被拿破崙扣留。5月10日，拿破崙任命哥哥約瑟夫（Joseph Bonaparte）為西班牙國王。但誰也沒想到，西班牙卻爆發了大規模的反法侵略的游擊戰，史稱「半島戰爭」（Peninsular War）。

一直所向無敵的法國軍隊此時卻有些招架不住了，而使他們如此狼狽的

戴高樂凱旋門

在歐洲眾多的凱旋門中，規模最為龐大、氣勢最為宏偉的凱旋門要數坐落在法國戴高樂廣場上的凱旋門。這座凱旋門始建於1806年，竣工於1836年，歷時30餘載，是拿破崙為了紀念自己在1805年擊退第三次反法同盟時，取得的一系列成就而建的。門高49.54公尺，寬44.82公尺，厚22.21公尺。門的四面各有四扇門，中心還有一個拱門，寬14.6公尺；外牆上則刻有許多巨型雕像，其中以右邊石柱上的名為《出征》的浮雕最為著名。此外，門的內側還刻有隨拿破崙出征的386位將軍的名字。

竟是一些手持棍棒、刀劍和獵槍的農民和手工業者。7月22日，西班牙和英國聯軍迫使法軍投降，法軍不再是不敗之師。這時，英國軍隊趁勢進入葡萄牙，趕走了法軍，並且援助西班牙人民對法作戰。到後來，他們在西班牙戰場上困住了法軍近30萬的精銳之師，還有拿破崙手下的幾大得力統帥，而且一困就是6年。1813年，西班牙人民最終將法軍趕出了國境，迎回了他們的國王斐迪南七世。

帝國巔峰

正當拿破崙的30萬精兵在西班牙深陷泥沼時，奧地利已漸漸走出奧斯特里茨會戰的噩夢。對於這樣一個一貫反對法國的歐洲強國來說，肯定是不甘於向拿破崙俯首稱臣的，這一點拿破崙很清楚。此時，他不大在意其他小國是否因西班牙問題而萌生擺脫法國統治的念頭，他唯一擔心的就是奧地利在這時突然對法國用兵。於是，他決定立即會晤俄國沙皇亞歷山大一世，以鞏固兩國此前的同盟，使奧地利看到若膽敢發兵的後果：俄國將從東方攻打奧地利，而法國也將從西方進攻維也納。

1808年9月27日，拿破崙在艾爾福特（Erfurt）會見了亞歷山大一世。拿破崙要求俄國在西班牙戰爭結束前隨時阻擊奧地利對法國的入侵，而亞歷山大一世此時卻對法國遲遲不從普魯士撤軍而耿耿於懷，因為法軍現在正威脅著俄國的邊境。此外，在土耳其的問題上，拿破崙也一直不按《提爾西特和約》行事。鑑於法國皇帝的態度，以及奧地利作為法俄之間的緩衝帶的特殊作用，亞歷山大一世拒絕了拿破崙的請求，他很清楚，一旦奧地利淪為拿破崙的附庸國，那麼，俄國必定成為拿破崙的當然打擊目標。正所謂唇亡齒寒，拿破崙的稱霸野心，不得不提防。

亞歷山大的態度讓拿破崙甚為不悅，他又提出想和現任皇后離婚而娶沙皇之妹為妻的請求。亞歷山大對此未置可否，只是說妹妹們

・「反法同盟」的三位皇帝：從左到右分別是俄國沙皇亞歷山大一世，奧皇弗朗茨和普魯士國王腓特烈・威廉三世（Friedrich Wilhelm III），他們是反抗拿破崙的主要推動者。

的婚事都是皇太后做主。不過，沙皇返回聖彼德堡沒多久，他那唯一一位適婚的妹妹便成為了別人的未婚妻。拿破崙最後不得不做少許讓步，與俄國達成秘密協定，將芬蘭和多瑙河沿岸各省讓給俄國；俄國必須接受拿破崙針對奧地利的請求。儘管如此，拿破崙心裡清楚，若真到了奧地利出兵的那一天，俄國也不見得會援助法國。

就在法俄兩國互相猜疑之時，奧地利已經歷了一場政治改革而重現異彩，奧地利人對於拿破崙的步步緊逼已然忍無可忍，國內反法呼聲高漲，軍隊士氣倍增。1809年4月9日，14萬奧地利雄師在查理大公（Archduke Charles）的率領下攻入巴伐利亞，與當地法軍交火。這一未經宣戰的突然軍事行動令拿破崙及法軍措手不及，此時拿破崙尚在巴黎，他的精銳部隊也在西班牙難以脫身，形勢異常危急。4月17日，拿破崙來到多瑙河上的沃爾特，他發現這一次的奧軍在作戰能力上已今非昔比，在法軍的猛烈炮火轟擊下仍勇敢拚殺。與之相比，現在的法軍則在戰鬥力上下降很多，這讓拿破崙甚為擔憂。雖然法軍在雷根斯堡（Ratisbon）等五次大會戰中殲敵甚眾，但法軍也付出了不小的傷亡代價。

・露易絲與拿破崙結婚不久，就為他生了一個兒子，通稱「羅馬王」(Roi de Rome)。

5月13日，拿破崙又一次進入維也納。但正在這時，查理大公將軍隊帶出了維也納，並毀掉了連接多瑙河的橋樑。拿破崙果斷下令，命法軍向多瑙河中一處延伸到洛伯島（Lobau）的淺灘架設浮橋，然後再從洛伯島渡河到多瑙河左岸。法軍的先頭部隊在拉納（Jean Lannes）和馬塞納的率領下成功過河，占領了左岸附近的阿斯佩恩（Aspern）和艾斯林（Essling）兩個村莊。可是，後續法軍卻遭到了查理大公的突然襲擊。拉納急忙率騎兵增援，但搭設的浮橋突然崩塌，法軍的彈藥落入河中。拿破崙見狀急令全軍撤退，此間，法軍大量傷亡，拉納將軍也壯烈犧牲。

艾斯林戰役的慘敗，使整個德意志地區都嗅到了拿破崙軍事走下坡路的氣息，這一地區開始不安分起來。拿破崙迅速重整旗鼓，在7月份時與查理大公再次交鋒。面對奧軍的合圍攻勢，拿破崙集中火力攻擊位於瓦格拉姆

(Wagram)和阿德爾克拉之間的奧軍中樞，同時命法軍右翼橫掃魯斯巴赫的奧軍全線。最終，奧地利的援軍沒能及時趕到，查理大公合圍法軍的計策沒有成功，他只得下令撤軍。這樣，第五次反法同盟的奧地利部隊和法國的戰爭，以法國勝出結束。

1809年10月14日，法奧兩國簽訂《肖恩布魯恩和約》(Treaty of Schönbrunn)，奧地利再一次割地賠款，失去了所有海洋通道和350萬居民。

凱旋的拿破崙可謂意氣風發，他的帝國疆界線在不斷延伸，他懲辦了所有反抗他的人，所有附庸國再不敢亂起騷動，他還奪取了羅馬教皇的領地，使教會再不敢反對他。英國這時候被「大陸封鎖令」搞得百凋敝。這些怎不令他心下暢快，但有一件事卻令他愁眉緊鎖。原來，約瑟芬到現在也沒有給他生下子嗣。拿破崙毅然於12月15日與約瑟芬離婚，再於1810年4月娶奧地利公主瑪麗・露易絲(Marie Louise)為皇后。

新婚的拿破崙很快便投入到國事處理中，他要徹底把英國擊垮，然後對付土耳其，施行他的東方征服計畫。正當他躊躇滿志於帝國大計時，1811年3月20日，新皇后生下皇子。欣喜若狂的拿破崙立即封皇子為「羅馬王」，他還興奮地宣稱法蘭西帝國巔峰時刻來臨。

・拿破崙・波拿巴為法蘭西第一共和國第一執政，法蘭西第一帝國的皇帝、軍事家、政治家。

冰雪下的帝國亡魂

1812年6月24日，拿破崙率領大軍渡過尼曼河，他要求法軍上下貫徹其閃電戰術，以避免由於法軍數量龐大、戰線拉長而造成的補給匱乏，所以要爭取盡快攻入莫斯科，迫使俄國簽訂和約。可是，當拿破崙上岸後，發現四處空無一人，他不禁暗自擔心：俄軍會不會不戰而退，放棄立陶宛首都維爾紐斯(Vilnius)和整個俄屬波蘭？他們會不會採取「誘敵深入」的戰術？拿破崙焦急地等待偵察兵送信回來，而當他收到俄軍撤退的情報時，他知道自己的擔憂成為事實了。6月28日，法軍開進維爾紐斯。雖然法軍未動一槍一彈，但已有1萬匹戰馬因行軍條件惡劣而死去，新兵們也死了不少。

接下來，拿破崙一直收到俄軍撤退的消息，儘管他派將軍們率領部隊急行軍追趕俄軍以求一戰，但始終不能如願。終於，7月26日，法軍前鋒部隊趕上了俄軍巴克萊（Barclay de Tolly）的後衛部隊，雙方在奧斯特羅夫諾（Ostrovno）近郊立即投入戰鬥。結果，俄軍雖然敗了，但法軍也損失很大。法軍乘勝追擊，次日，在威特斯克與俄軍主力部隊遭遇。整整一天，法俄兩方面激戰連連。拿破崙滿面春風，他幻想著經此一戰便能迫使俄國投降。

不過，第二天當他早早來到戰場上時，眼前的景象令他大吃一驚，俄軍已了無蹤影，威特斯克已空空如也。拿破崙頓時洩氣得無以復加，當他環視自己的軍隊時，發現昔日最勇敢的士兵也已被飢餓和疲勞折磨得一個個昏頭，戰馬東倒西歪，糧草也供應不濟。拿破崙告訴大軍，他們既然不能與巴克萊和巴格拉基昂（Pyotr Bagration）的兩支俄軍於斯摩棱斯克（Smolensk）會師前消滅他們，那麼，就在斯摩棱斯克重創敵軍吧。

8月15日，拿破崙大軍逼近斯摩棱斯克。戰鬥打響，拿破崙命令集中炮火連續轟擊，但俄軍守衛部隊頑強抵抗，法軍舉步維艱。拿破崙打算在斯摩棱斯克停頓，渡過冬天，然後鞏固波蘭、立陶宛和白俄羅斯等後方陣地，等法國國內的支援物資及部隊來到時，再合力一舉拿下莫斯科。8月17日，雙方鏖戰正酣之際，斯摩棱斯克城內爆炸聲四起，火光直衝雲霄，不多時，整個城池淹沒在熊熊大火中。原來，俄軍炸掉軍火庫並燒毀城池，又一次從法軍眼皮子底下撤走了，留給法軍的又是一座空城。拿破崙惱怒之餘，不得不

・楓丹白露宮（Palace of Fontainebleau）・
建於1137年，最初為國王的狩獵行宮；法國歷代君主均根據各自的需求和愛好，對它不斷加以擴建和改造，使之成為了一座奢華和富麗的王宮。

· 博羅迪諾會戰 ·

俄、法兩軍於 1812 年 9 月 5 日至 7 日開始在莫斯科以西的博羅迪諾附近進行了一次大會戰，俄軍統帥庫圖佐夫在此戰役中粉碎了拿破崙的進攻企圖，本次戰役成為世界戰爭史上的著名戰役之一。

改變作戰計畫，繼續追趕俄軍。

就這樣，俄軍的「堅壁清野，誘敵深入」戰術拖得拿破崙大軍疲憊不堪，拿破崙從沒這樣被人耍得團團轉。8月19日，內伊（Michel Ney）將軍與俄軍相遇於瓦盧提諾（Valutino）。拿破崙率大軍急急趕到，他見俄軍不斷有援軍加入戰團，便命令朱諾部隊馬上接應內伊統帥。可惜，朱諾未能截住俄軍，致使巴克萊成功脫身。

正當巴克萊將軍的戰術使拿破崙一籌莫展時，俄國內部起了變化。俄國宮廷官員認為巴克萊對來犯之敵不還擊反引其深入，難道是想把拿破崙請到俄國來威脅沙皇嗎？因為俄國貴族害怕拿破崙一旦獲勝，會立即廢除農奴制，會強制俄國奉行大陸封鎖令。這就等於動了貴族們的命根子。最終，巴克萊將軍被撤職，俄軍統帥換為庫圖佐夫。這對拿破崙來說無疑是一大福音，庫圖佐夫雖久經沙場頗有見識，但臨陣換將，新統帥必定要顧及俄國貴族的囑託，所以，法俄決戰近在眼前。

9月5日，法軍行至距莫斯科120千公尺的博羅迪諾（Borodino）。很快，法軍便攻下了俄軍左翼的謝瓦金諾多面堡。晚上，又打退了敵人的偷襲。拿破崙一夜未眠，他擔心俄軍再次撤退，他需要的是消滅俄軍的再生力量，而不只是占領莫斯科。9月5日，拿破崙決定從占領的謝瓦金諾多面堡向俄軍主力推進。此一戰一直持續到晚上，雙方指揮官大量傷亡，俄軍的巴格拉基昂將軍被炮彈擊成重傷，拿破崙手下也有包括達武統帥在內的47位將軍或死或傷，還有3萬多名法國士兵陳屍沙場。激戰到最後，俄軍因寡不敵眾而撤退，拿破崙命令炮火繼續轟擊，而那些俄軍寧願被炮彈擊得粉碎，也沒有一個人投降。

9月14日，拿破崙的大軍進入莫斯科。法軍四顧，發現這又是一座空城，到處都是火燒過的痕跡。當晚，莫斯科又起大火，而且整整燒了三天，建築物坍塌之聲不絕於耳。更可怕的是，法軍斷糧了。此時，庫圖佐夫正把部隊集結在莫斯科西南的卡盧加（Kaluga），準備隨時進攻空成內的法軍。10月18日，俄軍襲擊了繆拉的部隊，法軍一下子損失了3000人。這讓拿破崙意識到該撤退了，而且俄國的嚴冬將至，法軍不可能在這無處藏身的地方餓著肚子過冬。

當法軍準備撤退時，發現南邊的路線已被俄軍堵死，無奈，拿破崙只得率軍開往環境惡劣的北線。11月初，拿破崙的部隊遭到了俄國騎兵的突襲。天又下起了大雪，法軍開始迷路，成千上萬的士兵倒在俄羅斯雪原上。到12月中旬，昔日的51萬大軍僅剩兩萬殘兵敗將，生者永遠也忘不了俄羅斯冰雪下的幾十萬帝國亡魂。

整個歐洲的敵人

1812年12月18日，拿破崙回到巴黎，他意識到歐洲將有一次更大規模的反法戰爭。於是，他不敢耽擱，立即著手徵兵，30萬人的大軍迅速成形。與此同時，亞歷山大一世也在遊說普魯士和奧地利加入反法同盟，以圖一舉打敗喘息未定的拿破崙。1813年2月7日，俄軍進入華沙。不久後，在英國的積極組織下，俄國、普魯士、英國和瑞典等國聯合，組成第六次反法同盟；奧地利方面暫時保持中立，實則靜觀戰機，相時而動。

1813年8月27日，拿破崙與反法同盟軍進行了德列斯登（Dresden）會戰。法軍損失逾萬，聯軍也傷亡近2萬人。莫羅將軍被炮彈炸斷雙腿，幾日後不治死去。拿破崙更加意識到現在的法軍作戰力大不如前，而且，部隊中那些來自附屬國的士兵每天都在叛逃。戰事一天天吃緊，那些附屬國尤其是德意志的人民也在加緊籌畫復國運動。眼下，將軍們統領的各部也經常被聯軍打得潰不成軍。拿破崙清楚，必須儘快與聯軍決戰。

10月16日，萊比錫（Leipzig）會戰爆發。這次戰役堪稱拿破崙各大戰役之最，共進行了三天。拿破崙的15萬人對抗聯軍的23萬人，不過，這兩個數字在這三天內變化快得令人吃驚。第一天，15萬銳減至12萬，23萬也減少了4萬。第二天，這兩個數字各有變化，但拿破崙盼到的援軍僅為1.5萬人，而聯軍卻等到了11萬之眾的增援部隊。

・庫圖佐夫親自勘察、確定戰場的位置，並定下了誘攻的計策。

·1813年10月16日在恐怖的萊比錫戰場上，拿破崙再次丟下部隊逃跑了；這幅畫描繪的正是拿破崙從戰火硝煙中穿樹而走的情景。

當然接下來聯軍的數量還在猛增，而拿破崙軍隊中的薩克森軍團竟然在10月18日的戰鬥中，調轉炮口向法軍開火。更讓拿破崙痛苦的是，彈藥供給越來越少了，法軍的大炮眼看要「斷糧」了。

當晚，拿破崙下令法軍且戰且退向萊茵河。在撤退途中，法軍又遭聯軍重創，至19日法軍共傷亡6.5萬人，等到拿破崙於11月2日來到邊境的美因茲（Mainz）時，他的隊伍中除了傷病之外只有不過4萬人。11月9日，元氣大傷的拿破崙回到巴黎。

萊比錫一戰，拿破崙在歐洲大陸不再具有戰略的主動權，他將要進行的1814年戰爭，不得不轉入本土防禦；但回到巴黎的拿破崙又面臨著其他更大的壓力。繆拉離開了他，回到那不勒斯管理他的國家去了，這實際上等同於抽離了法軍力量轉而送給了反法同盟。達武統帥的軍隊被俄普聯軍困在了漢堡（Hamburg）；拿破崙的哥哥約瑟夫被趕出了西班牙；弟弟熱羅姆（Jérôme Bonaparte）作為拿破崙親封的西伐利亞（Westphalia）國王，也被趕出了首都卡塞爾（Kassel）。拿破崙知道自己必須再征一支軍隊，而且必須儘快。因為，反法同盟軍已於1814年1月1日陸續渡過萊茵河，正向拿破崙家門口撲來。拿破崙審時度勢，決定採取集中優勢兵力、各個擊破的方法對付來勢洶洶的聯軍，爭取從局部勝利反攻至全線勝利。當拿破崙把法軍主力部署在馬恩河灣（Marne）後面時，1月25日，他命令法軍向普魯士軍隊發動猛攻。經過幾天的戰鬥，法軍大敗普軍，但拿破崙的初衷並未達到。正在他準備對反法同盟做出讓步時，他突然發現敵軍犯了戰略部署錯誤，敵軍竟然開始分頭行動。這讓拿破崙大喜，他立即率兵殲滅各個孤立的同盟軍。

從2月7日一直到2月22日，拿破崙每戰必勝，他簡直忙得團團轉。法軍的連連得手讓同盟軍提出和談，在休蒙（Chaumont）舉行的談判中，拿破崙堅持帝國領土的完整，這與同盟軍的要求相背，談判無果而終。不過，3月1日，俄國、奧地利、普魯士和英國卻成功簽訂了《休蒙條約》（Treaty of Chaumont）。依據條約，締約各國不得單獨與拿破崙議和，除英國負責提供作戰經費外，其餘各國均需提供15萬軍隊對法作戰。此外，四國還就法蘭西帝國的領土歸屬，以及戰後歐洲格局等問題進行了密談。這一條約的達成，令反法同盟各國空前團結，這無疑加速了拿破崙帝國的滅亡。

雖然法軍取得了一系列局部勝利，但面對強大的同盟軍，拿破崙已是回天乏術。同盟軍這時候開始改變戰術，他們用一支軍隊牢牢牽制住拿破崙，然後著力進攻拿破崙和他的將軍們。這一招果然奏效，3月30日，法軍其中一部被同盟軍圍困而投降，其他各部也與拿破崙分割開來，拿破崙率兵苦追敵軍卻不料竟給敵軍讓出了通往巴黎的路途。

兩天後反法同盟軍進入巴黎。在同盟軍的支持下，波旁王朝復辟，路易十八（Louis XVIII）登上法國王位。4月2日，法國元老院宣佈拿破崙退位；4月20日，拿破崙在楓丹白露宮與自己的近衛軍告別後，動身前往厄爾巴島（Elba）。

魂斷滑鐵盧（Waterloo）

1814年5月4日，拿破崙抵達厄爾巴島，但他仍然無時無刻不在關注著歐洲大陸的情況。關於法國和維也納會議的最新消息不斷傳來，路易十八瘋狂地復辟波旁王朝的舊制，但法國人民已習慣了民主思想，所以當路易十八的舊制難以落實時，他便不斷製造暴力事件。

法國人民處於水深火熱之中，人民甚至是法國軍隊都盼望著拿破崙早日回歸。反觀維也納會議（Congress of Vienna），戰勝的封建君主們都對拿破崙帝國的領土紅了眼，還出現爭搶和刀劍相向的情況。1815年1月3日，英國、奧地利與法國締結同盟，將俄國和普魯士排擠在瓜分薩克森和波蘭之外。

·拿破崙像·

1815年2月，拿破崙秘密會見了法國政治家馬雷派來的信使，來人向他轉告了法國人期盼皇帝回歸拯救法國於水火的熱望。拿破崙立即將德魯奧、貝爾特朗和康布羅納等將軍叫來，說明了自己回歸法國的決定，將軍們當即表示支援。2月26日，厄爾巴島上的波爾托費拉約（Portoferraio）城中有1100名荷槍實彈的近衛軍列隊，拿破崙一聲令下，軍隊靜悄悄地向港口挺進。在夜色的掩護下，拿破崙和他的軍隊乘坐小船，避開英國巡邏艦隊，向法國海港駛去。3月1日，拿破崙一行於法國的昂蒂布（Antibes）登陸。在接下來的行軍中，拿破崙遇到了路易十八派來的阻截軍隊，但他嚴令手下將士不許開槍，他自有辦法到達巴黎。

3月7日，在格勒諾布爾（Grenoble）附近，路易十八的軍隊將炮口對準了迎面走過來的拿破崙和其近衛軍。拿破崙命令自己的軍隊槍口朝下，跟在自己身後迎向對面的砲口。快到跟前時，拿破崙敞開衣襟，露出胸膛，高聲向對方軍隊喊道：「士兵們，你們難道不認識我了嗎？你們的皇帝願意飲下你們的子彈！」皇帝此舉立即贏得了士兵們的心，他們高呼著「皇帝萬歲」歸順了拿破崙。與此類似，拿破崙又收了內伊統帥的軍隊，於3月20日晚入駐杜樂麗宮，恢復法蘭西帝國，路易十八倉皇逃走。

就這樣，拿破崙未開一槍便在19天內回歸巴黎、重登法國皇位，這令歐洲的封建君主們簡直不相信。當他們終於意識到這是事實時，他們停止了爭吵，又團結起來組成第七次反法同盟，兵力達70多萬。

回到巴黎的第二天，拿破崙就開始籌備軍隊。他召回以前的退伍老兵，將其與新兵及現役軍人混合編制；同時，他還督促兵工廠加大槍炮彈藥的生產量，並大量從國外購置武器。軍隊迅速整頓好後，拿破崙馬不停蹄地前往博蒙，6月14日，他命令法軍向比利時進攻。他已探明同盟軍形勢，威靈頓公爵（Duke of Wellington）的英荷聯軍與布呂歇爾（Gebhard von Blücher）的普魯士軍隊正在比利時集結，他們準備渡萊茵河進攻法國。拿破崙正是想讓法軍插進這兩支大軍之間，集中優勢兵力各個擊破，這之後，再迎戰正在西進的俄奧聯軍。果然，拿破崙的作戰計畫發揮作用，林尼（Ligny）一戰法軍大敗布呂歇爾的普軍，但內伊元帥並沒有及時追擊普軍致使其成功撤退，於是，拿破崙命令格魯希（Emmanuel de Grouchy）率3.2萬人追趕布呂歇爾。誰知，格魯希軍這一去就再沒為對抗聯軍派上用場，因為它已被精明的布呂歇爾派出的一支小部隊牢牢牽制住了。當拿破崙在滑鐵盧戰役最關鍵的時刻，焦急地等待這支軍隊前來救援時，他才會明白當初做出的這一決策是何等的失敗——正是他首先違背了自己制定的集中優勢兵力的戰術。相對拿破崙這一失誤而言，布呂歇爾的決策可謂高明，他的小部隊牽制了拿破崙近三分之一的兵力，而他本人則率領主力迅速向威靈頓軍隊靠近。

6月18日，拿破崙下令進攻

・在滑鐵盧戰役中，威靈頓公爵指揮的英軍在普魯士軍隊的支援下大敗法軍。

聖尚山高地（Mont-Saint-Jean），滑鐵盧戰役拉開序幕。前一天，威靈頓在探明布呂歇爾進軍方向後立即命令部隊退至聖尚山以南的山脊上。然後，他命令軍隊沿著山脊排開陣勢，東西兩側以農莊和鄉間別墅為據點。戰鬥打響時，拿破崙投入了270門大炮、7.3萬人，而威靈頓僅有154門大炮和6.8萬人。相比之下，拿破崙在兵力上占有優勢；但威靈頓則靈活地運用地利，他把部隊安置在高地的背面，可以有效阻擋法軍的炮火。此外，英軍陣地兩側的農莊據點和中路的大道，都起到將拿破崙的攻勢割裂開來的作用。

拿破崙觀察敵軍戰略部署後，下令攻擊敵軍左右兩側的據點。但那些據點早已被重兵把守，法軍久攻不下。到了下午，拿破崙派內伊率部進攻英軍中路。內伊的步兵以密集縱隊推進，騎兵也向敵軍方陣中衝擊，但英軍中央防線火力太猛，法軍根本無法突破。近兩個小時後，拿破崙終於指揮軍隊攻占了聖拉海（La Haye Sainte）防線的一處要塞。威靈頓防線眼看有被突破的危險，千鈞一髮之際，布呂歇爾的軍隊出現了，戰場上形勢陡變。

拿破崙見普軍來到，便四顧格魯希的軍隊，結果令他失望至極。還沒等拿破崙做出戰略調整，內伊已經率騎兵向聖拉海與烏古蒙之間的英國步兵方陣衝去。拿破崙未及時採取措施攻擊普軍先頭部隊，又於傍晚時分再次對威靈頓中路發動猛攻，終於突破聖拉海防線。緊接著，拿破崙派出不輕易使用的老近衛軍，其中兩營迎戰普軍，另外八營由內伊指揮衝擊英軍總體防線。最終，拿破崙使出了所有兵力仍不能突破英國防線。就

・遭流放途的拿破崙・

在拿破崙無計可施時，威靈頓發出反攻令，頓時，法軍兵敗如山倒。滑鐵盧戰役結束了，法軍損失超過4萬人，英軍傷亡1.5萬人，普軍也失去了7000人。

1815年6月22日，拿破崙再度宣佈退位；7月8日，路易十八再度復辟波旁王朝；7月15日，拿破崙登上英國的「伯雷勒芬號」軍艦（HMS Bellerophon）；10月16日，他被流放到大西洋中的英屬聖赫勒拿島（Saint Helena）。1817年，他開始被病痛折磨；1821年5月5日下午6時，拿破崙在病痛中永遠地閉上了眼睛。

關於拿破崙的死因，眾說紛紜，但不管怎樣，他的死的確讓法國人民悲慟不已。1840年12月15日，拿破崙的靈柩在法國人民的護送下，浩浩蕩蕩地通過凱旋門，最終被安葬在巴黎榮譽軍人院（Les Invalides）的圓頂教堂中，拿破崙終於回到了他所熱愛的人民中。

日不落帝國的象徵

——維多利亞女王（Victoria of the United Kingdom）

作爲英國女王和印度女皇，她一手締造了「日不落帝國」的輝煌，使英國的殖民地遍佈世界各地，使維多利亞時代成爲英國空前繁榮的黃金期；作爲艾伯特（Albert）的妻子和9個孩子的母親，她是相夫教子的普通女人，用刻骨銘心的愛情述說女人的幸福，用道德、良知和家庭責任感來影響這個時代的英國民風。她是鐵腕君主，因爲她強勢控制了國家內外政策的制定；她是「歐洲的祖母」，因爲她的兒孫透過聯姻成爲歐洲各國統治者；她是維多利亞女王，她是「日不落帝國」的象徵。

肯辛頓宮（Kensington Palace）裡的小姑娘

1818年5月29日，喬治三世（George III）的第四個兒子愛德華王子（Edward Augustus）與薩克森—科堡—薩爾費爾德（Saxe-Coburg-Saalfeld，德意志的一邦）大公的公主瑪麗・路易莎・維多利亞公主（Mary Louise Victoria）結婚。當公主身懷六甲時，愛德華王子毅然帶著家人從德意志回到英國，在倫敦的肯辛頓宮中住下來。

1819年5月24日，一個胖胖的小女孩兒出生了，這讓肯特公爵更相信他早年的一次經歷。當他還在軍隊任職時，曾在吉卜賽人那裡看過手相，吉卜賽人說他會有一個獨生女，而此女將來會成為女王。想及此，他決定在孩子的受洗儀式上，當眾給她取名為伊莉莎白（Elizabeth），讓她像其祖先伊莉莎白一世那樣統治英國。但一向與他不合的哥哥，也是當時的攝政王，即後來的喬治四世（George IV）卻橫加阻攔，宣布孩子名為亞歷山卓・維多利亞（Alexandrina Victoria）——前半部分是向孩子的教父、俄國沙皇亞歷山大一世致敬，後半部分則沿用了孩子母親的名字。

即便有了未來英國王位的可能繼承人，肯特公爵（Duke of Kent，即愛德華王子）的生活狀況依然沒有改善，更不幸的是，他不久後卻病死了。於是，只有8個月大的維多利亞便與母親相依為命。5歲前，維多利亞盡情展現她的執拗，總是不肯念書；直到某天，一位來自漢諾威的路德教派牧師，帶來了他的女兒萊岑小姐（Louise Lehzen）給維多利亞當家庭教師，她才肯乖乖學習。

·維多利亞女王·

◆ **|姓名|**：亞歷山卓·維多利亞
◆ **|生年|**：1819年
◆ **|卒年|**：1901年
◆ **|在位|**：1837年～1901年
◆ **|父親|**：肯特公爵
◆ **|母親|**：瑪麗·路易莎·維多利亞
◆ **|繼位人|**：愛德華七世
◆ **|主要政績|**：讓英國資本主義得到充分發展，經濟、文化空前繁榮。

7歲時，有一次維多利亞與母親被國王喬治四世召見去遊湖。當喬治四世帶著小公主來到湖上，問維多利亞喜歡什麼曲子，好讓另一艘船上的樂隊演奏時，她竟脫口而出「天佑國王，陛下」的話。不管這是不是誠實的維多利亞的本意，當時的人們便把這信手拈來，看作是「成為未來國王」的應變能力。

1830年，喬治四世駕崩，威廉四世（William IV）登基成為英國國王和漢諾威（Hanover）國王。在此之前，威廉四世與皇后的第二個孩子也夭折了，而且皇后也不能再生育，於是，維多利亞成為英國王位的唯一繼承人。這時肯特公爵夫人全心全意要將維多利亞培養成一個合格的基督教女王，在公主11歲時，做母親的還四處請主教來對女兒進行考核，確認公主在宗教、英國歷史、拉丁文、地理和算術等方面的造詣。

·名畫《格蘭姆家的子女》(The Graham Children)由威廉·霍加斯(William Hogarth)所繪之一般英國貴族。

隨著肯辛頓宮裡的小公主一天天變成少女時，肯特公爵夫人開始讓她增長其他見識。一連幾個夏天，維多利亞被安排遊歷了英國各地，所到之處，百姓夾道圍觀。肯特公爵夫人還發出命令，當公主經過索倫特（Solent）海峽時，軍艦和炮台必須向公主的遊船鳴皇家禮炮。這一酷似國王出巡的儀式傳到威廉四世那裡時，讓本來就溫和的國王大動肝火，在多次口頭勸止無效後，國王頒布命令：今後，只能向國王或皇后的船鳴皇家禮炮，其他任何人等均無權享有此等待遇。

威廉四世與其弟媳的衝突並未就此停止，他與她所代表的輝格黨（Whig）之間的矛盾更是登峰造極。為了避免以後英國落入輝格黨人的手中，1836年，威廉四世打算讓維多利亞與奧倫治王子（Prince of Orange，荷蘭前身）的次子亞歷山大（Prince Alexander of the Netherlands）結婚，同時他也想方設法不讓維多利亞與弟媳娘家那邊的男孩子們接觸；可是，他的願望都沒有達成。這些端倪，可從比利時國王利奧波德一世（Leopold I）那裡看出，身為維多利亞舅舅的他曾來到英國，與外甥女大談一些政治問題，並得到外甥女如同忠實信徒般的崇拜；當然，他也在威廉四世那裡領略到冷落的滋味。

1837年6月20日，威廉四世病逝，18歲的維多利亞登基成為英國女王，而漢諾威國王之位則由她的叔叔坎伯蘭公爵（Duke of Cumberland, Ernest Augustus I）繼承，因為漢諾威法律規定女子無權繼承王位。於是，漢諾威從此脫離了英國。不久，昔日肯辛頓宮裡的那個小姑娘搬進了白金漢宮，開始了她的全新生活。

漸露鋒芒，牛刀小試

・1837 年，英國女王維多利亞的加冕典禮，在位 64 年的她被稱為「歐洲的祖母」。

維多利亞女王第一次公開出現在大臣和貴族們中間，是在威廉四世駕崩後緊接著舉行的第一次御前會議上。當時，他們看到一個與前面三位國王截然不同的18歲小姑娘，鎮定自若地出現在他們面前，一種清新的氣息讓他們立刻意識到時代變得與以前大不一樣了。

・維多利亞女王像・

維多利亞並沒有多少治國經驗，在此之前她總是被母親的光輝籠罩著，以致於不能拋頭露面、自主決定事情。現在，她脫離了母親的控制，但邊還是有著萊岑等人給她建議或言行舉止上的提醒；舅舅利奧波德一世更加頻繁地在來信裡談他的政治經，他還派其私人醫生、親信史托克馬（Christian Friedrich, Baron Stockmar）來到白金漢宮做女王的顧問。

史托克馬是利奧波德生命中的關鍵人物，他在利奧波德當比利時國王的事情上做出了重大貢獻。1830年，他曾建議利奧波德於拒絕希臘王位，因為當時希臘剛剛脫離土耳其，立根未穩。然後，他又提議利奧波德於次年接手剛從荷蘭獨立出來的比利時立憲國王之位。史托克馬得到了比利時乃至英國政要的一致好評，也得到了利奧波德一世授予的男爵爵位。

現在，沒有治國經驗的維多利亞女王登基，史托克馬便來到女王身邊。儘管這樣，利奧波德一世也從沒間斷過他對女王的書信教導，而且越來越頻繁。不過，當墨爾本子爵威廉・蘭姆（William Lamb, 2nd Viscount Melbourne）出現在女王面前時，這位近60歲的英國首相立即成為女王最信任的顧問。這時舅舅的來信中任何談及政治的話題，女王都會拿給墨爾本子爵看，有時候碰到難以回答的內容，便由子爵寫出回信，女王照抄下來，再發給比利時國王。

有一次，利奧波德一世利用外甥女是女王的便利，寫信給維多利亞女王埋怨英國政府在比利時與法國、荷蘭的事務中「保持中立」的態度，他認為英國政府應站在比利時這邊，希望外甥女能夠左右政府在這一問題上的決策。結果，維多利亞女王給他回了一封滿是外交辭令的信。但利奧波德王並未就此放棄，他再次給女王寫信，結果收到了一封言辭略顯激烈，但仍不失

高貴的王族

按照英國憲法規定，英王是世襲的國家元首。名義上英王的權力最大，實際上他們的一切活動完全服從於政府的安排和控制。儘管如此，世襲的國王或女王在百姓心中極受崇敬和愛戴，在形式上也受到崇高的禮遇。英王被看成「一切權力的源泉」、「國家的化身」；所有大臣都是「女王陛下的臣僕」，各種公務信函都印有「為女王陛下效勞」的字樣。

對舅舅尊重的信，並且他被清楚地告知：「英國不會改變初衷。」

漸漸地，人們發現白金漢宮裡的禮法、規矩更加嚴格了，倘若誰不小心壞了規矩，就會立即遭到女王的嚴正警告——女王有一種不怒而威的震懾力。1837年的眾議院選舉中，輝格黨僅獲得了微弱優勢，若這樣下去，輝格黨內閣將會不保，墨爾本子爵就會離她而去。女王從小在輝格黨精神的薰陶下成長，加上她已經把子爵看作是最貼心的顧問，身邊連女僕也都是子爵一手安置的輝格黨人員，一旦他離開，她就傷心。然而，子爵仍勸她應該時刻注意自己是立憲君主的身分，要準備接受反對黨組閣的可能。因為此時，輝格黨面對越來越不利的局勢，打算集體辭職，女王特別不喜歡的那個羅伯特・比爾（Robert Peel）爵士馬上就要做首相了。

後來，征戰拿破崙有功的威靈頓公爵（Duke of Wellington）被召進宮，他建議女王召見羅伯特・比爾爵士。比爾爵士要求女王更換部分內廷女官，因為他不想女王身邊全是輝格黨員，結果兩人並未就此達成共識。女王寫信給墨爾本子爵說明了此事，但她並未聽取子爵的解勸。第二天，女王告訴比爾爵士，內廷女官一個也不更換。儘管爵士採取了針鋒相對的抗辯，但他最終也只能是灰頭土臉的離去。女王興奮地要寫信通知墨爾本子爵，剛放下筆，威靈頓公爵就到了；即便他曾打敗拿破崙，卻不能奈何眼前這位年輕女王的堅持。後來，輝格黨內閣人員開會決定取消辭職計畫，墨爾本子爵仍然是女王的首相，年輕的維多利亞女王勝利了。

緊接而來的是女王的婚姻。在舅舅利奧波德一世的努力下，1840年2月10日，女王和比她小三個月的表弟，也是薩克森—科堡—哥達（Saxe-Coburg and Gotha）的王子艾伯特結婚。然而，當女王想讓國會正式頒給艾伯特爵位時，保守黨竟然站出來反對，以致女王碰了釘子。不僅如此，女王希望國庫每年撥5萬鎊年金給艾伯特親王，就像昔日英國曾給自己母親娘家那邊王儲的一樣多，但保守黨又提出了反對意見，最終，女王的丈夫僅得到了3萬鎊年金。此時，女王比任何時候都氣憤，她當下決定在大婚之時絕不向保守黨人發請帖，即使是威靈頓公爵也不例外。雖然女王在眾人再三相勸下仍給了公爵請帖，但她的憤怒是顯而易見的。

盛怒之下，女王開始向丈夫艾伯特談到利奧波德一世的多事，她認為這位舅舅完全沒必要什麼事情都想涉足。見到女王如此，在他們舉行完大婚儀式前往溫莎時，艾伯特不禁對自己的未來生出些許惆悵。

維多利亞與艾伯特

起初，維多利亞女王和丈夫表現出了迥然不同的嗜好，女王喜歡跳舞，但丈夫則習慣了早起早睡。平時，當女王和官員們談政務時，親王的心思卻在文化藝術上，而且很顯然地，他並不熱衷於政治。有時候，夫妻倆會發生一些衝突。

一次兩人爭執，艾伯特把自己鎖在房間裡，維多利亞固執地去敲他的門，門裡的人問：「是誰？」門外的人答：「我是英國女王。」門內毫無聲息。女王再次用力敲門，於是，兩人又把剛才的問答重覆了一遍。如此重複數遍，最終，敲門聲變輕了，女王的回答也變成了：「我是你的妻子。」門即刻打開。

逐漸地，艾伯特開始參與政治。女王召見官員時，他也會旁聽。有時候，他還和首相墨爾本子爵交流外交上的看法。更值一提的是，當他們的第一個孩子即將出生時，因擔心女王出意外，國會還授予艾伯特親王攝政權。這件事立即透過史托克馬傳到了利奧波德一世那裡，後者那一顆懸著的心終

・1840 年 2 月，維多利亞與艾伯特的婚禮。

於可以放鬆些了。

眼看1841年大選在即，在下議院占著絕對優勢的保守黨是必定要上台；女王還是一如既往地仇視保守黨。為避免再起衝突，墨爾本子爵與親王均事先都做好了準備。藉著國會授予的攝政權，艾伯特派私人秘書前去聯繫羅伯特・比爾爵士。親王與比爾之間進行了幾次密談，最終，就內廷女官任命問題達成了諒解：比爾的保守黨不再援引關於女王內廷任免權須由內閣負責的法律條文，而親王保證在保守黨組閣之日前將內廷主要女官解職，繼任者完全由比爾爵士來挑選。

艾伯特之舉避免了英國政府與宮廷間的一場衝突，使內閣順利交接，頓時名聲大噪。此外，還有一個人對艾伯特的行為分外感激，那就是女王。性格堅韌的女王不願放下1839年的勝利姿態來與比爾商談，但她也不能再像過去那樣蠻橫，這回丈夫為她解圍，於是夫妻倆的感情更加深了一層。不久之後，墨爾本子爵和過去的家庭教師萊岑小姐離開了她，而現在，她除了要處理政務外，也已是兩個孩子的母親了。1840年11月21日她生下了長公主小維多利亞（Victoria Adelaide Mary Louise），1841年11月9日

・白金漢宮（Buckingham Palace）・

位於倫敦聖詹姆士公園（St. James Park）的西側，因1705年白金漢公爵（Duke of Buckingham）的興建而得名；1761年由英王喬治三世（George III）購得；1837年維多利亞女王繼位後，白金漢宮正式成為了王室宮殿，是英國國王召見首相、大臣，接待和宴請外賓的重要場所。

又生下了王儲愛德華（Albert Edward），並且她又懷孕了。

・1897年，倫敦街頭慶祝維多利亞女王繼位60周年大慶的遊行。

這時候的英國，工業革命帶來的國內製造業的發達，尋求原料產地和商品傾銷市場成為國家發展的重點項目；於是，英國開始將視線投向世界各地。1840年2月6日，英國政府與紐西蘭的土著毛利人簽訂了《懷唐伊條約》（Treaty of Waitangi），紐西蘭淪為英國的殖民地。同時，英國對中國的覬覦一刻也沒有放鬆過。一直以來，英國對中國貿易長期的逆差使英國政府頗為不滿，於是，政府同意英國商人往中國傾銷鴉片。

1839年，中國官員林則徐在虎門銷煙，給英國的鴉片傾銷政策一次重大痛擊。當這一消息傳到英國時，當時的輝格黨內閣會議上，外交大臣巴麥尊子爵（Lord Palmerston）將桌子捶得震天作響，大聲咆哮著：「中國人這一行為，不只是損害了英國商人的利益，更觸及了女王陛下的尊嚴！」1840年初，維多利亞女王在議會上做了針對中國問題的演說，她呼籲英國政府「為了大英帝國的利益」向中國開戰。1840年6月，第一次鴉片戰爭爆發，最終，英國人的「船堅炮利」迫使大清帝國政府與之簽訂了《中英南京條約》，英國不僅得到了香港，還獲得了在中國的大量經濟特權。

對於女王來說，家事、國事都很順利，此時，女王與艾伯特親王琴瑟和諧。在享受家庭歡樂的同時，女王夫婦還必須召開國會、接見官員，偶爾在溫莎（Windsor）接待外賓。作為主婦的維多利亞盡情享受著相夫教子的歡愉；而作為英國女王的她，也自然散發著大英帝國君主所應有的丰采。

艾伯特親王跟比爾爵士走得越來越近了，後者有意幫助親王尋找更多的參政機會。恰逢重組議會，新政府決定建立一個專門發展英國藝術事業的皇家委員會，比爾推薦艾伯特來當委員會主席，因為他知道親王愛好藝術。艾伯特滿心歡喜地上任了，並發表著自己對藝術與學術的看法。

・1851年，在萬國博覽會的閉幕儀式上，維多利亞女王與艾伯特親王及其子女(其中穿蘇格蘭裙的就是後來的愛德華七世)。

此外，艾伯特還徹底改革了內廷，將宮內的人員配置、安全問題、財務管理等各個方面都處理得井井有條。過去宮內在私底下一直存在的諸多弊端均被剔除，現在的親王成了女王的得力助手，而且表現出對國家大事的極大關注。正是他與比爾爵士的接觸，使得女王對比爾的看法發生了根本性的改變，她開始表揚比爾身上的優點，並且為比爾內閣即將倒台而感到惋惜。

1846年，比爾內閣宣佈廢除《穀物法》；《穀物法》是英國1815年發布的法律，旨在保護土地貴族的利益，規定只有國產穀物平均價格達到，或者超過一定限度時才允許其進口。這一度使得英國穀物價格猛漲，英國出口商品也被他國強制加徵了關稅，工人因買不起國內穀物便要求增加工資，資產階級的利益大受損害。維多利亞對比爾內閣的這一做法表示了支持。

現在，在艾伯特和孩子們給女王營造的家庭氛圍中，維多利亞被道德感、責任感和勤奮等美德團團包圍著，她也用這些美德諄諄教誨她的國民，使它們成為英國維多利亞時代的社會民風。同時，英國在世界各地的殖民體系漸趨完善，英國經濟日益繁榮，國內最初的幾條鐵路還延伸至各大城市。在科學文化方面，達爾文（Charles Robert Darwin）的生物進化學說、狄更斯（Charles John Huffam Dickens）的著作，以及其他那些領域的風雲人物的成就鑄造了大英帝國在科學文化上的輝煌。一切跡象表明，維多利亞時代的英國正大踏步邁向巔峰。這時，一個問題便在政府官員中產生了：如何展示帝國的繁榮昌盛呢？當仁不讓地，艾伯特親王接手了這個任務。

當艾伯特把他的方案提出來時，人們驚訝於他竟然獨自一人構思了所有細節，他的萬國博覽會（World's Fair）方案囊括了世界各國在機器製造、原料生產、機械設計，以及應用與造型藝術等諸領域的代表作品。親王還賦予他的博覽會以崇高道德的內涵，使它成為一座彰顯人類和平、進步與繁榮的里程碑，成為人類文明進步的象徵。經過兩年的籌備，1851年5月1日，在海德公園（Hyde Park）內，那座由鋼鐵構架和玻璃幕建成的「水晶宮」（The Crystal Palace）前，維多利亞女王主持了萬國博覽會的開幕儀式。女王以國家的名義邀請了歐美亞十幾個國家參展，140天的展會中，對各國展覽品進行了評比，還舉辦了各種工藝活動。英國的630噸大功率蒸汽機、高速汽輪船、火車頭和先進的橋樑、隧道等大型模型紛紛亮相，向世界展示著英國工業革命的傲人成就。

這次博覽會上並沒有進行商品交換，但為世界先進水準的生產技術和新生活理念的溝通交流提供了平台，此次萬國博覽會的成功舉辦，奠定了現代化世界博覽會的格局。萬國博覽會的圓滿成功，讓維多利亞女王欣喜若狂，從此，她更加崇拜艾伯特了。

永失吾愛

雖然艾伯特已徹底征服了維多利亞，而且他也做出了令世界矚目的事情，但英國貴族圈中仍有不少人不喜歡他，他們不只嫌他不夠風雅，最重要的是認為他不具備「英國氣質」，在他們眼裡，他永遠是個異邦人。正是這樣，當外交大臣巴麥尊子爵這個道地的英國人與親王接觸頻繁時，他們之間的競爭便進一步的表現在「德意志特質」與「英國特質」的對抗上了。

巴麥尊子爵在外交界一貫以頭腦敏銳、手腕強硬著稱，在他的四處遊走下，大英帝國的國家利益儼然成為歐洲的「正義與公理」。那些被損害了利益的外國人私底下發洩對他的不滿，德意志就流行著這樣的歌謠：「假如魔鬼有子孫，首選就是巴麥尊。」這些話對於這位英國外交大臣來說是不屑理會的，他常說：「英國很強大，完全可以隨心所欲。」所以，當其他官員阻礙他做什麼決斷時，他便照例甩出一句「我負責」

・1849年，維多利亞和艾伯特到達愛爾蘭的貝爾法斯特（Belfast）場景。

而後獨自行事。很快，他的這種行事風格危及到了英國王室的尊嚴及英國利益。

到了1848年，民主革命在歐洲大陸間蔓延，法國、德意志、奧地利、義大利和匈牙利等國均出現了王室垮台的局面。同樣作為一國君主的維多利亞女王當然同情那些王室，但她及其丈夫突然發現：英國對這些國家的外交政策竟是站在起義者那一邊；而且，就在當年的4月10日，英國的憲章運動又一次爆發，王室深恐工人階級推翻憲法，進而廢除君主政體。巴麥尊在這等時候還多事的去管其他國家的事情，一心想著要用他的外交手腕去促進歐洲的自由主義，而他這種自由主義在維多利亞女王和艾伯特親王眼裡無非是暴民橫行、黨派紛爭。

尤其是艾伯特，從德意志的前途考慮，他認為德意志諸邦應該統一在普魯士治下，分裂狀態只能是阻礙社會發展。這種經過深思熟慮後的見解，艾伯特認為巴麥尊這種人是絕不會想到的，他認為這位外交大臣只是一味地做，凡事僅憑直覺，這裡一下那裡一下，缺乏事先的審慎思考。艾伯特這邊如此認為，而巴麥尊那邊也已經感覺到來自女王和親王的阻力，他那雷厲風行的作風開始膨脹，於是，便索性、時常甩開王室而獨斷專行起來。

他很晚才把外交部的重要公文呈給女王，致使女王根本來不及批改，甚至有時候就免去呈報女王這一環節，直接送出去。最令女王大為光火的是，明明她批改了公文，可外交大臣發出去的卻仍是她未批改前的公文。後來，怒火中燒的女王將此事告知比爾首相，後者告誡了巴麥尊。誰知，這樣做的結果竟是連首相也經常看不到重要公文了。於是，這位夾在中間的首相也在焦慮中生出了憤恨，這種憤恨與女王明顯的憤怒、艾伯特親王不失理性的仇視，終使三人開始密謀如何迫使巴麥尊辭職了。

到了1850年，英國人對巴麥尊的外交政策也感到厭倦了，上議院通過了一項反對他的議案，可是，當它傳到下議院時，巴麥尊親自出馬，對反對意見進行了抗辯。在他時而激昂、時而貼心、時而釋惑、時而抨擊的長長演說中，那則反對議案被擊得粉碎。巴麥尊在外交大臣的位子上紋絲不動，反而一時被人稱頌。到了這時，女王不得不抬出憲法授予她的權利，發出書面警告：如果外交大臣再不按規定辦事，那麼只得將其罷免了。這一招的確讓巴麥尊的自命不凡稍稍收斂了些，但他私底下卻還是我行我素，終於事情到了難以收拾的地步。

1851年12月2日，路易・拿破崙（Charles-Louis-Napoléon Bonaparte）發動政變，在法國恢復帝制，成為法蘭西皇帝拿破崙三世。12月3日，巴麥尊在會見法國大使時公開表示他對路易・拿破崙政變的贊同，而他的態度並未和任何人商量過。兩日後，比爾首相將女王的旨意傳達給他：對於法國剛剛發生的大事，英國政府應保持中立態度。

巴麥尊緊接著給英國駐巴黎大使發去了公文，公文內容是他在3日時對法國大使言及的贊許法國政變之辭；而且，這一公文仍然未呈交女王或者首相過目。比爾首相忍無可忍了，他罷免了巴麥尊。維多利亞頓時如釋重負，艾伯特也感覺到了勝利的喜悅，他推薦格蘭維爾（Lord Granville）做了外交大臣。一切跡象表明，艾伯特親王掌握了英國的外交事務。

然而，在這個問題上，艾伯特的勝利是暫時的。沒過多久，比爾內閣倒台了，這要拜巴麥尊在國內的影響所賜。這次上台的是比爾的擁護者與輝格黨的聯合內閣，首相是阿伯丁勳爵（Lord Aberdeen），外交大臣的位子雖坐上的是克萊倫頓勳爵（Lord Clarendon），但巴麥尊也堂而皇之地成為了內政大臣。不過，這僅是事情變化的開始。1853年7月，俄國為控制巴爾幹半島，公然占領多瑙河流域的土耳其附屬國，進而向土耳其內部入侵。俄國勢力的東擴無疑打破了歐洲均勢，直接威脅到英國的利益。於是，強國的外交大臣們又開始忙碌了。恰在此時，強烈主張英國討伐俄國的巴麥尊突然辭職。這在英國百姓中引起一片譁然，人們紛紛將矛頭對準親王，說他這個異邦人是賣國賊，是俄國人的走狗，他受俄國人指使逼迫，一心為英國人謀利益的巴麥尊辭了職。甚至，人們還將怒氣撒到女王頭上。

・1861 年，維多利亞女王與艾伯特在旅途中用餐。

到了1854年初，人們甚至說女王和艾伯特被抓起來關進了倫敦塔。當然，這些純屬謠言，是人們在戰前神經緊張的表現。最終，當英國軍隊出現在克里米亞（Crimea）戰場時，人們看到了艾伯特與所有英國人同樣強烈的反俄情緒。不久，巴麥尊也收回了辭呈。民憤平息了，上下兩院也在議會上肯定了艾伯特親王忠於英國的愛國心，也確定了他在任何國事上均有對女王提出建議的權利。至此，這位異邦人在英國的地位才真正被英國人確認。在克里米亞戰爭中，英國士兵死亡6萬餘人。阿伯丁勳爵在戰爭接近尾聲時打算與俄國人談判，女王和親王立即給他寫信打消其和談的念頭，同時，女王到各處檢閱軍隊。1855年9月，英法聯合艦隊占領被其圍攻了近一年的塞瓦斯托波爾（Sevastopol）港口，這一港口是俄國黑海艦隊根據地，它的陷落迫使俄軍接受了失敗的命運。

・親王艾伯特像・

正是女王夫婦在戰爭中的強硬態度，反倒拉近了他們與已是首相的巴麥尊的關係。雙方在戰後的外交事務上，雖然仍顯示出不同的態度，但在首相職位上的巴麥尊，明顯比過去內斂些了，儘管他支持義大利獨立，但還是決定把這件事交給外交大臣去做。而對於維多利亞的長女與普魯士王子聯姻之事，雙方一拍即合，他們都認為藉此將英、普王室聯合起來，對兩國發展極為有利。

在國事不忙的時候，女王和艾伯特共同教育他們的孩子。有一陣子，為了躲開喧囂，他們一家還買下了蘇格蘭亞伯丁郡（Aberdeenshire）荒原中的別墅，艾伯特將別墅改建成他親自設計的城堡。這種世外桃源的生活讓女王一家流連忘返。可是，在國事的操勞之下，親王的身體開始衰弱了，且又患上了頑固的失眠症。

1861年初，肯特公爵夫人因病去世，維多利亞先是經歷了喪母之痛，接著她看到丈夫的身體每況愈下。儘管風濕症和感冒接連襲擊，加上正值美國爆發內戰，深知英國與美國北方多有衝突的艾伯特，唯恐英國捲入美國內戰，他仍拖著病體對即將發出去的公文提出修改建議，把那些可能導致戰爭的激烈措辭修改得盡量婉轉。孰料，這竟成為親王最後一次為政務勞碌的記錄。1861年12月14日，維多利亞女王永遠失去了丈夫艾伯特——她年僅42歲的丈夫、助手和親信。此時，她感覺自己的人生帷幕也隨著丈夫的去世而落下了。

悲傷孀婦與鐵腕君主

艾伯特的去世，對於英國來說，無異於一場國家災難，那些大臣們都說：假如他接著再活30年，那定能為英國創出一個更像樣的政體來。不論如何，最為悲傷的仍要屬女王本人。人們都怕她因過度悲傷而失去理智，但他們知道她在靠自身的堅韌強撐著。

當內閣眼看要更替時，女王發現自己已經喜歡老對頭巴麥尊了，於是，她做出了一件讓人意想不到的事情。1862年6月，她以私人名義寫信給反對黨領袖德培勳爵（Lord Derby），信中說她現在身體極差，以致於不能承受任何大的變動，如果內閣改組，那麼她就有因此而丟掉性命或者喪失理智的可能。

雖然女王一直克制著自己的感情，但她仍然難以擺脫喪夫的陰影，她開始長時期地離開倫敦，終日穿著厚厚的縐紗，已甚少地出席公眾場合的她也不戴王冠了。她這樣接連過了幾年，英國人越來越不滿這位悲傷的孀婦，她那無止境的皇忌讓上流社會死氣沉沉，進而直接影響到倫敦服飾店的生意。

當悲傷稍稍能控制時，女王開始命人撰寫丈夫的演講記錄和傳記，女王為此提供了大量的秘密文獻，並且親自參與。艾伯特的傳記讓作家西奧多・馬丁（Theodore Martin）花費了14年的時間，前後共分五冊出版，直到1880年才全部付梓。維多利亞女王之所以這樣做，緣於她很清楚英國人並沒有打從內心認可自己丈夫，所以她要讓他的功績永遠流傳。為此，她還授予馬丁爵士位。

不過，她仍覺得馬丁爵士等人並沒有把她心目中完美無瑕的親王形象描繪出來，於是，她又請桂冠詩人丁尼生（Alfred Tennyson）來歌頌他。這位英國當時最著名的詩人極盡讚美之能事，寫出的詩句，終於得到了女王的首肯。女王滿意了，不過英國人對此形象仍不屑一顧。因為女王不經意間已把

・倫敦的坎寧頓（Cannington）地區，數萬名人民舉行了聲勢浩大的遊行活動。

一個活生生的人刻畫成了一個沒有瑕疵且不具生氣的蠟像，這當然不合英國人的口味。女王對英國人的反應感到「不能原諒」，但事實上，正是女王自己把親愛的丈夫的真本色給掩蓋住了。

作傳不成，女王又想到另一種紀念形式。她在溫莎附近為自己和丈夫蓋起了一座氣勢恢弘的陵墓，受其影響，英國上下掀起紀念艾伯特的熱潮。倫敦籌資請業界一流人物建造了艾伯特紀念廳，帝國各地廣建親王雕像、紀念碑、文化中心、橋樑等，直到人們隨處皆可觸景生情為止。

正當維多利亞女王年復一年地蟄居時，共和主義開始在英國氾濫開來，就連那些國會議員、有學識者，甚至有爵位的名媛都公然談論起激進觀點來。大家開始指責君主政體，掀起使王室壓縮開銷的社會輿論。因為他們認為，女王長期不出來主持各項儀式，作為君主，她的這一職務已經形同虛設，所以，她原先30.5萬英鎊的年金，看來是大大超出職位所需了。

1872年，下議院開會討論改革王室費用的問題，在一片不利於女王的呼聲中，首相力排眾議保護了女王的利益。這一時期，堪稱維多利亞女王一生中最無助、最失落和最受非議的時期。作為一名孀婦的維多利亞女王，如果就這樣在悲戚中去見她的丈夫，那麼人們就會失去一個鐵腕君主，也將無緣生活在她統治下的「日不落帝國」時代。

1874年，班傑明・迪斯雷利（Benjamin Disraeli）組成新內閣，保守黨當權。女王與新首相成為摯友，對其帝國主義的殖民政策大力支持。至此，女王結束歸隱生活，一心想著繼承艾伯特親王遺志，開始積極處理國家大事，參與外交政策的制定。

早先在1870年至1871年的普法戰爭中，維多利亞女王

・維多利亞和她的子女・

在交戰雙方中間斡旋，最終使普魯士首相俾斯麥（Otto von Bismarck）取消了炮轟巴黎的計畫。她還支持對愛爾蘭實行鐵血統治，以致於遭人行刺；雖然女王有驚無險，但仇恨她的人卻炸掉了艾伯特親王的雕像。此舉對於女王，比自己死還要悲痛，但這些都無法改變維多利亞女王的意志。

1877年元旦這一天，維多利亞女王成為印度女皇（印度早已於1858年成為英國的殖民地），從此，女王的頭銜中多了一個女皇的稱號。緊接著，又一次俄土戰爭爆發了；俄羅斯的觸角伸到巴爾幹半島，企圖使信仰東正教的斯拉夫人（如保加利亞人和塞爾維亞人）脫離鄂圖曼土耳其帝國而獨立。這一下子讓女王聯想到了過去在克里米亞戰爭中，艾伯特親王對俄宣戰的決心，加上俄國此舉嚴重威脅英國在地中海沿岸的利益。於是，她力主儘快發兵對抗俄國。但由於首相迪斯雷利的執意勸解，才讓他同意不發兵而改用外交手段。女王與她的政府以武力威脅和外交施壓的雙重手段，使與君士坦丁堡僅一步之遙的俄國軍隊駐足，然後促成了俄國與土耳其的和談。交戰雙方於1878年簽訂了《聖斯特凡諾條約》（Treaty of San Stefano），條約規定在巴爾幹半島建立一個由俄國「保護」的龐大斯拉夫公國——保加利亞。

俄國在巴爾幹半島的勢力的膨脹，立即遭到英國與奧地利兩國的極力反對。維多利亞女王復以武力相威脅，而首相迪斯雷利則竭力發揮其外交才能。無奈之下，俄國同意參加當年6月13日在柏林召開的國際會議。柏林會議上，《聖斯特凡諾條約》得以重新審議，保加利亞被肢解為三個部分，而巴爾幹半島也分裂出幾個獨立的國家。由此，俄國在巴爾幹半島的利益被割裂開來。

1881年，首相迪斯雷利病逝，在女王經歷了與她所不屑的格萊斯頓（William Ewart Gladstone）內閣共事的幾年後，1886年，索爾茲伯利（3rd Marquess of Salisbury）組閣，這樣，她又可以控制英國政府了，因為新首相與女王的政見如出一轍。所以，儘管英國的君主立憲制越來越完善，但維多利亞女王仍制約著政府的行為。出於對新內閣的滿意，以及處理國事時的得心應手，維多利亞女王徹底地走出了艾伯特親王逝世的陰影，她開始任憑性格內極具激情的因素發揮作用。自此，人們便看到這個矮胖的英國女王和印度女皇主持和出席各種活動，她還騎馬閱兵，四處巡視。女王所到之處，人們夾道歡迎。

1887年和1897年，英國人為女王登基50周年和60周年舉行了隆重的慶祝大典，以往所有和女王的隔閡，在這樣的時刻蕩然無存，人們開始狂熱地崇拜她。與此同時，英國政府別出心裁，當大英帝國各附屬地的代表齊聚倫敦時，政府又特地召開「帝國殖民地會議」。會議上，維多利亞女王的崇高聲譽，成為大英帝國江山永固、內外團結的巨大凝聚力。

隨著英國的對外領土擴張，隨著維多利亞女王的聲名遠揚，維多利亞時代成為這個「日不落帝國」繁榮昌盛的代名詞，維多利亞也成為這個時代的象徵。

歐洲的祖母

維多利亞在女王位子上已經坐了60年了，老態龍鍾的她仍容易鬧脾氣。有時候，當大家都在說笑時，女王會突然被某人的話激怒，她會習慣性地嘴角下撇，然後嚴厲地指責那人不檢點的言談。對待兒女們，她同樣地苛刻，甚至會因看到長子愛德華夫婦感情和睦而大發醋意。

1899年，南非的波爾人（Boer）對英國宣戰，南非戰爭打響。剛開始，從前線傳回的戰報說英軍「損失慘重」，這令女王深為焦慮。已是80歲高齡的女王以加倍的熱情與精力關注前線戰事，並且想方設法為國事出力。1900年4月，女王沒有像往常那樣前往法國南部，而是趕到了愛爾蘭的都柏林，那裡是為前線輸送新兵的據點之一。她在那裡一待就是三個星期，期間，還經常不帶侍衛坐車四處巡視。

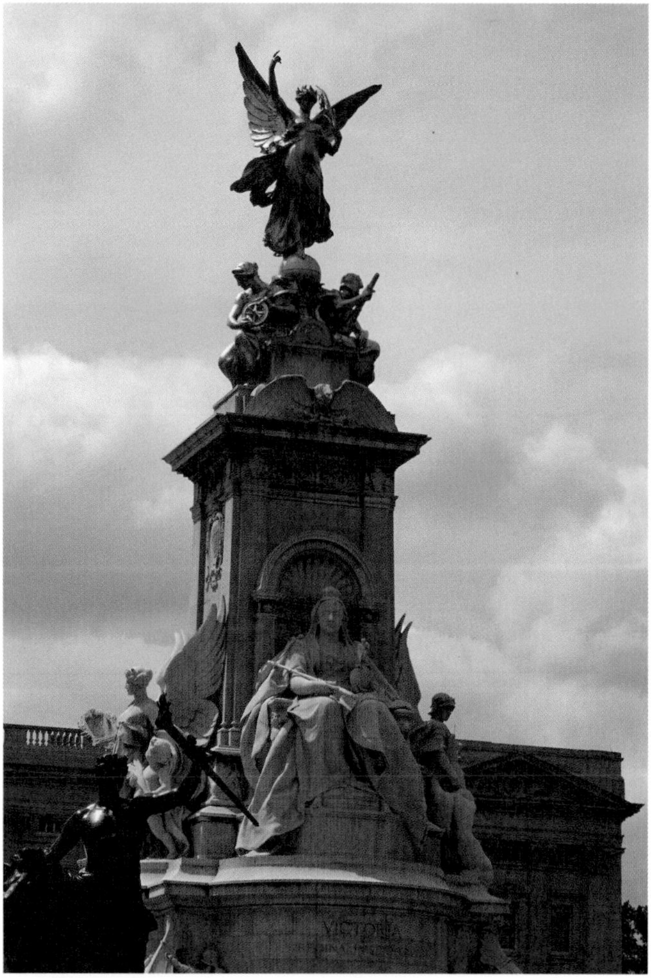

・倫敦喬治廣場（St George's Square）上的維多利亞雕像。

女王一直認為自己有著鐵一般的身體，但人們還是不經意間發現，她老了。那年夏天起，她出現了記憶力衰退和失語症的早期跡象，再加前兩年罹患了的風濕性關節炎和早期白內障，這些病症持續到12月份艾伯特逝世38周年紀念日時，女王終於預感到自己行將就木了。於是，她來到懷特島（Isle of Wight），那是她和艾伯特過去常去的地方；在這個她彷彿看到昔日一家人和美生活的地方，她從容地寫下了遺囑，還將自己葬禮的細節一一註明。

1901年1月14日，女王在奧斯本召見了剛從南非戰場得勝回歸的羅伯茨（Frederick Roberts）勳爵，她向這位英軍總司令詳細詢問了戰爭經過。她那樣全神貫注地聆聽，生怕錯過任何一個細節。不過，當羅伯茨勳爵離去後，女王立刻癱在床上。

1901年1月22日，維多利亞女王與世長辭，享年82歲，在位64年。女王駕崩的消息傳出後，英國上下一片哀聲，人們似乎要用這悲痛挽留住這個偉大的時代，挽留住鑄造偉大時代的維多利亞女王。就像女王的名字永遠留存於英國人心中一樣，維多利亞也成為世界各地大量湖泊、瀑布、河流、港口、城市、學校等的名稱，比如，非洲最大的維多利亞湖、辛巴威的維多利亞大瀑布、香港的維多利亞港、澳大利亞的維多利亞州等等。還有一個堪與此媲美的現象，那就是女王的兒孫們。

血友病

血友病的英文原意是「嗜血之病」，患有這種病的人血液中缺少一種凝血活性酶基因，身上一旦出現傷口，就會流血不止，直至喪命。血友病還是一種遺傳病，一般由女性遺傳給子女，下一代的男性往往成為血友病患者，通常夭折；而下一代的女性則會成為血友病帶原者，再遺傳給她的子女。世界歷史上最著名的血友病帶原者就是維多利亞女王，女王把這種病遺傳給了她的3個子女；次女艾麗絲公主和幼女貝亞特麗絲（Beatrice）公主都成了血友病帶原者；幼子利奧波特（Leopold）王子則是血友病患者。由於19世紀的歐洲正盛行「婚床上的政治」，各國王室之間政治聯姻不斷，血友病很快就傳入了西班牙、德意志和俄國，血友病也被人們稱為「皇室病」。

女王與艾伯特親王共育有九個兒女，其中四個王子中除長子愛德華外全是血友病患者，這是由於女王夫婦乃為近親結婚造成。雖然五位公主皆身體健康，但她們也不例外地是血友病基因的帶原者，所以，當她們出嫁後，血友病便隨之蔓延。不過，這並沒有阻擋她們嫁入帝王家。

長公主小維多利亞與德意志的腓特烈三世（Frederick III）結為連理，兩人的兒子就是後來發動第一次世界大戰的德國皇帝威廉二世（Wilhelm II），而他們的一個女兒蘇菲亞（Sophia）也成為希臘王后；大王子愛德華繼承了英國王位，也即愛德華七世（Edward VII），他的女兒嫁給了挪威國王哈康七世（Haakon VII）；艾麗絲（Alice Maud Mary）是維多利亞女王的第三個孩子，她與德意志黑森大公（Grand Duke of Hesse）的路易四世（Louis IV）結婚，她的一個女兒成為俄羅斯末代沙皇尼古拉二世（Nicholas II）的皇后。

維多利亞女王的其他女兒也都做了王妃或者公爵夫人，她的其他兒子也與歐洲各國公主聯姻。一條婚姻的紐帶，將維多利亞女王和英國王室與歐洲各國王室聯繫在一起，女王也因此成為「歐洲的祖母」。

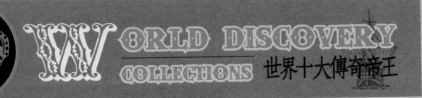

大和民族的改革家

——明治天皇

喝著法國陳年葡萄酒，一身筆挺西裝，卻手握中國毛筆，揮寫日本和歌；推崇西學，追求民主，卻又宣揚君權至上，以傳統武士道精神宣化日本軍人爲天皇而戰；生逢亂世，深受列強入侵之苦，卻又在改革成功後大肆侵略亞洲鄰國，終於走上帝國主義道路。他是日本幕府的終結者，王政復古，將天皇由傀儡變爲至尊；他被臣民奉爲救世主，銳意改革，使日本免於淪爲西方列強的殖民地，反而成爲近代亞洲第一個資本主義強國；他被喻做無瑕美玉，因爲他心裡只惦記著日本的富強昌盛，當日本躋身世界強國之林，他卻勞累致死。他，就是明治天皇。

生逢亂世

1852年9月22日，日本江戶，風和日麗，萬里無雲。大納言中山忠能的家裡傳出新生兒降生的第一聲啼哭，大納言的女兒權典侍中山慶子生下了日本第121代天皇孝明天皇的皇子。

出生第七日，皇子接受命名儀式，得名「佑宮」，後賜名「睦仁」。到了睦仁皇子滿月時，他第一次來到皇宮見到了父皇。之後直到他四歲正式入宮前，便一直住在外祖父家裡。在與外祖父一家相處的幾年，他不僅得到了外祖母的悉心照料，更重要的是，他幼小的心靈早早埋下了外祖父「尊王攘夷」思想的種子。

·日本傳統摺扇·

1853年7月8日，日本的江戶灣水域突然闖入了一支美國海軍艦隊，為首的美國海軍將軍培里（Matthew

Calbraith Perry）說是要向日本國遞交美國總統國書，與日本國締結通商貿易條約。美國人的這一要求與日本幕府推行的閉關鎖國政策相衝突，於是日本官員請美國艦隊開往長崎，在那裡就遞交國書一事進行交涉。但美國人倚仗堅船利炮，予以武力威脅。迫不得已，日本政府收下了美國總統國書。這時，睦仁皇子尚不滿一歲。

翌年，美國艦隊又一次開進了江戶灣，他們欲迫使日本打開國門。值此重大事件之前，一直獨斷專行的幕府突然拿不定主意了，竟然破天荒地向孝明天皇請示如何應付眼前美國艦隊壓境一事。最終，在美國人堅船利炮的威勢面前，1854年3月31日，日本與美國簽訂了《日美親善條約》。自此，日本人一直小心翼翼守護著的國門終被打開，而且一經打開，便再難關閉，因為荷蘭、俄國、英國、法國等國家接踵而來，紛紛強迫日本幕府與其簽訂了一系列不平等條約。

按照日本宮廷規矩，1856年，當睦仁皇子年滿4周歲時，他便正式住進皇宮，並開始全面接受系統的帝王教育。

最初，睦仁皇子跟隨著名的漢學家學習四書、五經等儒家經典著作，系統接受了封建倫理道德的薰染。此外，他還要苦練日本「和歌」和書法。皇子的勤奮一時傳為佳話。當他練習書法達到癡迷程度時，無論是書本、牆壁還是窗戶等地方，隨時都會在上面寫字，所以，剛滿9歲的他已寫得一手好字。

·明治天皇·

- **|姓名|**：睦仁
- **|生年|**：1852年
- **|卒年|**：1912年
- **|在位|**：1867年～1912年
- **|父親|**：孝明天皇
- **|母親|**：中山慶子
- **|繼位人|**：大正天皇
- **|主要政績|**：推動資本主義迅速發展，頒布一系列法令，形成近代天皇制定國家基本法律和意識形態的支柱。

就在加緊皇子的帝王教育的同時，日本國內幕府與倒幕派之間的角力仍在繼續，皇子不時聽聞有人被抓或被殺的消息。接下來的一件事，更令年幼的睦仁皇子甚感抑鬱。孝明天皇為緩和國內政局，下令將自己的妹妹下嫁將軍德川家茂。事情確定下來時，皇子親眼看到了姑姑獨自垂淚。從此，年幼的睦仁對於皇室大權旁落一直耿耿於懷，他上任後第一件事便是推翻幕府統治，施行「王政復古」。

就在如此動盪不安的局勢下，1860年7月，孝明天皇冊立睦仁為皇太子，9月，又加封親王頭銜。此後，睦仁親王更加勤奮學習，並開始了軍事化訓練。他研讀《史記》、《資治通鑑》、《神皇正統記》等中日典籍，以精進帝王之術。他苦練武術、劍術及馬術等武藝，既增強了體魄，又培養了濃郁的武士道精神。此外，他還學習德語，大量閱讀德國法律和法國政典，從西方資本主義國家汲取為政之道。這使他自幼便具備了融會日本傳統倫理與西方先進文明的本領，為其日後進行維新變法打下了堅實基礎。

眼見睦仁親王一天天成長為文韜武略樣樣精通的天皇接班人，孝明天皇喜不自勝，因為他已無力改變日本當前混亂的格局，唯有將振興皇室的重任託於睦仁身上了。恰在此時，1864年，倒幕派聯合起來要求天皇號令全國對幕府開戰。這讓孝明天皇眉頭緊鎖，他認為此時還不宜討幕。可倒幕派已是按捺不住，他們決定以兵諫來武力威脅天皇就範。霎時，皇宮上下危如累卵，因為天皇並無軍權，所以天皇及睦仁親王隨時都有被劫持的危險。就在這危急時刻，幸有援軍趕到，將倒幕派打散，為天皇一家解圍。這一被稱為「禁門之變」的動亂，讓年僅12歲的睦仁親王又一次意識到擁有軍隊的必要性；而對於孝明天皇來說，它則加劇了他內心深處對日本政局回天乏術的憂患與負罪感。

・鎖國後，葡萄牙人離開日本的畫面。

1866年12月26日，深感內憂外患的孝明天皇溘然病逝，享年僅36歲。他身後留給日本第122代天皇的，卻是一個風雨飄搖的日本，而這個將即位的天皇還只是個不足15歲的少年。

推翻幕府，王政復古

1867年1月9日，睦仁親王在皇宮的清涼殿小御所舉行了登基儀式。坐在天皇寶座上，睦仁立即把精力投注於推翻幕府統治上。他放眼日本上下，幕府的奢侈無度與百姓的苦不堪言對比鮮明；西方列強在國內大肆傾銷產品和搶奪原料，以致於日本國內商家關門的關門，轉行的轉行，一時間物價隨風而漲，百姓生活無以為繼。這一切，再加上睦仁自記事起耳聞目睹的現象，都令他如坐針氈。看來，推翻幕府統治、將大政重握天皇手中勢在必行。不滿15歲的少年天皇躊躇滿志，無時無刻不在謀劃著改弦更張。

睦仁天皇剛即位，便立即大赦那些因反對幕府而獲罪的朝臣，不消說，他立即得到了這些人的誓死效忠。日後的倒幕運動中，這些人的確為天皇大效犬馬之勞。在治國方面，尚未成年的睦仁常會向外公中山忠能和重臣岩倉具視尋問建議，這兩人自是全心輔佐新皇。此外，睦仁還發現朝臣中有一批職位雖低，但銳意改革的人物存在，於是，他毫不遲疑地重用他們。

當然，朝廷中也並非一邊倒地支持倒幕。除倒幕派外，還有支持幕府統治者和騎牆觀望者，後者不在少數，因為他們尚難以看出倒幕派與幕府兩者的角力究竟後果如何。與此情形相同，日本全國的各路藩主也分出三大陣營來。日本局勢已是箭在弦上，此箭何時射出，倒幕運動以何等方式發起，實非急促之事，倘一個不慎，觸及各方利害機關，則滿盤皆輸。睦仁天皇決定審慎從事，他命令岩倉具視等心腹大臣擬訂一份廢除幕府制度的秘密詔書，勒令幕府將軍德川慶喜將大政交出並辭去官職。

詔書措辭激烈，若皇令遇到幕府頑抗，那麼兵戎相見亦在所不惜。密詔擬好後，天皇首肯。於是，密詔被下發到受幕府壓迫最深，也是倒幕決心最堅定的薩摩藩和長州藩。天皇此舉意在暗中聯合倒幕中堅力量。

1867年10月14日，當薩摩藩的大久保利通和長州藩的廣澤兵助接到密詔時，他們立即著手實施倒幕計劃，並做好向京都發勤王之師的準備。與薩摩藩以大久保利通和西鄉隆盛為代表的強硬倒幕勢力相比，倒幕派中尚有一批持溫和態度者，土佐藩堪為代表。土佐藩主山內容堂並不反對大政復古，他只是希望倒幕派允許幕府主動讓權，而不是採用武力根除幕府勢力。但無論如何，倒幕與大政復古已然成為不可逆轉的時代潮流。此時，德川幕府的做法著實讓睦仁天皇和倒幕派大感意外。

・日本平安神宮是祭祀桓武天皇及孝明天皇的神宮；仿平安朝皇宮正廳朝堂院而建，為明治時代庭院建築代表。

・古代日本人的生活畫面。

幕府將軍德川慶喜竟主動請求辭去征夷大將軍之職，並決意奉還大政於天皇。慶喜這樣做，實是出於對天皇及朝臣的試探。慶喜很清楚，日本由武士階層控國已近700年，德川幕府為政也已260年有餘，統治日本的是一個被武士階層完善建立的國家機構，操縱這個機構非那些朝臣所能為。考慮到這些，慶喜認為即便將大權交予皇室，後者也定難以駕馭，用不了多久這大權便會被送回來。

最初的結果正如慶喜所料，少年天皇及其朝臣立根未穩，尚沒有健全的國家機構，此時獲得幕府交出的政權，卻不能令其正常運轉。萬般無奈之下，睦仁天皇只好重又委以德川慶喜處理內政外交的權力。即便如此，倒幕派一直沒有中斷準備工作，眼見天皇將部分政權還於幕府，他們唯恐大政復古中途夭折，於是更加緊在全日本調集倒幕軍隊。以岩倉具視、中山忠能為核心的倒幕朝臣還大力協助睦仁天皇健立健全政府機構，他們和那些勤王人士秘密策劃「王政復古大號令」的發布日期和一切相關事宜。計畫妥當後，薩摩、長州、藝州、尾張和越前五個藩的勤王之兵立即把守住宮門，禁止任何倒幕派以外的朝臣進宮。

1868年1月3日，依照岩倉具視等勤王派預先策劃的那樣，睦仁天皇向全國發布「王政復古大號令」，昭告天下：「接受幕府將軍德川慶喜奉還大政的請求，同時實行王政復古。」為表決心，天皇宣布，自即日起，廢除幕府及攝政、關白等舊制，增設總裁、議定和參與三個職位，全面建立天皇政權機關。同時，撤下原先負責京都衛戍之親幕府的會津藩和桑名藩軍隊，將此大任交於薩摩、長州、藝州、尾張和越前五藩的勤王軍隊。如此一來，京都氣象發生了翻天覆地的變化，日本國改天換日，天皇及革新派徹底控制了朝廷局面。那麼，該怎樣處置德川慶喜呢？

就在發布王政復古大號令的當天晚上，皇宮小御所內，新成立的政府機構召開了首次御前會議，研究討論對德川慶喜的處理問題。會議現場氣氛凝重，與會官員皆為倒幕派和勤王派首腦，他們一臉嚴肅。自前來會場的路上，他們看到皇宮各殿、各門、各要道及宮外四處均有全副武裝的衛隊把守，非受邀人員一律不得入內。那時，官員們便深切體悟到：自己正欲參加的將是一個關係到日本前途的會議。

理論上講，這次御前會議應該很容易便得出有利於天皇的決定，因為畢竟沒有支持幕府的官員參加；但是，倒幕派內部並非全是像岩倉具視和大久保利通這樣的強硬派，還有一股溫和勢力，他們支持還大政於天皇，但並不主張把幕府徹底打倒，因為他們認為幕府無可否認地對日本發展做出過很大貢獻。溫和派中，因好杯中物而素有「鯨海醉侯」諢號的土佐藩主山內容堂，便是「公武合體

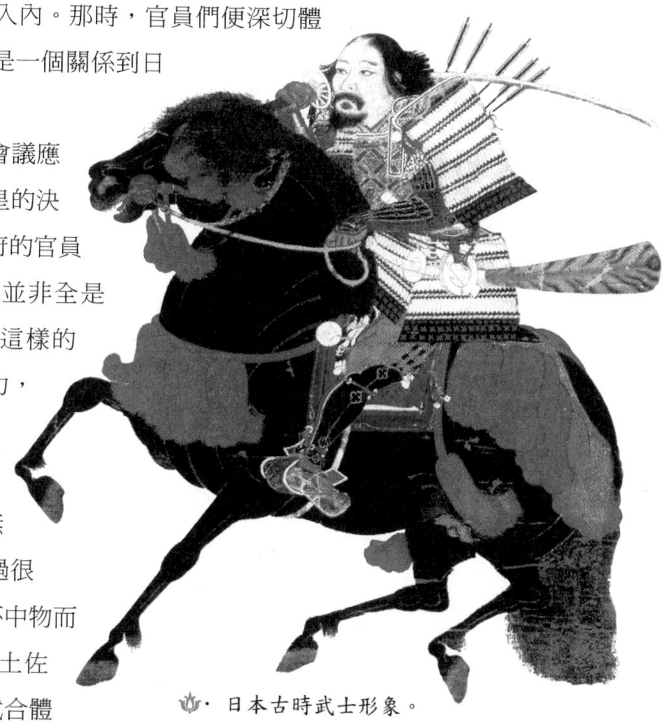

日本古時武士形象。

論」的鼓吹者，他覺得最好的辦法是將天皇和幕府力量合在一起。至於這次會議，他則有著相當獨特的看法。這時，會議開始不久，這位噴著酒氣的一藩之主開始陳說自己的觀點了。

他環視所有與會人員，然後質問為什麼看不到德川慶喜及其部下的影子。他被告知：雖然德川幕府請辭將軍之職且奉還大政於天皇，但朝廷對其真正意圖尚不能明確知曉，故此次御前大會沒有請他參加。山內容堂聞聽此言，不滿之語脫口而出：「這種做法實不公平。」在他看來，將德川等人拒之門外，實際上是岩倉具視、中山忠能等朝臣和薩摩、長州兩藩的主意，他們定是趁天皇年輕而欺上瞞下，暗裡調遣軍隊，以己之兵力護住京都，將支持幕府者拒之宮外，不惜以武力徹底消滅德川政權而取代之。此等狼子野心之徒，山內不屑與之為伍；但眼前革新浪潮令他耳目一新，對日本前途充滿期待，所以他不得不忍辱負重。此外，在聽到對方說到德川幕府所謂的企圖時，他再也按捺不住對岩倉等人的反感，衝口說道：「這難道不是在藉著王政復而滿足某些人對權力的欲求嗎？某些人大談尊奉輔佐天皇，卻以此為幌子來為自己謀得權位。」

山內話音剛落，坐在上方的睦仁天皇臉上閃過一絲奇異的神情，但轉瞬即逝。岩倉具視見山內向其暗示，便憤而站起，厲聲呵斥他竟敢在天皇御駕之前口出狂言，天皇何其英明怎能被臣子矇騙。岩倉告訴山內，這次王政復古前前後後所有事宜均受天皇示下而為，所以，他認為山內容堂應就剛才的

・德川幕府時期的戲劇・

幕府是古代日本的一種中央政府機構，其權力曾一度凌駕於天皇之上。「江戶幕府」又稱「德川幕府」，日本歷史上共經歷了三個幕府歷史時期，德川幕府就是其中之一。

話道歉。山內迫於對方抬出天皇來，只得道歉。岩倉繼續慷慨陳詞，歷數德川幕府「挾天子以令諸侯」的種種罪過。這一番言論立即得到大久保利通的高聲贊同。

雖然山內容堂不再言語，但與其持相同觀點的其他幾個人仍站出來為幕府說公道話。這些人擔心王政復古剛開始便對幕府施以根除的做法，會有失公道，以致不能孚眾望。以岩倉具視為首的強硬派對此憂慮不以為然，他們認為目前對王政復古最大的威脅，仍然是幕府存在著的龐大勢力，所以，他們對溫和派擺明局勢：目前就德川慶喜的態度，明顯是在以退為進，如果他真想奉還大政於天皇，那麼就該立刻辭去所有官職，把其領地和對轄區民眾的管轄權盡皆交出來。

・明治天皇是江戶幕府末期和明治維新時的日本天皇，是所謂「神武肇國」以來的第122代天皇，孝明天皇次子。

就這樣，針對是否根除德川幕府，倒幕派內部兩大陣營一直唇槍舌劍爭論到深夜。睦仁天皇一直很有耐心地聽大家討論，但他不免為會議能否最終得出一致意見感到擔憂。終於，西鄉隆盛忍無可忍了，他向大家亮出揣於懷中的短刀，沉聲說道：「那就讓這把短刀來做個決定吧！」這樣一來，再加上溫和派對於皇宮內外陳兵把守的畏懼，他們最終做出了讓步。就在天皇舒展眉頭的一刻，新政府的首次御前會議就如何處置德川幕府達成了一致決議：削去德川慶喜的所有兵權；剝奪他對其領地和屬民的管轄權。

至此，本想試探天皇的德川慶喜落得一文不名，統治日本達265年的德川幕府轟然倒台，而日本幕府政權也在682年後的這一天走向消亡。德川幕府及其分布在全國的勢力自然不會善罷甘休，德川慶喜雖說稍顯軟弱，但目睹德川家族的輝煌將在自己手下煙消雲散，他也不能坐視不理。日本全國戰雲彌漫，形勢一觸即發。

1868年1月，京都得到消息，有人在薩摩藩縱火生事。在此之前，幕府中心地江戶和其勢力範圍大阪都在盛傳這一消息，幕府軍極受鼓舞，紛紛請纓殺奔京都。眼見形勢危急，京都也積極備戰。睦仁天皇親自觀看了薩摩、長州、藝州和土佐藩藩兵的軍事操練。當幕府叛軍分兩路發兵京都時，戊辰戰爭爆發。討幕軍見幕府軍來勢兇猛，便提前來到鳥羽、伏見兩地迎擊。幕府軍人數遠超討幕軍三倍，儘管討幕軍鬥志昂揚，戰鬥仍膠著到深夜。不過，最終仍以討幕軍獲勝，並乘勝追擊叛軍，途中又陸續有那些原本觀望的藩主引兵加入討幕軍行列。

眼看幕府大勢已去，睦仁天皇宣布德川慶喜為「國家叛逆」。1868年2月，睦仁天皇頒布親征詔書，率討幕軍直搗德川老巢江戶。此時，已無心戀戰的幕府軍面對天皇駕親征的凌厲攻勢，很快便敗下陣來。天皇率軍進入江戶城。之後，天皇巡幸大阪，並在那裡檢閱了海軍，從中見識了西洋艦隊的威力。為了表彰在倒幕運動中有優秀表現的大久保利通等人，天皇還在大阪接見了這些功臣。大久保利通等人是在儒家思想裡長大的，能蒙恩接受天皇接見，頓覺三生有幸。有感於年輕天皇的英氣與魅力，大久保利通以玉來比喻天皇，並預言：假以時日，此玉定成大器。

・日本軍閥混戰的畫面・

當然，玉需雕琢方成大器，而此時，已掌日本政權的睦仁天皇正蓄勢待發要來雕琢日本這塊玉石了。

明治維新

新政府走馬上任，睦仁天皇不得不面對前幕府政權遺留下來的外交問題。近些年，日本國門逐漸打開，前幕府政權已與歐美多國通商和建交，政府中也設置了專門與外國人打交道的「外國奉行」一職，也即現在的外交部長，日本與外國互有使節往來。隨著國際貿易的發展，橫濱業已成為日本重要的貿易港口城市。此時，若天皇政府再秉持「攘夷」論已是萬萬行不通了，它必須接受前政府與歐美各國達成的所有協議，並承擔由此而產生的債務等。

而這時候的外國公使，也正於各自公館內張望著日本的時局，他們一時不知該如何是好，對於新政府的掌國能力，尚摸不清底細。

為重樹國威，新政府建議天皇儘快會見各國公使。睦仁天皇傳下旨來，決定在京都皇宮內召見外國公使。聖旨一下，立即遭到仍奉行「攘夷」論者的強烈反對，朝中老臣甚至天皇母親皆口出強硬之詞：「鬼一樣的洋人，是決不能進入我聖潔殿堂的！」而那些宮中女子，因從未出宮半步，終日坐井觀天，只聞得西洋人長相奇特，一直被形容為鬼怪，如今聽得這些鬼怪要入得宮來，頓時被嚇得面如土色。

鬧劇演畢，接見公使事宜順利進行。1868年2月30日，睦仁天皇在皇宮內先後接見了法國和荷蘭公使。天皇英姿煥發，給兩國公使留下了年輕有為的印象。可原定同日接見的英國公使帕克斯（Harry Smith Parkes）卻遲遲未見蹤影。原來，這位大英帝國的公使在前來皇宮的路上出了意外。

榻榻米

日本的傳統住宅具有濃郁的民族特色，由於木造結構房屋有利於抗震、防潮進而傳承下來。屋門多為左右拉門，裡頭鋪有草席和坐墊，只略高於地面，稱為榻榻米。一張榻榻米僅約2平方公尺，甚至更小，每間約房間放三、四張榻榻米。榻榻米還是房間大小的標準，它不僅可以確定房間的面積，整個城市甚至可以用榻榻米的數據來衡量大小。正因為這個因素，戰爭、地震、火災、洪水等不斷的天災人禍，都不能打破古城京都特有的棋盤式格局。

帕克斯作為英國公使，地位自然不能小覷。這時，行進在入宮路途上的他，貼身兩名秘書官隨侍，50名全副武裝的英國騎兵護住其坐騎，另有日本的肥後藩兵300名及十幾名警官前呼後擁。沿途擠滿了觀看稀罕洋人的百姓。突然，兩名彪形大漢自人群中躥出，不由分說，舉刀便向洋人頭上砍去。本來，他們是衝帕克斯而來，所以專挑那些身著顯眼制服的英國人砍殺，但他們不知道那個身穿黑色大衣的人才是帕克斯。儘管如此，猝不及防的護衛人員也不免一陣騷亂。

隊伍中首先反應過來的是中進弘，他本是薩摩藩武士，現被天皇徵用，與後藤象二郎一起為此次英國公使覲見擔任入宮接引。中進弘跳下戰馬，飛身上前擋住一名大漢去路，對打中，他被砍傷頭部。這時，後藤象二郎持刀趕來，兩人合力制伏大漢，並割下其首級獻給帕克斯。同時，又一名大漢也落入英國人手中。與這一驚險打鬥場面截然不同的是，那300名肥後藩兵自始至終一動不動，他們根本沒有加以援手的意思。「攘夷」政策在日本積習已久，由此可見一斑。

受此驚擾的帕克斯，眼見日本武士奮不顧身保護自己，也便不想把事情鬧大，只是要求日本政府將所俘刺客斬首示眾。在過去，日本人對外國人動武，一般被當做愛國者般處以切腹自殺的武士級處罰，而今這砍頭的刑罰倒有著殺一儆百的意圖。無奈，日本政府只得照辦。同時，天皇宣布將接見英國公使的日期改為3月3日。

在外交上邁出的這第一步，雖說不無驚險，但睦仁天皇並未有半點懼意，相反更激起了他在國內進行全面改革的銳志。1868年4月6日，睦仁天皇於紫宸殿在眾公卿朝臣面前頒布了《五條誓文》。這是一份具備臨時約法性質的文件，其內容為：「廣興會議，萬事決於公論；上下一心，大展經綸；公卿與武家同心，以至庶民，各遂其志，使人心不倦；破除舊來之陋習，立基於天地之公道；求知識於世界，大振皇國之基礎。」《五條誓文》一經發布，立即成為新政府全面改革的基本綱領。從第一條內容入手，睦仁天皇這改革的第一把火指向了政治領域，採取了一系列措施來建立以天皇為核心的中央集權政府。

睦仁指導新政府頒發《政體書》，規定日本的最高國家機關為太政官，其下設置立法、行政、司法機構，且如歐美國家般使三權分立。為了使天皇牢牢掌控國家的最高權力，睦仁後將太政官改組為正院、左院與右院，其中，正院一部集立法、行政、司法三權於一體，位為至尊，且直屬天皇管轄。天皇成為名副其實的日本最高權力擁有者。

既然擁有了最高權力，如果再像過去那樣屈居京都一隅，則難以隨時感知時代潮流，於是，睦仁天皇決定遷都江戶。1868年9月3日，天皇將江戶改名為東京。

・日本明治天皇身穿歐式軍服留影。

遷都之日，盛況空前，百姓夾道叩拜。受幕府嚴密監控近300年未出京都的日本皇室，終於步出舊日宮門，來到已沐開放風氣的東京。遷都第十日時，天皇下令以己之名大宴東京市民。當御酒抬到坊間巷裡，東京市民暢飲之時，感聖上隆恩之餘，也將對改天換日的顧慮一掃而光。可以說，人們對舊幕府餘威的懷念，此時已換作對天皇的忠誠。

1868年10月23日，睦仁引《易經・說卦篇》「聖人南面聽天下，嚮明而治」中的「明」與「治」，改年號為「明治」，這樣，慶應四年便為明治元年。明治天皇還規定，一代天皇只能用一個年號。

遷都東京後，明治天皇放眼全國，意識到是該收回各路藩主的領地權了。長期以來，日本三百路諸侯各據一方，藩主們自恃擁有領地、百姓及軍隊，而對皇權造成極大威脅。明治天皇豈能放任這等現象存在下去。1869年春天，自薩摩、長州、肥前及土佐藩主動上交天皇以版籍後，全國各路藩王紛紛效法。明治天皇宣布永久收回各藩領地及領區百姓，但暫且保留藩號，收編舊日藩主為國家行政官員，委以藩知事之職。緊接著，明治天皇趁熱打鐵，推行廢藩置縣，徹底廢除日本各藩，將藩知事們全都遷來東京，由政府發俸祿供養；同時，在全國建立各級行政組織。

・幕府武士內訌、戰爭的畫面・

在廢除封建藩主領地權的同時，明治天皇還從《五條誓文》第三條出發，取消封建特權。1869年，天皇政府取締公卿和大名稱號。1871年，政府下令廢除賤民制，次年，明治天皇宣布「皇族、華族、士族、平民」四種身分制度，主張四民平等。1876年3月，明治政府又頒布了「廢刀令」，徹底剝奪武士的佩刀權，使其再不能對貧民任意殺戮。自此，武士身分在日本走向終結。

當日本四民「各遂其志、人心不倦」之時，明治天皇又把改革矛頭指向經濟方面，以期「上下一心，大展經綸」，發展資本主義經濟。

明治政府首先改革日本舊有的封建土地制度，在從各路藩主那裡收回的領地上實行新的土地私有制。一方面，政府允許土地買賣；另一方面，廢除以前的實物貢賦，改由政府核定地價、統一徵收貨幣地租。就這樣，在土地改革領域，封建領主土地所有制也被拋向了歷史的垃圾筒。

國內舊有封建殘餘消滅殆盡，接下來，明治天皇著眼於「求知識於世界」。1871年11月20日，明治天皇派遣岩倉具視率團前往歐美各國考察。考察團歸國後，帶來了西方先進的科學與文化技術。藉此「西風」，明治天皇及其政府制定了「殖產興業、富國強兵、文明開化」的三大政策。

所謂「殖產興業」，明治天皇及他的得力助手大久保利通、伊藤博文等人制定了兩步走的戰略規劃。首先，著力創辦官營企業，引進西方先進的生產設備、技術及管理體系等，應用於建設鐵路交通、近代通訊、近代金融及軍事工業等，全面發展近代資本主義工商業。當官營企業發展得如火如荼時，政府又以向私人發放無息貸款、補助金等方式，來吸引私人投資工礦業等，然後，進一步帶動日本近代民營工業的發展。這時，「殖產興業」便進入了第二步，政府大力扶植和保護私營資本主義企業，日本國內出現了一大批新型的資本家。

進入19世紀90年代，日本產業革命的熱潮將近代工業推至日本經濟的核心地位，而近代工業的飛速發展也使日本初步實現了資本主義工業化。

發展經濟的同時，明治天皇又開始建立新式軍隊。在取消國內武士階層對軍職的壟斷過程中，他怎麼也不能忘記當年「禁門之變」對皇家帶來的恥辱；他在全國頒布第一個徵兵令，實行義務兵役制，欲創建一支天皇自己的常備軍。考察團很推崇德國的軍事制度，於是，明治天皇聘請德國等外籍教官訓練軍隊；同時，設立陸軍省、參謀本部等直屬天皇管轄的軍事機構。明治天皇嚴令軍政分家，使天皇成為日本軍隊的最高統帥。

不過，天皇並沒有任由軍隊徹底西化，他還極力向軍隊灌輸忠君愛國思想和武士道精神，將效忠天皇和為天皇捐軀說成是軍人最好的歸宿。此外，明治天皇還參照英國海軍模式，打造堅船利炮，建立起一支近代化海軍，同時也

・日本東京二重橋・

二重橋皇居是日本天皇居住的皇宮，是江戶幕府於1457年所建，1888年才成為日本天皇的居所。二重橋位於皇居正門前，因護城河水深，故在舊橋上再搭一座橋，取名二重橋。

進一步促進了兵工廠、造船所等軍工企業的發展。為培養高級軍事人才，他還命令創辦軍事大學。有了這支新型資產階級軍隊，明治天皇再不懼怕國內叛亂；對外，他也努力擺脫民族危機，逐步取消與列強簽訂的不平等條約。

明治維新進行到現在，日本已是國富民強，與之相比，國民的整體素質則亟待提高。明治天皇擎起「文明開化」大旗，先是「破除舊來之陋習」，廢止皇族、朝臣的染齒、剃眉風俗。天皇及皇后率先剪髮髻，穿起西式服裝。為增強日本國民的體魄，天皇還改變日本人的飲食習慣，提倡吃牛肉、喝牛奶，他又一次以身作則，並且還極愛品葡萄酒。

天皇已做出表率，日本國民競相效仿，一時間，洋裝店、西餐館次第出現於城市街頭。「破除陋習」的同時，明治天皇不失時機地發展教育事業。他宣揚以儒教為主、西洋哲學為輔的教育理念，當然還有他一貫秉持的忠君愛國思想，都糅入他的教育指導方針中，由新設置的文部省統一管理全國的教育發展事業。

在明治天皇的督促下，日本模仿西方教育制度，建立起小學、中學、大學的三級近代學校體制，大量擴招學生，對貧窮孩子實行義務教育；聘請西方學者來日本任教，課程中多設西學內容；創辦師範院校，培養專門人才。另外，每年還有大量日本留學生被派往歐美國家。一番「文明開化」改革後，日本社會萬象更新。

·日本武士的甲冑·

至此，明治維新各項改革均已展開，日本國內湧現了一大批思想啟蒙者，「明六社」等宣傳歐化主義和自由主義的團體也招攬了大量民眾。一股濃郁追求民主、平等、自由和立憲政治的巨大聲勢在日本彌漫開來。然而，明治天皇對此卻採取了壓制措施，因為他覺得日本此時尚不宜施行立憲政治。不過，他並沒有無視這一現象。

1882年3月，明治天皇派伊藤博文率團再赴歐洲，專門研究各國憲法。歸來後的伊藤博文向天皇推薦德國的君主立憲制，並擬訂出憲法草案。明治天皇召集心腹重臣對憲法逐條審核，深恐其中有威脅天皇絕對統治權的字句。終於，1889年2月11日，明治天皇正式頒布《大日本帝國憲法》。人們看到聽到的憲法內容，無不充斥著天皇至高無上權力的字眼，行政、立法、司法及軍事大權均歸天皇一人掌控。

天皇即為日本至尊，作為臣民，必須無條件服從天皇的命令。不過，這部憲法也規定臣民享有選舉與被選舉權，同時也規定了臣民的相關義務。這也在一定程度上順應了日本人民對自由民權的渴求。憲法還規定議會由貴族院和眾議院構成，但議會並不能轄制內閣，因為內閣只對天皇一人負責。很明顯，這部具有資產階級性質的憲法還是極具日本特色的。

1890年11月，日本第一屆帝國議會成立，明治天皇親自蒞臨開幕式現場，他正式成為亞洲第一位立憲君主，而日本也成為亞洲第一個立憲國家。

明治維新成就了日本，使之成為亞洲近代唯一的資本主義強國；同時，它也成就了明治天皇，使其被國人奉為神聖。然而，隨著日本國力日漸昌盛，一度遭受歐美列強侵略的日本，也在明治天皇的授意下，開始推行軍國主義，準備向外侵略擴張了。

失之歐美，收之鄰國

明治天皇自幼便立志有朝一日使日本躋身世界強國之林，這一願望隨著明治維新的順利進行而日益強烈起來。自1875年以後，他便開始為日本的民族獨立而煞費苦心。

對於從舊幕府手裡繼承下來的不平等條約，明治天皇一直耿耿於懷，所以，當他剛剛感覺到歐美各國意欲同日本交好時，便立即命令日本駐外大使開展修約談判，深恐坐失良機。怎奈，不平等條約給歐美列強帶來的巨額利潤，最終戰勝了日本人的努力，天皇的修約大計最初以失敗告終。進入19世紀80年代，日本國內廢除不平等條約的呼聲一浪高過一浪。明治天皇委任外務相井上馨負責籌備新一輪修約談判，他還為此而專門會見了英、德等國駐

・日本報紙刊載的一幅反映中日甲午戰爭的圖畫。

日本公使，對其親授勳章，希望此舉對修約談判有所裨益。

不過，躊躇滿志的天皇及其臣民又一次品嘗了失敗的滋味，井上馨等人與歐美列強談判8年，仍未能解開套在日本人脖頸上的枷鎖。與日本在維新改革方面取得的重大進展相比，明治天皇甚感失落，但他並未就此止步，而是靜待時機。終於，到了世紀90年代時，英、俄等國就爭奪遠東控制權產生了矛盾，這導致各國對日政策出現多元化趨勢。明治天皇對世界時局洞若觀火，立刻命令重啟修約談判工作。這次，勝利垂青了日本。1894年7月，修約談判迎來了開門紅，日本與英國簽訂新約。1911年，日本與美國簽下新的主權對等的互惠條約。最終，日本徹底廢除不平等條約，雖前後歷時近半個世紀之久，但在列強環伺的世界格局下，日本終於實現了民族獨立。

· 李鴻章與日本伊藤博文談判 ·

1895 年，日本首相伊藤博文指定李鴻章為中方談判代表，已經 72 歲的李鴻章赴日，與日方簽訂了《馬關條約》。

在圓修約之夢的同時，明治天皇從未忘記實現其強國宏願。不過，他的強國之路卻也與其維新之路一樣崇尚西方模式。一度深感民族淪陷之辱的日本天皇，這時候卻效仿列強所為，公然打出「失之歐美，收之鄰國」的口號，將其新型大炮對準東亞鄰國，於是炮彈紛飛，「開拓萬里波濤、布國威於四方」，在被占領國劫掠財富、侵吞權益，以此彌補過去在歐美各國那裡失去的利益。此等戰略思想，使明治天皇率領他的日本國走上了帝國主義道路。

1894年8月1日，明治天皇公然向中國宣戰。由於清政府的腐敗無能，中日甲午戰爭以清政府的失敗而告終。戰後，日本強迫清政府與其簽訂了令中國人大感喪權辱國的《馬關條約》。藉此條約，日本不僅獲得2億兩白銀的賠款、在中國內地開工廠的特權，還侵吞了包括台灣在內的大片領土。條約大大加深了中國的民族危機，以及中國的半殖民地、半封建化程度。

為阻止俄國對東亞的侵蝕，為自己爭奪更大的勢力範圍，1904年2月10日，明治天皇宣詔對俄開戰。與此同時，沙俄也對日宣戰。日俄戰爭爆發，但戰場卻在中國東北（日俄戰爭是兩個帝國主義國家為爭奪中國東北而展開的戰爭）。

戰爭初期，日軍旗開得勝。但隨著戰事進一步展開，沙俄軍隊後來居上，日軍將士傷亡慘重。日本民眾強烈要求天皇撤換前線的日軍統帥乃木希典。重壓之下的明治天皇卻反百姓之道而行之，他明白臨陣換將實屬用兵大忌，所以，他非但沒有免去乃木希典的軍職，反而更加器重於他。天皇隆恩，使本就有著狂熱軍國主義思想、願為天皇肝腦塗地的乃木希典及日本將士為之振奮，終使俄國軍隊掛起白旗。

・20世紀初漫畫，表現美國總統羅斯福在日俄之間的斡旋勸和，希望結束日俄戰爭。左為俄國沙皇尼古拉二世，右為日本明治天皇。

1905年9月5日，日俄簽訂《樸茨茅斯條約》（Treaty of Portsmouth），日本得到了以前沙俄占領的中國東北大部土地，並且成為了朝鮮的宗主國。日俄戰爭結束後，明治天皇加快吞併朝鮮的步伐。1910年，日本強迫朝鮮簽訂《日韓合併條約》，正式將朝鮮併入其掌控之下。至此，明治天皇心願已了，他領導下的日本成功進入了世界帝國主義之列。

奪命的尿毒症

當日本經濟發展一日千里、社會面貌煥然一新時，明治天皇卻病倒了。

身材魁梧、體質強健的明治天皇，在日俄戰爭期間，便被御醫查出患有糖尿病，到1910年時，他的病情每況愈下。1912年7月10日，明治天皇出席東京帝國大學的畢業典禮。強撐病體的天皇給優秀生頒發了一貫獎品——銀質鬧鐘，學生們得以近距離睹見聖容；但令他們瞠目的是，當天皇上樓時，竟步履蹣跚，似要栽倒。

接下來的幾天，天皇經常在與朝臣處理公務時打瞌睡，並且伴以胃脹氣和全身疼痛的症狀，大臣們連忙喚來御醫。御醫們會診之後，也都表示回天乏術，因為他們查出天皇患的是尿毒症。朝臣們感到事態嚴重，不能再將天皇的病情隱瞞下去了。

7月19日，大臣們在宮中開會商討是否立即將天皇病情告諸百姓，最終得出肯定的結論。於是，7月20日的官報《宮廷錄事》上便出現了天皇的病情描述和御醫的診斷結果。消息一經傳開，日本上下頓起愁雲，最為擔憂的莫過於乃木希典。

當年從日俄戰場上歸來時，乃木希典腦海中時時浮現前線數萬將士及其兩個兒子的屍骨，幻覺折磨得他寢食難安。於是，他請求明治天皇將其處死，以謝陣亡將士在天之靈。明治天皇並未應允，反而對其加官進爵，任命他為學習院院長。

有感於此，乃木此時眼見天皇病重，心裡甚是悲痛。他每天進宮三次，詳細詢問天皇病情。但是，所有人的憂慮都沒能阻止天皇的病情進一步惡化。

1912年7月30日，明治天皇因尿毒症醫治無效逝世，享年61歲。消息傳出，日本上下，哭聲一片。9月13日，明治天皇的葬禮如期舉行。日本舉國同哀，與哭泣的人群不同，身穿全套陸軍上將制服的乃木希典和一身喪服的夫人靜子表情嚴肅，他們坐在運載天皇靈柩的車上，與送葬隊伍出城向京都伏見的桃花山皇陵開去。

當隊伍出了宮城後，禮炮聲轟然響起，伴隨這巨響的，是乃木希典和靜子雙雙倒在血泊裡的「砰砰」聲，他們切腹自殺，為天皇殉葬。

當人們的哭泣聲又成為主旋律時，明治時代結束了。日本的封建忠君思想和武士道精神，由此可見一斑。

·櫻花掩映下的京都古寺·

世界十大傳奇帝王

作　　者　探索發現系列・編輯委員會

發 行 人　林敬彬
主　　編　楊安瑜
編　　輯　蔡穎如
內頁編排　盧志偉
封面構成　盧志偉

出　　版　大旗出版　行政院新聞局北市業字第1688號
發　　行　大都會文化事業有限公司
110台北市信義區基隆路一段432號4樓之9
讀者服務專線：（02）27235216
讀者服務傳真：（02）27235220
電子郵件信箱：metro@ms21.hinet.net
網　　　址：www.metrobook.com.tw

郵政劃撥　14050529　大都會文化事業有限公司
出版日期　2010年1月初版一刷
定　　價　280元

ISBN　978-957-8219-91-5
書　　號　History-13

大都會文化　大旗出版 BANNER PUBLISHING

國家圖書館出版品預行編目資料

世界十大傳奇帝王 / 探索發現系列編輯委員會 編著 . --
初版. -- 臺北市 : 大旗出版 : 大都會文化發行, 2010. 01
　面 ;　公分
ISBN 978-957-821-91-5 (平裝)
1.帝王　2.傳記 3.世界史 4.歷史故事
782.057　　　　　98018638